教育部人文社会科学研究青年基金项目"儒医群体的文脉传承史研究"（19YJCZH160）资助成果

国家重点学科"中医医史文献"创新团队阶段性成果

江苏省重点学科"人文医学"创新团队阶段性成果

# 技艺与修为

## 中国古代儒医文脉研究

王进 著

人民出版社

责任编辑：洪　琼

**图书在版编目（CIP）数据**

技艺与修为：中国古代儒医文脉研究／王进　著 . —北京：人民出版社，
　2024.12
ISBN 978－7－01－022749－8

I. ①技⋯　II. ①王⋯　III. ①中医师－人物研究－中国－古代　IV. ① K826.2

中国版本图书馆 CIP 数据核字（2020）第 246307 号

技艺与修为
JIYI YU XIUWEI
——中国古代儒医文脉研究

王　进　著

人民出版社 出版发行
（100706　北京市东城区隆福寺街 99 号）

北京中科印刷有限公司印刷　新华书店经销

2024 年 12 月第 1 版　2024 年 12 月北京第 1 次印刷
开本：710 毫米 ×1000 毫米 1/16　印张：17
字数：270 千字

ISBN 978－7－01－022749－8　定价：89.00 元

邮购地址 100706　北京市东城区隆福寺街 99 号
人民东方图书销售中心　电话（010）65250042　65289539

# 目　录

# 导　言

　　儒医是宗儒习儒的医者，或习医业医的儒者。儒医有一个由隐而显的发展过程，可大致分为医而通儒、由儒转医、以医代仕三类。亦即本为儒士，而精通医术者；弃儒从医，仍不失儒士本色者；本为医家，其德行有儒士之风者。儒医之名的重要性不在于实指，而在其象征地位。儒医的象征价值预设着从一般的文本知识——尤其是儒书入手，进而研读医籍，不仅使医者得识病症，还能深入论理；因着书本的涵育，使医者沉浸于书中的教育知识等，而非只是唯利是图的医工。

　　现代的医学史或讨论医学知识的变迁，或讨论医病关系、医疗体制、疾病史等议题，写法相当多元。论著所论的医史，其写作目的不是像医案般提供治验之迹，而是使习医者知其师承所源。两宋医史设定的读者以习医者为主，和今天医学史的学术研究有相辅相成之趣。论著即讨论医史中儒医知识系谱的呈现和其身份焦虑。历史叙述总有指涉"真实的过去"，但两宋之际的医史文本所指涉的"真实过去"为何，有时却难以实指。医史文本内容不断重复，要以之作为客观证据，证明儒医群体文脉史的真实变化，颇难为功。

　　儒医之名的典籍记载见于北宋，到了南宋儒医已渐次成为医疗市场中的显贵。然而儒医缺乏仪式来确定成员的身份，从而在"社会声望的标签"和"具体的社会群体"之间摆荡。北宋的医史比附佛、道的传统，医学知识仍和文化传统关系密切。南宋的医史转而比附儒学传统，以建立医家统绪的模范为要义。儒医虽是具体的社会存在，但其社群界限无法确指。儒医以定义自己和医学正典间的关系来建立医家的道统，并借以垄断医疗知识和伦理价值来写作医史，他们肯定医学谱系和医疗的人伦价值以区隔医学社群中的其他成员。儒医之称同时垄断了技术和伦理价值，成为医学社群中的"儒"者。文本知识因此成为医者社群中相互区隔、定位的手段。然而并非只有儒者能单向渗透医者的边界，其他医者亦能因掌握文本知识，而宣明自己儒医的地位。儒医成为医家社群中精英医者的称谓，自称或他人所传称的精英医者也群聚在儒医的标签之下。因此，许多世医成为儒医的中坚，甚至儒医在 16 世纪前也和医官世家紧密相联。这种医者范畴混淆的现象，正是儒医象征性远过于实质的表征。

历史书写总是牵涉到谁的历史、谁在写历史，尤其是系谱式的历史书写，最关乎群体认同与群体间的界限。即使医史作者的目的不一、身份不尽相同，但他们所著述的文本在形式和内容上相去不远。藉由考察这些内容、形式相类的文本，分析不同医史作者的身份和写作目的，以及围绕着医史所衍生的论述——如何界定医者的传统，这为儒医的探解提供了良好的立足点。医史的内容虽然无法完全证明医疗史的真实变化，但见证了儒医兴起后的真实历史变迁。儒医不仅意涵着因穷理而技艺高深，同时也意味着医者的"儒行"。作为中医医史文献研究的工作者，秉持优秀传统文化理念并综合运用中医学、历史学等跨学科整合方法来解读儒医的医史生态源流，这对于追本溯源、创新理论和指导实践大有裨益。

# 第一章 儒医群体的史学溯源
## 与学术特质阐论

## 第一节 儒医论题的史学溯源与研究主旨

"中国传统文化自先秦的儒道互补即具有早熟与未曾断裂的特征。"[①] 从中回顾有关"儒医"研究的相关文献,有的学者从历史途径探讨"儒医"形成的年代、成因及特点;有的则从社会学角度研究考察"儒医"的自我定位及社会认同;另有著作聚焦于"儒医"医学知识与医德的养成过程,这类研究多认为"儒医"的养成过程与儒者的养成传统相仿,除却精进医术更重视透过儒家经典培养德行;而有关儒学与中医学融通的研究,则多探讨儒家文化对中医学的影响或两者间的联系,至于"儒医"如何调适儒者与医者的角色?如何融通儒学与中医学的思想?现有研究少有专论,值得深入探索。

论题着墨的"融通",内容涉及儒学与中医学的人物、文本及思想的脉络,其中人物的分析对象主要是"儒医"与"尚医士人",包括"习医儒者""学儒医者""儒者为医"与"儒行医者"等,并扩及部分儒家与中医名家;文本的分析内容主要取材自"儒医"的医书及儒学典籍中具医学内涵者与中医典籍中有儒学内涵者;思想的分析主要针对"儒医"的医学

---

① 王永炎:《后现代中医药学科学性的研讨》,《北京中医药大学学报》2017 年第 10 期。

观，同时参考儒家与中医名家的相关思想，以资论证；研究领域涵括儒学与中医学，既有哲学的思辨内容，又属中医学思想的探索，企图经由诠释思想人物的意义脉络，将客观性的材料与其加以关联，此种诠释须在主观的创意想象与客观的材料限制之间取得平衡。

儒医"德行实践"的特质展现在其学医目的主要是为能实践儒家忠孝仁爱的德行；"知识追求"的特质表现在其以儒家治经的方式治医而习得医术；"尽人事不迷信鬼神"的特质，呈现在其遵循儒家"敬鬼神而远之"的态度，医术运用上重视"辨证论治"并排除超自然疗法。由于"儒医"的特质在学习、研究、传播医学及行医时确实发挥作用，使原本不同脉络属性的儒学与中医学，因"儒医"特质而进行双向互动的融通，并使"儒医"在中医学发展过程中有着举足轻重的地位。

儒医特质的学术脉络还能透过"儒医"人物志的文本与"儒医"书写医书的情形加以分析。《古今图书集成·医部全录》[1] 所收录的 1357 位历代名流，其中具儒学背景者至少有 264 人，至于能识字解经的"尚医士人"或"士人习医"情形，虽无确切统计数字，单从宋代医者们丰富的医学著作数量及历代医者中有儒学背景者或儒者普遍掌握医学知识的情形，可推知"儒医"在中医学发展过程中确实有其重要地位，此与兼具"知识追求"与"德行实践"的儒医特质相关。其次，对《古今图书集成·医部全录》中所辑录 520 卷的医学内容加以检视，可发现其所取材的 120 余种医学文献亦多为"儒医"所作，此类"儒医"掌握医学文本论述权的情形，同样出现在《四库全书·子部·医家类》所收录的 195 种医书中。清代纪昀曾言："《汉志》医经、经方二家后有房中、神仙二家，后人误读为一，故服饵导引，歧涂颇杂，今悉删除。"[2] 上述内容可看到"儒医"透过编辑医学

---

① 陈梦雷：《古今图书集成·医部全录》，人民卫生出版社 2015 年版，第 70—458 页。

② 王育林：《四库全书总目子部医家类汇考》，学苑出版社 2013 年版，第 1 页。

文本的机会，筛选并主导了中医学的内容，身为儒者又通医学的纪昀，在编纂医书时，对于神仙、房中二家持保留态度，有关医书中记载导引、服饵与房中等医术部分，他认为内容涉及鬼神且易误解误用，因此一律不予辑录，由此可看见"儒医"掌控中医学文本内容删留权利的轨迹，此与"儒医"兼具"知识追求"的特质相关。

有关儒学与中医学因"儒医"特质而能互动融通的论证，在逻辑上须有"跨脉络"的预设才有可能，也就是透过同时具有"儒"与"医"特质的"儒医"，在儒学与中医学的脉络间跨域穿梭，交融修身治国的学问与养生治病的医术，方能使儒学与中医学融通，如无"跨脉络"的预设，则不可能产生有意义的融通诠释。"儒医"特质在综合儒者与医者角色及融通儒学与中医学思想的过程中，从"跨脉络"到双向融通均发挥了极大的作用，产生了众多有名的"儒医"及数量庞大且蕴含儒学思想的医学文本，并使"儒医"成为中医学中相当显眼的系谱，对中国传统医学的发展产生了深远的影响。

## 第二节　儒医的学术特质兼与相关医学群体的比对

### 一、儒者与医者的特性探解

"儒医"具有既"儒"且"医"的双重特性，"儒"在本论中有儒者与儒学的综合意涵，儒者是有儒学涵养的人，可透过儒学探寻儒者的特性。"学而时习之，不亦说乎？"① 与"德之不修，学之不讲，闻义不能徙，不善不能改，是吾忧也。"② 二者均呈现出儒者重视"知识追求"与"德行实践"

---

① 杨伯峻、杨逢彬：《论语译注》，岳麓书社 2000 年版，第 1 页。

② 同上书，第 75 页。

的特质。其中"知识追求"的特质可从其对教育、学术与文本知识的实际行动得出，搜集、整理、考证古籍经典，透过文本学习与著述讲学皆为儒者之事；至于"德行实践"的特质则表现在注重教化及对伦理道德的遵行，尤其是实践仁、义、礼的德行；另外，受"务民之义，敬鬼神而远之，可谓知矣"①的观点影响，儒者尊重宗教却远离宗教的态度，展现出"尽人事不迷信鬼神"的特质。

"医"在文中有"医者"与"医学"的综合意涵，"医者"是有医疗专业技术的人，《说文解字》释"医"时说："医，治病工也。殹，恶姿也；医之性然。得酒而使，从酉。"②这是在说明医者的专业技术就是治病，甚至还能借着酒发挥药效，而且治病用药的医术，在上古时代是由能祛除病邪的巫者所掌握。因此，"医者"的主要特质就是表现在治病诊疾、救人扶伤的能力。综合以上儒者与医者的特质，既"儒"且"医"的"儒医"，就是具有"知识追求""德行实践"等儒者特质而能治病救人的医者。其后可透过与"道医""僧医""铃医"等不同医者群体的特征比较，以此凸显"儒医"的鲜明特质。

## 二、从习医所求目的诠释医学群体

"道医"学习医术除基于个人兴趣及养生的考虑，其目的主要在藉由医疗传播信仰、度化弟子、吸引信徒甚至凝聚教团，而有些道士以医为业则是为获得生活所需或信徒的供养；此外，所谓"成仙"也是道士学习医药与从事医疗活动的重要目的。"僧医"运用医术的目的主要是"自利利人"，因为帮人治病，不只利于个人修行，亦有利于传播佛教，因此，僧人以医

---

① 杨伯峻、杨逢彬：《论语译注》，岳麓书社 2000 年版，第 69 页。
② 许慎：《说文解字》，上海古籍出版社 2007 年版，第 1301 页。

术济世，或是免费，或是来自捐献，并不以营利为目的。"铃医"运用医术谋生则是其最大目的，其多凭祖传或师传秘方治疗，视医术为私有财产，挟技自矜，秘而不传，因此，其医术特质为便宜、有效、方便，实基于成本效益考虑，并非纯粹为病人着想。

"儒医"有重视"德行实践"的特质，其运用医术的目的常不在于名利，治病救人是"儒医"实践儒家"仁人"抱负的方式，儒者甚至肯定医者有类似施行仁政的"仁民济世"之功，如范仲淹有"不为良相则为良医"的心愿，范仲淹认为良医能救人利物，实践儒家的"仁爱"德行，就像贤相辅佐圣君，施行仁政而泽被百姓，由于从政与行医均能实践仁德，如没有机会成为良相，他希望能当个良医。此外，孝以事亲，忠以事君，疗君亲之疾被视为是在尽忠孝之道，也是"仁"的根本，因此激发许多儒者习医。汉代张仲景曾说："上以疗君亲之疾，下以救贫贱之厄，中以保身长全，以养其生。"① 其认为习医可以养生保身，更可尽忠孝、行仁爱；皇甫谧亦有同样看法："夫受先人之体，有八尺之躯，而不知医事，此所谓游魂耳。若不精通于医道，虽有忠孝之心，仁慈之性，君父危困，赤子涂地，无以济之。"② 其认为人若不知医就会像游魂一般，不精通医理即使有孝心也无济于事，因此，自我保健及恪尽孝道亦为"儒医"学医上的目的，此与其他医者群体运用医术的目的有明显的区别。

## 三、从医术所得途径探析医学群体

"道医"的医术能力常和疾病及修道有关，其获得医疗能力的途径有三，分别为透过道法自学自疗、向其师或高明道士求助，甚至是所谓的

---

① 张仲景：《伤寒杂病论》，中国中医药出版社 2016 年版，第 9 页。
② 皇甫谧：《针灸甲乙经》，人民卫生出版社 2017 年版，第 32 页。

"仙人"传授，至于"道医"医术文本化的情形却不少，道教经典中大量保留有关病因与疗病之道，甚至也有医疗的符咒与禁术，因此，只要道士坚持修道，也能透过文本学习医术。"僧医"获得医术能力的途径，大多来自僧团中的传授，而僧人亦撰集医书或编辑方书在僧团内流传，是以"僧医"医术文本化的程度颇高，很多僧人亦可透过文本自学而获得医术。"铃医"多依靠口传心授的师承获得医术，原无文本流传，直至清代由"儒医"赵学敏搜罗"铃医"的经验，整理成《串雅内编》及《串雅外编》二书，清代医家鲁照又续编《串雅补》一书，后人再将三书合成《串雅全书》，始有文本传世，"铃医"的医疗经验到清代终于能透过文本传承与学习。

"儒医"获得医术能力的途径与其重视"知识追求"的特质有关，自学是"儒医"习得医术的重要途径，而儒学往往是其理解医学的知识基础，藉文本知识探寻医理是"儒医"的本事，文本知识以及文本间的层级关系成为区隔"儒医"和其他医者的重要机制，此外，官方医学教育机构亦招收不少儒者习医，除传授医学知识并负责考核医者，这与以往医者采取秘传、家传的医学传授形式不同，而"儒医"在医学知识的扩散及医疗技术的学习、传授方面，与儒者的养成传统相似，在精进医术外并透过儒家经典的学习培养医德，其特色是以"治经的方式治医"，此为"儒医"与其他医者习医方式的最大区别。

## 四、从医技运用种类比对医学群体

"道医"的医术较多元，治病方法包括药物、针灸、按摩、房中、导引及道教仪式（如首过、上章、斋醮、诵经）等，具有道术神奇色彩与道教思维是"道医"医术的特质。"僧医"治病的方法亦多，包含纯粹的咒术治疗、以药物为主并辅以菩萨名号、忏悔仪式及按摩等，尤其认为佛是"大医王"，"僧医"的医术神妙并与佛教教义结合是其特质。由于"道医"

及"僧医"均有使用咒术及宗教仪式治病，皆具超自然的神秘特质，彼此间亦存在着竞争关系。"铃医"与"儒医"的医术并不使用咒术及仪式，而以药物及针灸为主，其中"铃医"的医术除使用针灸、方药，并辅以推拿、熨烙、火罐等方法，其治法与用药则讲究"贱"（药物不取贵）、"验"（下咽即能去病）、"便"（山林僻邑即有）三字诀，因此便宜、有效、方便为"铃医"医术的特质。

"儒医"由于具有"尽人事不迷信鬼神"的特质，治病讲究"辨证论治"，不主张使用咒术及仪式等超自然的医疗方式，从《苏沈良方》对临症视疾应有态度的描述，可看到"儒医"的医术特质："古以治疾者，先知阴阳运历之变故，山林川泽之窍发。……盛衰强弱，五脏异禀，循其所同，察其所偏，不以此形彼，亦不以一人例众人，此人事也。"① 由以上论述可知，"儒医"将"冬寒夏暑""旸雨电雹""甘苦寒温"等视为同属大自然的变化，认为治病还是要尽人事。又如元代儒医朱丹溪针对当时普遍认为霍乱是鬼神所致的情形加以驳斥，他说："此非鬼神，皆属饮食。"② 同时列出药方对症有效治疗，"儒医"此种医学特质与其他医学群体有明显不同。

## 第三节　儒医的自我体认与角色共融

### 一、儒者对医者角色的时代解析

在唐代之前，儒者对医者及"医术"存有贬抑的看法，唐代孙思邈就曾说："朝野士庶咸耻医术之名，多教子弟诵短文，构小策，以求出身之

---

① 苏轼、沈括：《苏沈良方》，人民卫生出版社 1956 年版，第 1 页。
② 朱丹溪：《丹溪心法》，中国中医药出版社 2015 年版，第 59 页。

道。"① 宋代之后官方设官学并提倡"医学"研究，而印刷术的发展亦促进了"医学"文本流通，"医学"知识因此得以快速扩散，士人习医、尚医形成风气，因而出现了大量的"儒医"，甚至将"儒医"作为评价医者良窳的标准。宋代至金元时期，士人对"医学"开始有普遍的尊重，"医学"学术地位提升，医者身份的演变及社会地位的改变，实与"儒医"的出现息息相关。宋元时期儒者与士人的尚医风气，使"儒"与"医"的特质产生融通，"儒医"亦具有"知识追求""德行实践"与"尽人事不迷信鬼神"等儒者特质，使原本是技艺层次的"医术"，提升成为具儒学内涵的"医学"；在"儒医"层面则转换成济世救人的形象，医者的角色尤其是"儒医"因而受到儒者与社会的认同。

明代"儒医"虽亦有较好的评价并已在当时医疗市场中占重要地位，但仍旧缺乏认证"儒医"身份的制度或仪式。"儒医"常面临其在儒学专业外所拥有"医"的专业属性，究竟是"医学"抑或"医术"的尴尬情况。此种质疑进而影响其作为儒者或是医者的角色认同。"儒医"一方面自视其"医"的属性为"医学"而与儒学相当；但另一方面"医术"在传统社会却被视为不入流的"小道"，医者的地位接近工匠，实无法与儒者相比，即使是"儒医"的身份，也被认为是因无法出仕才会业医，所以有"习医而获名称者，皆业儒不成者也"② 的说法。因此，"医学"与"医术"的区分，就"儒医"而言，其标准在是否与儒学融通，"医术"只是单纯的治疗技术或技艺；"医学"则是有儒学思想内涵与德行意义的医疗知识与技术。

由于"儒医"兼有儒者与医者两种角色，而此两种角色的社会认同与社会地位确实长期存在着落差。"医儒同道"及"医儒一事"的论点是"儒医"

---

① 孙思邈：《备急千金要方》，人民卫生出版社 1982 年版，第 6 页。
② 田思胜：《朱肱庞安时医学全书》，中国中医药出版社 2006 年版，第 9 页。

透过医史的书写，将其医者的角色与儒者的角色相提并论，以提升"儒医"的社会地位并与其他医学群体做出区隔，而"儒医"以医者"比附"于儒者及以医统"比附"于儒统的方式，就是企图弥补两者在角色与社会地位间的差异。

医者能以"医学"活人性命，此与儒学"仁爱"德行的本质相通，儒者对医者角色与"医学"的认同，显然比对其他群体的认同为高，且结合"儒"与"医"特质的"儒医"，又自认为比其他医者群体更有"医学"的德行伦理，因此，儒者并不排斥学习"医学"及拥有"儒医"的称谓，这在于对医者角色的认同，亦是"儒医"对儒者与医者角色的融合。

## 二、"儒医"角色中"儒"与"医"的辩证关系

两宋士人对医学所采取的尊重态度，在一定程度上是建立在他们既有的儒学价值观上，此种"儒主医从"的模式是"儒体医用"的体用关系，换言之，"儒"是本体，"医"则是建立在此本体基础上的功能发挥，有此"体"方有此"用"，其"体用关系"有先后主从之别，应属"由体达用"的形式。"体用相涵"的体用关系是既肯定"体""用"有别，又强调"体""用"不可分，是"体在用中"又是"用在体中"，"体""用"彼此相涵，具有"体涵用""用涵体"的意涵，并不框限在先后、主从、本末或主次的关系。

明代"儒医"将"医"与"儒"相提并论，是一种"比附"，也就是"医"对"儒"的"比附"，虽未明确提及"医"与"儒"之间是否有体用、先后、本末或主从等关系，却凸显其中"医"与"儒"的关系是"互依又互斥"，揆其意旨，"互依"是指"医"若带上"儒"称，便仿佛能提升其地位，所以是"医"对"儒"单向的"比附"；"互斥"则是医者仍带"伎流"的社会印记，而为儒者单方面排斥，这暗示明代当时的社会仍有"重

儒轻医"的氛围。惟既言"互依又互斥"应是"医"与"儒"间双向相互的"既依且斥",而非单向的只是"医"对"儒"的"比附",及"儒"对"医"的排斥。

我们应如何看待中医学"儒医现象"背后"儒"与"医"的关系?从历史学的角度提出"儒体医用"与"医儒不分"的观点,此是以两宋金元士人的"尚医思想"及对"医学"的重视作为论述的基础;而以社会学历史研究提出"医"与"儒"之间有"互依又互斥"的张力,系以明代"医"对"儒"的"比附"及儒者对"医术"的"伎流"印象作为论述的主轴。问题是"儒医"角色中"儒"与"医"的关系为何因历史时空的不同而产生差异?究其实际,历代学者皆是在诠释"儒"与"医"融通于"儒医"角色的现象,只是观察角度与文本取材有所不同。

## 第四节　儒、医二者的互为主体与双向认同

"儒医"于中国历史发展过程中,持续不断在综合"儒"与"医"的角色并融通儒学与中医学思想,而儒者看待"医"是"医学"或"医术"的不同态度,则影响"儒医"角色中"儒"与"医"的关系,"儒医"特质尤其是"德行实践"的特质,成为融通"儒"与"医"角色的一大关键。由于儒家重视的"恻隐之心",与医者强调要有"视病如亲"的同理心,均以实践"仁爱"德行为基础,因此,"儒"与"医"产生交涉而相通,"儒医"既"儒"且"医"的角色,是以"互为主体"的方式展现"儒"与"医"的同构性。"互为主体"是一主体能以同理心感知理解另一主体"意向的行为"。

因此,"互为主体"是以同理心为基础,而"互为主体"的同理心来自于有相互关联的经验。"中医主体的知识结构主要是在对客体建构中产

生作用"①，在"儒医"融通"儒"与"医"的过程中，"儒"与"医"的关系并非主客对立或二分，更非"比附"，所以其间并无先后、本末、主从或体用等关系，而系以道德的感知展现同理心。此种同理心就是儒家的"恻隐之心"，也就是"仁爱"的德行，因此，"儒"与"医"在"儒医"的角色中是以"互为主体"的方式合而为一，"儒医"角色所展现的"仁爱"德行，如同儒家的"恻隐之心"与医者"视病如亲"的同理心，儒者与医者的角色虽不尽相同，但其角色均强调与实践"仁爱"的德行而有相互关联的经验，亦即透过"儒医"的"德行实践"特质，"儒"与"医"得以从"跨脉络"到"再脉络化"的融通。

进而言之，"儒"与"医"的角色均强调实践"仁爱"德行，"儒医"在医疗职业上亦是实践"仁爱"的德行，使医者能成为"仁医"。虽然医者的"仁爱"之心的确是重要的，但"医术"却也是最基本的，"医德"与"医术"要能相辅相成，是以"德为术之统，无德则术不存；术为德之辅，非术无以成德"②。因此，虽有"医家首在立品"的说法，然并非重德轻术，"儒医"对医学疗效的追求与医者"仁爱"德行的实践，强调要能"术德兼备"不可偏废。可以从清代袁枚为"儒医"徐大椿所写的传记看到"术德兼备"的"儒医"就是儒者与医者"互为主体"的角色融通。袁枚所言在于说明"医德"与"医术"不应有先后轻重之分，他强调医者有"仁爱"德行的重要性，只有"医术"而没有"医德"，"医术"就失去了意义，但他同时也肯定"医术"能使道德实践更加坚实，且医者会由于"仁爱"之心而精进"医术"以活命救人。若医者只偏重"医术"而缺乏"医德"，则"医术"即使再高超也会成为牟取名利的手段，对于医疗在治病救人、济弱扶伤方面的本质而言，恐失去其应有的意义。

---

① 常存库等：《中医学主体认识结构及其特点论纲》，《中国中医基础医学杂志》2008 年第 3 期。

② 薛公忱：《儒道佛与中医药学》，中国书店出版社 2002 年版，第 184 页。

因此，就"医德"与"医术"而言，"儒"与"医"是"互为主体"的关系，不是能否分割或有先后轻重的问题，而是"医者仁心"要有"术德兼备"的坚持才是"仁心仁术"，此亦为"儒医"以"互为主体"的方式融通儒者与医者角色的意义。再者，"仁爱"实为评价医者的重要标准，没有"仁爱"之心的人并不适合当医生。晋代杨泉指出："夫医者，非仁爱之士不可托也，非聪明理达不可任也，非廉洁淳良不可信也。是以古之用医，必选名姓之后，其德能仁恕博爱，其智能宣畅曲解。"①明代龚信提出明医的条件是："今之明医，心存仁义，博览群书，精通道艺。洞晓阴阳，明知运气。……不衒虚名，惟期博济；不计其功，不谋其利；不论贫富，药施一例。起死回生，恩同天地。如此名医，芳垂万世。"②龚信同样强调医者要有仁爱之心，能博施济众，不追求名利，还要时时精进医术。

综上，分析其共同点，均在强调无德不成医，"医德"与"医术"要兼备，而"仁爱"是医者应有的德行，行医能实践"仁爱"的德行而成为"仁医"，因此，"行医即行德"也就是医者与儒者角色"互为主体"的融通。从"儒医"融通儒者与医者角色的观点，儒家重视身心修养的思想，同样反映了"儒医"的思维。"行医即在成德"所强调的是"儒医"学医与行医的动机，系基于"天理"与"良知"的"仁爱"之心而不是名利，此为孟子所说的"恻隐之心"或"不忍人之心"的展现，在"儒医"又称之为"天心仁爱"。能发挥"天心仁爱"，"行医即行德"，其目的不会是求名及谋私利，而这也是儒家分判"君子儒"与"小人儒"的义利之辨，与"谋道不谋食"的坚持。许多儒者认为行医是可以有效履行社会责任的方式，如前述范仲淹"不为良相则为良医"的志愿，即充分反映此观念，而"儒医"的道德标准与儒家所说的"君子"是一致的，换言之，"良医"便是

① 杨泉：《物理论》，中华书局1985年版，第15页。
② 李世华、王育学：《龚廷贤医学全书》，中国中医药出版社1999年版，第1401页。

"君子"成为医术精湛的医者；"医者仁心"拯救病患生命、增进病患福利，被认为是与儒者实践"修己以安人""修己以安百姓"、治国平天下的政治理想具有同等价值，一样值得尊敬。对"儒医"而言，行医与成德应该是要同时进行且不能分割的，因此，"儒医"融通儒者与医者的角色，其学医与行医的主要动机即在"藉医行仁"，此为"儒医"要长远不断实践的行医理念，亦为儒家"推己及人"的仁爱精神。

## 第五节　儒医倡行的核心枢机与价值观念解读

### 一、仁心中和与成德保身

"儒"与"医"以"互为主体"的方式同构于"儒医"角色中，此亦同样展现在"儒医"对儒学与中医学思想的融通。由于儒家思想的核心是"仁"，"儒医"系透过"仁学"思想融通儒者与医者的角色，因此，"仁学"思想是儒者与医者的共同思想基础，其实践的工夫强调"为仁由己"，主张一切"身心修养"皆从己做起。如何由己做起？克己复礼为仁，要求自己的行为须符合礼的规范，而礼的作用则是为了和谐，也就是"礼之用，和为贵。"所谓"和"在《中庸》有言："喜怒哀乐之未发，谓之中；发而皆中节，谓之和。"[①] 是指能用戒慎恐惧的心态，抒发喜怒哀乐的情绪，就能回复"中"的"和谐"状态，此种自律警醒的工夫，是在对"中"的状态时时刻刻保持警觉与警醒，这也是儒家"修己以敬"的"持敬"工夫，为修道的"成德"之教，而须臾不离"中"的状态即是"和"，也就是"致中和"。

---

① 　朱熹：《大学中庸章句》，中国社会出版社 2013 年版，第 23 页。

至于"修己以敬"的"敬"除有"恭敬"之意,也是时时刻刻对自己起心动念警觉与警醒的修身工夫。朱熹论述"致中和"时认为,"持敬"的工夫,除重视喜怒哀乐"已发"的省察,也应着重"未发"时的存养。由于"中和思想"是儒家展现于"身心修养"的"本体论","致中和"是德行实践的"工夫论",最终则落实于"已发未发之心"的存养与识察。"喜怒哀乐之未发,谓之中"的状态,就是固有的"良知","中"是"未发"的状态;"和"则是"已发"后妥善适宜的处理。"持敬"的工夫是在对"中"的状态时时刻刻保持警觉与警醒,不离"中"的状态即是"和"。

承上分析,儒家的"中和思想"与"仁学"同样重视"和",且其"身心修养"皆是在"克己"的前提下用"复"的工夫,惟"仁学"的工夫在"复礼","中和思想"的工夫则在"持敬"以回复到"中"的状态,而"恭敬之心,礼也"。

是以,"礼"与"敬"在"仁学"与"中和思想"相通,而"礼"属外在规范,须自律遵守,"敬"则为内在心态,属自我要求,二者皆强调"反求诸己",也就是"克己"的工夫。此外,如前述"礼"的作用是和谐,与《中庸》所云:"中也者,天下之大本也;和也者,天下之达道也。致中和,天地位焉,万物育焉。"①的"和"相同。是以,"复礼"也是在回复到"中"的状态,能"克己复礼"即是喜怒哀乐"发而皆中节",就能"和",也就是"致中和",亦即情绪与行为反应都应自律,并符合"礼"的规范"不偏不倚、无过不及"。因此,儒家的"中和思想"与"仁学",是"身心修养"的工夫论,而"中和思想"的核心概念就是"和","致中和"就是要能"不偏不倚、无过不及"。

由于中华传统文化与诸子百家学说的重要成分几乎都有"中和思想"的内涵,而中国医学虽亦植根于"不偏不倚、无过不及"的"中和思想",

---

① 朱熹:《大学中庸章句》,中国社会出版社 2013 年版,第 23 页。

惟在思想脉络上却是以"阴阳调和"的思维展现。清代"儒医"章楠在其《医门棒喝》直接引用《中庸》，认为"阴阳两平"的医理就是《中庸》的"中和思想"，他说："夫致中和，天地位焉，万物育焉。天地之大德曰生者，得中和之道也。中和者，阴阳两平，不偏不倚。"① 此种"阴阳两平，不偏不倚"的"中和思想"，于中医学主要展现在对人体"阴阳调和"的重视，并以"气论"与"阴阳理论"为基础而建构相关医理。据以上分析，"儒医"之所以能"跨脉络"融通儒学与中医学，并"再脉络化"成"儒医"的医学观，就是以"和"作为核心概念，联结儒学的"中和思想"与中医学的"阴阳调和"思维，而"致中和"在儒学是"身心修养"的工夫，"阴阳调和"在中医学则是"身心调养"的医理实践。

## 二、生理价值观

就"儒医"的"生理观"而言，身体可分为"心灵的身体"与"躯体的身体"，此种身与心须统合才能正常运作的生理观，儒学与中医学的认知是相同的，唯医者与"儒医"的认知或有差异，一般医者多关注在身体与疾病，而"儒医"却将身的保健与心的德行实践视为同一件事情，因为身体不但是脏器储藏及气流动的场域，更是德行修养展现的场域。"儒医"以"中和思想"融通儒学与中医学，可由"儒医"的"生理观"与"儒医现象"加以论述，其中"儒医"的"生理观"是"身"与"心"的统合，成德与保身是同一件事情的不同层面；"儒医现象"则是"儒"与"医"的结合，系以"生理观"作为基础再予以扩大化，在德行和生命的层面，实践相同的仁爱精神。"儒医"以"和"作为核心概念融通儒学的"中和思想"与中医学"阴阳调和"的医理，此种自我完善、自律警醒与"不偏

---

① 章楠：《医门棒喝》，中医古籍出版社 1987 年版，第 109 页。

不倚、无过不及"的"尚中"精神，统合于儒学"身心修养"层面与中医学"身心调养"层面，共同展现为"儒医"的"术德兼备"与"仁心仁术"。

## 三、病理价值观

历代医经与医家将"中和思想"运用在中医学病因及病理学的论点，俯拾皆是，其中《黄帝内经》的论述尤多，可将其归纳为数类，如：时气失常、情志过激、劳逸失度、饮食不节，这些失中和与阴阳不调所产生的病因病理，均为后世医家所沿用。如宋代陈言的《三因极一病证方论》将"致病原因分为内因、外因与不内外因"①，所言"乃背经常"及"有悖常理"均是指违背"中和思想"的平常之理，亦指和谐状态的破坏。人体除了生理上阴阳气血不调和或偏盛偏衰会致病，生活作息、饮食与心态的"过与不及"，亦会失中和，同为病因。元代朱丹溪在《脉因证治》言："尽力谋虑则肝劳；曲运神机则心劳；意外致思则脾劳；预事而忧则肺劳；矜持志节则肾劳。"② 清代王士雄亦于《随息居饮食谱》的序言中说："人以食为养，而饮食失宜，或以害身命。"③ 以上"儒医"所言，皆在说明"过与不及"会失去人体的中和状态，导致身体机能不正常。综上，"儒医"亦是以"中和思想"融通儒学与中医学，在儒学是修身之道，在中医学则是疗愈之学，"儒医"则将两者加以融通，强调要避免"过与不及"的偏差而产生病态。

## 四、治疗价值观

对已发病的治疗，"儒医"运用"和"与"复"的原则，系融通自儒

① 王象礼：《陈无择医学全书》，中国中医药出版社 2005 年版，第 34 页。
② 朱丹溪：《脉因证治》，中国中医药出版社 2008 年版，第 29 页。
③ 盛增秀：《王孟英医学全书》，中国中医药出版社 1999 年版，第 193 页。

学与中医学无"过与不及"的"中和思想"，主要在使身心恢复阴阳和谐，犹如《中庸》所说的"致中和"，也就是"回复"到"中"的状态才能"和"。汉代张机指出生病向愈的条件是"和"，仲景立方施法之旨，即在促使人体阴阳、津液、营卫、脏腑能"和"，此即《黄帝内经》之义，仲景治法就是在恢复与维护人体身心之"和"。金元医者李杲在其《医学发明》云："施之于用，有余者损之，不足者补之，治而平之，务得其中。庶无误也。得其要者，一言而终。其斯之谓欤！"① 他认为"中"是中医学治法之要，具体治疗方法是损有余补不足。明代"儒医"俞弁亦认为习医临证要能掌握"中"字的精神，了解《中庸》所说的"时中"之义，才不会有所疑惑。因此，"儒医"与中医学运用"复"与"和"的原则治病疗愈，使人体"阴阳调和"，如同儒学运用"中和思想"以"回复"至"中"的状态，及"发而皆中节，谓之和"的修身工夫。

## 五、康养价值观

中医学视"阴阳调和"为人体正常的生理状态，犹如儒学"中和思想"所说"喜怒哀乐之未发，谓之中"的情况，一旦此种原本和谐的状态产生偏阴偏阳或"过与不及"的状况，人体就会出现病态，犹如儒学"中和思想"所说从喜怒哀乐之"未发"到"已发"的过程，只有"发而皆中节"才能"和"，失中就不和。为避免产生不和，中医学在身体未发病前以"治未病"的方式养生，所实践的就是"致中和"的医理，系谨慎对"将"发病而未发病时所显现的征兆做先期处理。正如《中庸》所说："君子戒慎乎其所不睹，恐惧乎其所不闻。莫见乎隐，莫显乎微，故君子慎其独也。"② 也就是儒学

---

① 叶川、建一：《金元四大医学家名著集成》，中国中医药出版社 1995 年版，第 538 页。
② 朱熹：《大学中庸章句》，中国社会出版社 2013 年版，第 22 页。

所强调的要能"知机复性",亦即养生要有"见微知著"的"知机"工夫及"战战兢兢"的"持敬"工夫,以"中和思想"养生,才能无病。"儒医"的"养生观"融通儒学"知机复性"与中医学"治未病"的内涵,具有预防医学的精神。

有关儒家"知机"与"持敬"的工夫,主要是针对"已发未发之心",为修身的工夫;而中医学"治未病"的观念与生活实践,则属养生的工夫。也就是要对自己的身体与环境的变化时时保持警觉,对于"将发而未发之病"要以"调和致中"为养生的最高指导原则,不待病而后治,犹如儒学"中和思想"注重"致中和"与"发而皆中节"的工夫,"儒医"的"养生观"系将两者加以融通。"儒医"以"中和思想"融通儒学与医学,而"持中"与"持敬"为主要养生原则,"知机"与"敬慎"则为养生的实践工夫,"知机"是敏感于身心变化的征兆,"敬慎"是"战战兢兢"谨慎处理身心的变化,以"中和思想"做好养生,才不致发病影响生命健康。

# 第二章　先秦两汉之际医儒异趣与智识传承

## 第一节　漫谈先秦两汉之际医史文献的智识与传承

儒医群体是中国传统医学延绵传承的主轴之一，亦是中国"守正"文化中的一脉清流，在学术理论研究与临床实践情境中扮演着不可或缺的关键角色。目前学术界通常认为"儒医"一词始自宋代，至于可称之为"儒医"的人物究竟起于何时？如何评定？则涉及"儒医"的内涵问题。"儒医"从狭义而言，应是指有儒者身份的医者；就广义而言，指称具有完美医术及行医作风，符合儒家道德标准的医者。一位医者能否被称为"儒医"，关键并不在于他是否具备儒者或科举士人的身份，有无"儒心"才是重点，"仁民济世"成为"儒"与"医"的共同志业，"儒"与"医"被视为同道，"儒医"则成为医者中的"优良品牌"。

当下常听到一些学者将中医称之为"经验"医学，然而，有哪一种传统医学没有经验的层面？那么，中医知识真正的特色在哪里？什么又是"经验"？当我们说一位医生很有经验时，这个经验意指个人直接性的证据体验，同时也蕴含其对个别病人有一连串切身的经历。因为医生治疗的对象不仅是"人"，而且是个别的人。临床的判断力无法靠共相的知识专擅，因为医生必须不断面对新的状况做出判断。

中医学的起源包围在传说之中，当时的医学文献透过仪式流传，正如书写文书被一种类似于传统宝物的气氛所笼罩，医学文献在这种氛围之下，与其相关的"经验""师资"的实质内涵与后世还是有差异性的。《汉书·艺文志》中的方技是广义的"医学"，医学活动在《左传》《周礼》等书略有反映，但系统性的医学论述大致是战国以后的产物。

就先秦医学知识的传承而言，老师与弟子二者之间并没有直接地言传身教，而是传授书本。长桑君考察判断扁鹊有无习医的禀赋之后才决定倾囊相授。书籍在知识传授过程中处于核心角色，扁鹊在接受长桑君的授书之后，强调诊断在整个医疗过程中的重要性，这种"决死生"的诊断本事与医案则被《史记》所收录。授书仪式程序中凸显了师资的重要性，扁鹊被授医书的内容虽不明晰，但稍后时期的淳于意则已经可以读到"扁鹊脉书"，《汉书·艺文志》有《扁鹊内经》九卷、《扁鹊外经》十二卷。这些禁方书后世散佚，在当时则是习医的规范。司马迁曾言："扁鹊言医，为方者宗，守数精明；后世循序，弗能易也"。这里的"守数"则包括作为原则性的医典在内。医者把握医学的原理（守数）往往与明白经旨并行。师徒关系通过传授书本而加以稳固，而书本典籍的持有人员一并也兼有诠释文本、传承经验的角色。换言之，典籍、师资、经验是合而为一的。

西汉时期的淳于意与公孙光、公孙阳庆皆为师徒。公孙光手持经典医学的抄本，淳于意经由授书仪式取得秘书与心得体验。公孙光授书也并非一次尽传其技，师徒经常切磋讨论历代医书的精义所在，公孙阳庆则在其后与淳于意结为师徒。淳于意的六位弟子中，其中三名是由官方派来习医（高期、王禹、唐安）。这些与淳于意习医的学生及其后继者手中保留的医籍经过两三代的转抄，必有掺伪或传讹。从马王堆医书、张家山医书、绵阳经脉木人模型等与淳于意师徒同时代出土的医学文献来看，当时的贵族、官僚也占有部分医疗资源。这些口授的医理进一步写成文字，则医学典籍的分化与流传日益纷杂。

淳于意论及医学传授的程序是"授读解验"，也就是：授书、诵读、理解及验证四个步骤；基本上，学习医术是围绕着典籍而依序展开。《灵枢·禁服》一篇可与前面扁鹊、淳于意的故事相呼应，其中的"禁"即同于"禁方"的"禁"，"服"则意味着心悦诚服师之言说，即医术之书不仅来自师之密授，也有赖于师之诠解。由上可见，在传授过程中有多次授书的可能。或先给予入门之书，有些文本或需要进一步的文本解读，随着不同学习阶段而有进阶的授书而后再进行医技演练。先秦医学知识主要保存于官府，具有世袭隐秘的色彩，秦汉医学则有了民间私学。其中，扁鹊师徒以儒医风骨的形态出现在中国医学史的舞台，淳于意也是声望千里的儒医，但其并不愿接受贵族的聘请，可见，当时的儒医未必向往官府的生活。

师傅通过授书的智识来传承医学典籍与经验，可称为循经授业，张介宾形容这个时代的医学教育即"依经受学"。这里的"经"，具有经典概念下的规范或标准的意义。作为背诵考试、临床应用甚至师徒论辩的医文，有的阐述医理，并由口述而文本化。《素问·解精微论篇》曾言："臣授业，传之行，教以《经论》《从容》《形法》《阴阳》"，通篇对答即在"经"上辩证螺旋，如"在经有也""且子独不诵念夫《经》言乎"等。传统医学的知识传承氤氲在古史精粹之中。《黄帝内经》关乎生命奥秘的言语，以黄帝为中心，有岐伯、伯高、少师、少俞与徒弟（雷公）的应对问答；《吕氏春秋》把"古之清世"作为创作的黄金盛世，《内经》"法往古者"也归于古代圣人所遗传的《针经》。《内经》的医学论述不仅以黄帝君臣的格式展开，国家理念与医史源流的相映更饶富政治文化意涵。这种医学的文化多样体无疑是我们探索传统医学的核心所在，是故，研究新时代医史文献的创造性转化应先返本开新，深入探索中国传统医学范例性文献的形成史。

## 第二节 先秦经籍"观"的生成与提升

"观"是透过视觉而进行的一种感官知觉活动，包括对事物整体而细致地观看，心有所见令思想境界有所转变，其所见便是透过观而得到的"知"，是一种可以用语言表达出来的体认。把"观"作为一种学习与体会，观出事物的意义以达到特定的理解，可使观者的人生观向理想方向转化。所以，从古代经典文本中对"观"的文献渊源进行考探，同时对其知识传循脉络加以梳理，这会对新时代观念的文化深释、文史学科脉络的交融有着促动与助益作用。

### 一、商周经籍文本中"观"的生成

（一）君子自省——《周易》中的"观"

《周易》第二十卦以"观"命名："观，盥而不荐，有孚颙若。爻辞：初六，童观，小人无咎，君子吝。六二，窥观，利女贞。六三，观我生，进退。六四，观国之光，利用宾于王。九五，观我生，君子无咎。上九，观其生，君子无咎。"[1]古语中"盥""裸""灌"三字同义通用，指的是祭礼开始的时候祭酒的仪式，在此强调了主祭者在行礼时应该保持诚敬精一的态度来完成整个仪式，为民所观。"观"在卦辞中的意义在于强调主祭者为民所观时所发挥的由上而下、由外而内的教化作用，即民众可对同一现象进行观摩、仿效与学习。

观卦的六爻透过叙述不同身份的人在不同处境中观礼的情况，由此可显现出，越接近所观者观得越清楚；君子应该深入地观，避免肤浅和片面

---

① 《周易》，中华书局 2015 年版，第 86 页。

地观；君子既是观者也是所观者，须自观其行为、德性，自省进退。由此可见，著述者已经注意到"观"当中包含丰富的智识活动，并且有教化、学习的意义。

《周易》经传中除了"观"卦重点阐释"观"的概念，还有多处值得留意。如《周易·彖传》载："观乎天文，以察时变；观乎人文，以化成天下。"[1]"贲"卦说的是文化与文饰，"文"又作"纹"，有条理、规律的意思。天象四时不息是以观"天文"，人道也有物有则，故有所谓观乎"人文"。《周易》认为人可以从自然事物、人伦之中"观"到其中的理则，并可以此设立教法以化成天下。《周易·系辞下》载："古者包牺氏之王天下也，仰则观象于天，俯则观法于地，观鸟兽之文，与地之宜。近取诸身，远取诸物。于是始作八卦，以通神明之德，以类万物之情。"[2]《周易·说卦》也载："昔者圣人之作《易》也，幽赞于神明而生蓍，参天两地而倚数，观变于阴阳而立卦，发挥于刚柔而生爻，和顺于道德而理于义，穷理尽性以至于命。"[3]此两处所示的"观"与"观"卦经传的意思相贯通，《系辞下》解释伏羲氏画八卦源于观天地、鸟兽等身边的事物，八卦象征的不只是自然现象，更是自然现象中所呈现的意义。《说卦》认为八卦所象征的是阴阳变化，承载着"道""德""理""义""性""命"的意义。从《周易》之"观"来看，整部文本的设计就是要用符号文字去表达万物的存在理据和变化规律。

（二）全面体察——《诗经》中的"观"

《诗经》中的"观"除了"观看"的通常用法外，值得注意的还有"巡守"和"勘探"两种意义。《诗经·大雅·文王之什》言："皇矣上帝，临下有赫。

---

[1]　《周易》，中华书局 2015 年版，第 94 页。

[2]　同上书，第 304 页。

[3]　同上书，第 322 页。

监观四方，求民之莫。"①此中的含义一方面赞颂文王自身，也展现了文王体察民情，了解民间疾苦的事迹。《诗经·国风·墉风》言："升彼虚矣，以望楚矣。望楚与堂，景山与京。降观于桑，卜云其吉，终然允臧。"②此句说明卫文公慎重择地选址重建都城，于荒野中眺望楚丘与居地，测量附近的大山与高山，下山考察蚕桑，求天问卜后而定居。《诗经·大雅·生民之什》也有"相其阴阳，观其流泉"③的说法，周人祖先刘公迁都，除了考察地势，还要勘探水源，以此为基本条件选择富庶的地方建都。上述《诗经》里的语句说明"观"是全面而仔细地考察，体察民情需要顾及点、线、面的范围才能避免片面的认识，选址建都的大事更需仔细考虑地势、资源、交通等诸多因素。

（三）德政相兼——《尚书》中的"观"

《尚书·咸有一德》中曾有"观德""观政"之说："七世之庙，可以观德；万夫之长，可以观政。后非民罔使，民非后罔事。无自广以狭人，匹夫匹妇、不获自尽，民主罔与成厥功。"④《尚书·咸有一德》的主题是："为上为德，为下为民；其难其慎，惟和惟一。德无常师，主善为师；善无常主，协于克一。"⑤商人反思商代政权的合法性是天赋的，但天的意志经常变易，不息地更新，为政者的德行是保住权位的必要条件，因此继承王位者必须时刻警醒自己要专注于坚守德行。

《尚书》里的《咸有一德》篇章相传是伊尹所作，整个历史事件的场景就是伊尹还政于太甲，在太庙堂上循循告诫接班人。观者是即将上

---

① 《诗经》，浙江古籍出版社 1998 年版，第 198 页。
② 同上书，第 32 页。
③ 同上书，第 212 页。
④ 《尚书》，线装书局 2007 年版，第 84 页。
⑤ 同上书。

任的太甲，所观的是整个太庙庄严的场景、伊尹的告诫，观及所见就是历代商王所秉持的"一哉王心"（德），以及所维持的政治秩序（政）。观七世之庙，何以观德？观万夫之长，何以观政？配合整个历史事件的场景来说，太庙的气氛是庄严的，伊尹把基业所成的因由娓娓道来，首"呜呼"，尾"呜呼"，一方面表示对祖先德行福庇的钦佩，另一方面表示对此福庇能否长存的忧虑。这个"七世之庙"的场景对于太甲而言，意义非比寻常，不难感受当事人对祖先德业的崇敬，同时感受到身负的重担不仅是家业，更是天下人的福祉。一方面对自身所承继着的感到崇敬，由此而见祖先之德；另一方面不忍祖先的德业不能继续，由此可见代代祖先皆战战兢兢地保德之心，更忧患自己不能继续克先王之禄、砥蒸民之生。由此可见，《尚书》中的"观"已包含了丰富的情义活动和认知活动，借着观"七世之庙"而观到"一哉王心"，借观祖先功业而观到为政之道。

## 二、春秋战国儒籍中"观"的提升

（一）知人明眸——《论语》《孟子》中的"观"

《论语》的"观"首先是深入、全面地看，从而达到一定的知。《论语·学而》言："子曰：'不患人之不己知，患不知人也'。"[1] 别人不了解自己不影响自己有才德之实，不能了解别人却反映自己不能分别是非正邪，不辨何人为良师益友，有碍自身之修养。因此，"知人"是为学重要的一环。何以知人？《论语·为政》言："子曰：'视其所以，观其所由，察其所安。人焉廋哉？人焉廋哉？'"[2] 孔子认为需要全面深入地观察一个人的样

---

[1] 杨伯峻：《论语译注》，中华书局 2006 年版，第 10 页。
[2] 同上书，第 17 页。

子、言说、行为、动机和心理状态，才能了解人的本质。上述文字中孔子用"视""观""察"来表示不同的认知，历代注疏大多认为三者之间有递进、后者比前者详细的关系。"视"是直视，"以"是所用、所为，"视其所以"就是看对方的行为。"观"是广瞻，"由"是因由，"观其所由"就是追溯对方行事的因由。"察"是用心审度，"安"是所乐，"察其所安"就是审度对方所乐何事。"观其所由"也是观察对方可见的言行表现，但视域却向前追溯，看对方在行事之前的言行，由此推测对方的行事动机。"察其所安"则是向后延伸，看对方行事之后的言行，由此推测对方行事后是否心有不甘、乐于善事本身还是附带的利益。由此可见，"观"和"察"以更宽阔的视野看待事情，并以有形象之物推测隐微之物，以求把握事物全体的真相。观人的活动中，"所观"是人的外在表现，"观及所现"是人之实。观何以现？要看清楚一个人不可只靠眼前可见的外在表现，需要回忆其所作所为、追踪事后的言行，判断其前后是否一致。可见，"观""察"涉及了人们复杂的认知活动。

《论语·公冶长》言："宰予昼寝。子曰：'朽木不可雕也，粪土之墙不可杇也；于予与何诛？'子曰：'始吾于人也，听其言而信其行；今吾于人也，听其言而观其行。于予与改是。'"① 宰我是孔子的一位善于辞令的弟子，孔子见其在白日睡觉，慨叹其不可救药。古人认为在白日睡觉是不勤学、昏惰的表现，孔子听宰我言辞而相信他能勤于实践，却发现其言过其实，于是警示自己以后不可单纯地相信别人都能言行一致，听其言之后还须观其行，才能认清人的本真样貌。"观"在前述文字中强调的是向前回溯，在这一段文字中却是往后追踪，其实前后不是重点，"观"就是不限于眼前可见的，而以更广的视野判断一个人的言行是否一致。

《论语》和《周易》的观卦主题也有重合的地方，如《论语·八佾》言：

---

① 杨伯峻：《论语译注》，中华书局 2006 年版，第 50 页。

"子曰：'禘自既灌而往者，吾不欲观之矣'。"① 又言："子曰：'居上不宽，为礼不敬，临丧不哀，吾何以观之哉?'"② 相传禘礼是规格隆重的祭祖之礼，只有天子才有资格主祭，周成王因尊重周公旦而特准鲁国可以行天子规格的礼乐。孔子不欲观礼有两个理由，其一是鲁国举行禘礼本来就是僭越，不合礼；其二是主礼者在祭酒之后精神溃散，未能做好典范，一如观卦所言。孔子在此也批评了三类人，当时居上者不宽待人，行礼者没有认真恭敬地行礼，临丧者不悲哀。因为这三类人都丧失了他们在位时的意义，所以孔子反问还有什么理由要看下去，表示不欲观之。《论语·泰伯》言："子曰：'如有周公之才之美，使骄且吝，其余不足观也已。'"③ 孔子认为，骄吝之人即使有才亦不足观，"不足观"就是没有什么值得看，不值得欣赏。进一步而言，观的对象对观者而言必然有价值意义，否则为什么要去观呢? 设想若一样东西是没有价值的，人们便不会花时间心思去认真观察。由上述可见，孔子认为"观"的对象本身应该承载着他们的价值意义，祭礼应该是慎终追远的教化，居上者应该宽，为礼者应该敬，临丧者应该哀。若"观"的对象只是虚有其表，则没有观的意义，不值一看。

《孟子·离娄上》有言："孟子曰：存乎人者，莫良于眸子，眸子不能掩其恶。胸中正，则眸子瞭焉；胸中不正，则眸子眊焉。听其言也，观其眸子，人焉廋哉?"④ 孟子对观也有心得，他认为观人莫善于观察他的眼睛，心志中正则心胸坦然，目光明了；反之则心有不安，眼睛不敢为人所直视，闪闪缩缩则目光不明。古人认为言为心声，一般来说听言便可知心声，但虚伪的人会伪装他的言辞，所以言语便不足以知人，需要再找其他表现去判断其人。从经验事实而言，善于伪装的人能演好每

---

① 杨伯峻：《论语译注》，中华书局 2006 年版，第 28 页。
② 同上书，第 36 页。
③ 同上书，第 94 页。
④ 杨伯峻：《孟子译注》，中华书局 1960 年版，第 177 页。

一个细致的位置，但毕竟人不自觉的行为举动容易透露其心理状态。孟子的"观"眸子之义在于观人入微。"观"在孔孟之前已有学习、教化的意义，而孔孟"不欲观""何以观""不足观"更是透过反思、批判进一步凸显了所观对象的价值问题，必须是有价值者才值得去观察与观赏。换言之，在某种情境下，当人们去观察事物的时候，已经预设了观者期望从中学习或者欣赏到某些东西。由此，"观"作为仿效学习的意义才得以彰显。

（二）见微知著——《荀子》中的"观"

"观"是深入细致的体察，荀子很重视见微知著的能力。《荀子·非相》言："辨莫大于分，分莫大于礼，礼莫大于圣王。圣王有百，吾孰法焉？故曰：文久而息，节族久而绝，守法数之有司，极礼而褫。故曰：欲观圣王之迹，则于其粲然者矣，后王是也。彼后王者，天下之君也，舍后王而道上古，譬之是犹舍己之君而事人之君也。……故曰：以近知远，以一知万，以微知明，此之谓也。"①荀子要观的是分位、礼、圣王之迹，总括来说就是理想的政治制度和原则。荀子认为要效法前代的周礼，因为文足征、法可考。古人崇古盛称三代，荀子并不否认尧、舜、禹作为古代圣王有理想的政治制度和原则，但是因为年代久远而文不足征，因此不足以效法。

荀子认为欲观圣人之迹，可以以近知远，以一知万，以微知著。一国的治乱、强弱、贫富都可以从细微处反映。《荀子·富国》言："观国之治乱臧否，至于疆易而端已见矣。……观国之强弱贫富有征验：上不隆礼则兵弱，上不爱民则兵弱，已诺不信则兵弱，庆赏不渐则兵弱，将率不能则兵弱。上好功则国贫，上好利则国贫，士人众则国贫，工商众则国

---

① 章诗同：《荀子简注》，上海人民出版社 1974 年版，第 39—40 页。

贫，无制数度量则国贫。下贫则上贫，下富则上富。"①荀子于这段文字中举例说明，若哨兵在边疆越境巡逻，这个国度应该是乱国；若国境内田地多野草，城墙失修，其主应该是贪主。这里的要点在于可以从部分观察其全体。

《荀子·宥坐》言道："孔子观于东流之水。子贡问于孔子曰：'君子之所以见大水必观焉者，是何？'孔子曰：'夫水，遍与诸生而无为也，似德。其流也埤下，裾拘必循其理，似义。其洸洸乎不淈尽，似道。若有决行之，其应佚若声响，其赴百仞之谷不惧，似勇。主量必平，似法。盈不求概，似正。淖约微达，似察。以出以入、以就鲜絜（同"洁"），似善化。其万折也必东，似志。是故君子见大水必观焉。'"②这段文字对观水做了丰富的阐释。水无特定心志却滋养着人类，抽象而言，就是无为而无不为，这就像"德"；水流必然循着某种规律，抽象而言，就像"义"；水流汹涌不息，抽象而言，就是有本而相继不绝，就像"道"；水决堤的时候汹涌而去，能冲散阻碍物，抽象而言，就是一股冲开阻碍的力量，就像"勇"；用水度量地面的时候，水必然能平铺凹凸不平的地面，抽象而言，就是在不同的处境下都能维持某种原则，就像"法"；水装满了容器自然就铺平容器之面，用不着用工具去刮平，抽象言之，就是无过无不及，就像"正"；水柔弱无孔不入，抽象言之，就是包覆一切细处，就像"察"；水能冲刷干净东西，抽象而言，就是能去掉黏附之物，改变事物的样子，就像道德教化；水经过多重曲折也会奔流向东，抽象言之，就是遇上多少曲折仍保持最终的方向，就像"志"。观者之所以能观得水有如此多的意义，是因为其观察入微，仔细地认清了水在各种情境中的状态，从而得出抽象的意义，这些抽象的意义放在人伦的具体生活中，便体现为各种值得仿效的德行。

---

① 章诗同：《荀子简注》，上海人民出版社1974年版，第102—104页。
② 同上书，第320—321页。

# 第三节　两汉之际儒籍"观"的演绎

## 一、悟类乃生——《新语》中的"观"

贾谊是西汉初年的儒家代表人物，著作《新语》糅合了气化、阴阳思想于儒家思想之中。贾谊继承了《周易》观天道以定人道的内容，在《新语·明诫》中有言："圣人承天之明，正日月之行，录星辰之度，因天地之利，等高下之宜，设山川之便，平四海，分九州岛，同好恶，一风俗。……观天之化，推演万事之类，散之于弥漫之间，调之以寒暑之节，养之以四时之气，同之以风雨之化，故绝国异俗莫不知□□□，乐则歌，哀则哭，盖圣人之教所齐一也。"①

圣人所效法的理则从天象而来，善道的根源出于天，圣人得之。圣人"观天之化"得其大本，再推演万事万物相类之处，立礼乐之教"散之""调之""养之""同之"。《新语·道基》曰："故知天者仰观天文，知地者俯察地理。跂行喘息蜎飞蠕动之类，水生陆行根著叶长之属，为宁其心而安其性，盖天地相承气感相应而成者也。"②又曰："于是先圣乃仰观天文，俯察地理，图画乾坤，以定人道，民始开悟，知有父子之亲、君臣之义、夫妇之道、长幼之序。于是百官立，王道乃生。"③贾谊认为，一切自然理则和人文理则皆根源于"天"，人们遵从的规范由天、地、人参合而生，其根本出于天，材质来于地，设计实践成于人。天地自身呈现的规律使万物得其位，贾谊心中的"天"所呈现的意义大概和荀子一样，不为尧存、不为桀亡。但是"天"同时又会向人们启示道理，"悟"是吾心有悟，"天"虽然会垂象，

---

① 贾谊：《新语》，辽宁教育出版社 1998 年版，第 15—16 页。

② 同上书，第 1 页。

③ 同上。

也需要圣人主动地去参悟、仿效。纲纪伦常的根据虽然在天，但必须通过人们去参悟，"仁""义"是"道纪"，贯穿自然和人文，可见贾谊的"仁义"不仅是人伦规范的原则，也是自然规律的原则，具有统摄存在的终极意义。

## 二、深察名号——《春秋繁露》中的"观"

董仲舒总结了"天之行"的德性，也就是先效其天德，而后相应地成就人应该有的行为。其在《春秋繁露·离合根》里言道："天高其位而下其施，藏其形而见其光。高其位，所以为尊也；下其施，所以为仁也；……外博观，所以为明也；任群贤，所以为受成；乃不自劳于事，所以为尊也；泛爱群生，不以喜怒赏罚，所以为仁也。"① 又在《春秋繁露·天地阴阳》言道："天、地、阴、阳、木、火、土、金、水九，与人而十者，天之数毕也。……天意难见也，其道难理。是故明阳阴、入出、实虚之处，所以观天之志。辨五行之本末、顺逆、小大、广狭，所以观天道也。天志仁，其道也义。"② 董仲舒把儒家重新提升为人伦纲常之后，其后的儒者所言皆不离"天""天道""天德""天理"，观天也成为一个突出的主题。

孔子以"生"言天的论述，孟子言尽心知性而知天，荀子以天为礼义之本，从理论上而言，礼义使人类社会能治而得以延展，先秦儒家的"天"最核心的内容是"仁"，但先秦儒家皆未如董仲舒般明言"天，仁也"，人的"仁"受命于"天"而来，此为董氏的推进。从周代到先秦儒家的礼乐思想，基本上完成了人文主导的倾向，孔子虽有天的意识却罕言性与天道，孟子更是以心性主导，荀子明天人之分后重点也在讨论人的化性起伪。董仲舒影响最大的是把阴阳、五行、气化之说带入儒学之中，天意难

---

① 董仲舒：《春秋繁露》，河南大学出版社 2009 年版，第 196 页。

② 同上书，第 376—377 页。

测不可见，人唯有可见有形的现象，董仲舒认为观天之志要从天地的变化中观，而阴阳、五行则是用来理解变化的范畴。

《春秋繁露·深察名号》言道："治天下之端，在审辨大。辨大之端，在深察名号。……名之为言鸣与命也，号之为言谓而效也。谓而效天地者为号，鸣而命者为名。名号异声而同本，皆鸣号而达天意者也。天不言，使人发其意；弗为，使人行其中。名则圣人所发天意，不可不深观也。"[①]儒家礼乐系统中的名言概念乃圣人知天所发，因此名号本身即承载了天地之正，常人虽不能如圣人般知天地，却可以透过深入观察圣人设计的"名""号"而达天意。孔子要恢复礼乐第一件要事便是"正名"，"名"本身的内涵同时规范着指涉对象应有的特质。《春秋繁露》中的"观"论认为：如号为"天子"者，应该视天为父，事天以孝道；号为"诸侯"者，宜谨视所候奉的天子；号为"大夫"者，须守善大于匹夫之义；号为"士"者，应努力于"事"；号为"民"者"瞑"也，故须教化使之明。总而言之，学者虽不能如圣人般观天意，却可观圣人的名言，从而通达天地的知识。

## 三、圣贤识道——《法言》中的"观"

《法言·修身》曾言："圣人耳不顺乎非，口不肆乎善。贤者耳择口择，众人无择焉。或问众人？曰：富贵生。贤者？曰：义。圣人？曰：神。观乎贤人，则见众人；观乎圣人，则见贤人；观乎天地，则见圣人。"[②]汉儒扬雄认为，圣人不听从非礼之声，不说背离善的话语；贤者耳听和口说都有选择的标准；常人听别人说话不会辨别是非，自己也口不择言。常人趋利避害为富贵而活；贤者为义而活；圣人为了参天地成就万物而活。看

---

①　董仲舒：《春秋繁露》，河南大学出版社 2009 年版，第 262—263 页。

②　董扬雄：《法言》，商务印书馆 1939 年版，第 8 页。

见贤人，就能知道常人应该仿效的对象；看见圣人，就能知道贤者仍未尽善；敬仰天地的广袤，就能知道为圣的标准。

《法言·吾子》也说："观书者譬诸观山及水，升东岳而知众山之逦迤也，况介丘乎？浮沧海而知江河之恶沱也，况枯泽乎？舍舟航而济乎渎者，末矣；舍五经而济乎道者，末矣。弃常珍而嗜乎异馔者，恶睹其识味也？委大圣而好乎诸子者，恶睹其识道也？"[①] 这段话类似荀子的《劝学》，观书要观圣贤之书才能识道，如见天才能知道什么是高，见地才能明白什么是厚，见得标准方能度量事物。扬雄常以道德伦常的成就来观史，这是儒家典型的观点。《法言·寡见》曰："齐桓、晋文以下，至于秦兼，其无观已。或曰：秦无观，奚其兼？曰：所谓观，观德也。如观兵，开辟以来，未有秦也。"[②] 观史乃观历史人物之德，而非其事功，如秦朝虽然武力强统天下，却不足观，因其仁义不施。这和孔子也是一脉相承，孔子认为假若人们有周公般美才，但品行恶劣，便无甚可观。《法言》论"观"的可取之处在于能够发现天人之际本有会同，天有阴阳，人也有阴阳，故能相互感应。自然的标准虽然在天，价值的标准却内在于人性，若加之修养的培育与滋润，最终将达到天人合德。

## 第四节　古代儒家"观"的知识传承与意义建构

### 一、"观"的字源释名

"观"的字源学视角主要从部首构造分析其意义，这不仅反映了其形

---

① 董扬雄：《法言》，商务印书馆 1939 年版，第 5—6 页。
② 同上书，第 20 页。

成之初的原因，也能窥见当中的理由。"观"是会意形声字，其字源可追溯到甲骨文（），此字好似头有毛角的鸮类猛禽，也似猫头鹰，古人认为猫头鹰眼神专注和锐利，见微知著，能及时发现危险，预示危祸。古文中"萑""雚""观"常常通假互用。《说文解字》认为"雚"中的"吅"是声符，从"萑"；也可将"吅"界定为瞪大的双眼，"雚"同时象形兼形声。古文中"隹"即是鸟，"雚"有别于一般的鸟，其特征除了瞪大的双眼"吅"，"艹"作为耳边的毛未尝不可视为竖起的耳朵，有聆听的意味。金文在"雚"的旁边增添了"见"，组合成会意字（），表示仔细观看之意。《说文解字》谓："观，谛视也"，即为仔细地看。"见"表示日常地看，配合"雚"组成新字，无疑表示特别地看。

字词原义对具体的使用环境有着一定的限制，但在使用过程中，常因精神活动发展的要求，而有种种意义的转变。也正因如此，"观"的考察必须坐落在具体的概念系统当中，才能得见其特殊之处；不宜用原初意义规限后来意义的延展，比如"观""见""视""闻""听""察"之间的意义区隔。"见"和"视"泛指一切视觉活动；"闻"和"听"泛指一切听觉活动；而"观"和"察"则特指一种全面而仔细地看，从"观"的象形部件"艹"（猫头鹰耳边竖起的毛）分析，"观"的原始意义中也有听的成分。从这一点而言，"观"突出的不只是视觉活动，而是综合了视听后对事情整体的把握，当中涉及较复杂的心智活动，以求能事无巨细地"见"清楚事物本身，把种种事物区隔开来以便审视其中的关系。"观"和"察"的意思接近，若要加以区别，则"观"额外强调了由上向下所带来的广阔而全面的视野，而"察"更强调事物之间仔细的区别。上述概念之间的关系可总结为："见""视"统摄视觉活动，"闻""听"统摄听觉活动，"观"和"察"则综合了视听的心智活动；而"观"作为"包覆而深别之"的"审谛之视"，又包括了一切"非常之视"，"察"即是其中一种非常之视，更强调针对事物进行仔细甄别，以明事物之间的关系。

从以上字源分析可见，"观"是透过见闻之知而进行的活动，意味着一种全方位并且深刻地看。它的本义为审谛之视，作动词，继而有种种的引申义，指各种非同一般的视。"观"作为动词的本义是去看，例如观某物；从某物得以观的角度，可以引申出显示、示人的含义。清代段玉裁在注解《说文解字》时，对此做了阐释："凡以我谛视物曰观，使人得以谛视我亦曰观，犹之以我见人、使人见我皆曰视。"①"观"作为一种"视"同样表示着见和示的两面。由动词引申成为名词的"观"，表示从某观点能观及的视域，继而表示对事物的认识和看法。

## 二、体物与人伦——"观"的德性张力

"能观"主要从感知主体的观视而言，如《周易·观卦》中小童、女性、士人、国宾、贵族去"观"主祭的王族，王族在自我反观的活动中，其自身也是能观者；《尚书》中太甲观太庙、观祖先得天下的历史，太甲是能观之人；观天、观水的孔子也是能观之人。"所观"是从所观对象向能观主体显示的一面而言，如《周易·观卦》中主祭的王族向观礼者表现出其精一诚敬的态度，显示出一种"教"的历程，民则为其所"化"；《尚书》中太庙的建筑风格、礼仪摆设等所营造出的庄重气氛，过去的历史变革都是所观，向观庙、观政者展示出"惟新厥德"的"一哉王心"；孔子眼中的四时运行与百物化生，则与不舍昼夜的流川一样，都是所观，向世人呈现出来的是一种"不言之教"。

《荀子》特别强调虚一而静之心，心的清明如水可以见须眉而察理。圣人能知礼义本于天，能从历史中见礼义之统，能积思虑习伪故，这些能力皆源出于其明辨的心智。《孟子》的心性论也为"观"当中的情意活动

---

① 段玉裁：《说文解字注（上）》，江苏凤凰出版社2015年版，第714页。

提供了理据，孔子所言的道德好恶实际上源于孟子所言的不学而能、不虑而知的心。"观"不像一般的道德实践活动，有恻隐、辞让、是非、羞恶之心的萌动，但见好而好之、见恶而恶之，也是"观"有的属性。若取汉代儒家的气感相应之说来理解，人们观见美好的德行或者事物运动所表现出美好价值时，内心也会与物俱现而有所感动。

"观"是深入、仔细、全面地考察，也是系统、复杂的心智活动。比如《诗经》中的勘探、巡守，《论语》《孟子》中的观言察色，《荀子》突出明辨的认知心，上述语言不仅关注细致的局部认知，也强调要以部分、整体的关系来理解，从而达到见微知著。人们之所以能从"观"中看出道理，必然要经过一番知性的理解，汉代儒家的同类相动、天人感应的说法通常建立在充分的经验观察之上，若没有一定程度的认知、模拟、关联、想象则无从可能。针对"观"作为认知之上的情意活动，扬雄从历史观的角度阐释了真正可观者乃观其德，此意也可见于《尚书》《论语》。孔子观人志在知人，可不可观、足不足观、欲不欲观的标准即在于其道德判断，唯有讲仁爱的人，才能够正确地喜爱某人或厌恶某人。换言之，无论观人、观史、观天、观万物，都是由原始意识提升至德性文化的历程。

## 三、文化与自然——"观"的逻辑效用

先秦两汉经籍所言的"观"，都突出了所观者展示的道德价值，如《周易》的"大观在上"表示了天乃道德的根源。能观者都是有感知能力的具体人群，而所观者却不限于人文世界中的事物，更囊括了天地间的万物。《论语》所言说的不舍昼夜的流川展示的不仅是实然的自然现象与规律，还是四时行、百物生所表现出来的天行健精神。《荀子》的观天则是礼的表现，从自然规律言万物有分、四时有序即是礼义的表现，但礼义是为了平治、为了使物不乱，其最终的意义仍是让人类得以续其生。汉代的儒家

则直接以"生生""仁义"言天地所呈现出的价值，这与《孟子》由心性而知天的内容契合，圣贤倡导的礼乐教化所表现出的各种人伦，最终都统之于"仁"，而"仁"则是天道在人道上的体现。

无论是"大观在上"还是"圣贤设礼"，都不只是价值与意义的呈现，"化"才是重点，就如《周易》中描绘风行地上的意象所象征的"风行草偃"一般。一方面，所观者呈现的价值意义对能观者的存在会产生积极的影响，孔子赞赏尧之德比天，可起到移风易俗的积极作用；另一方面，所观者对能观者"化"的作用不是单方面决定的，能观者自身必须主动地去仿效、学习，这样才能成就其"化"。荀子着力区分天人之分，天垂象乃天职，人间的治乱取决于人力，圣人"则之"乃人充分利用其心，去蔽辨道，制礼作乐，化性起伪。汉代儒家的气机感应解释也表现出"感"—"应"的相互作用，"观"当中的教化当然也是相互感应的活动，自然与人类各有其分，可见"观"的逻辑效用主要在于效法外在事物所彰显的道理从而达至生态合德的文化意境。

# 第三章　唐宋之际儒医群体的传习之风与辑方文化

## 第一节　儒医群体"医意"相合的史学考探

"医者意也"一词最早语出东汉和帝时的郭玉。当时郭玉官任太医令丞，精擅脉法与针法，然而在治疗帝室贵胄时疗效却常不如预期，于是和帝便询问郭玉原因，而郭玉如此回答："医之为言意也。腠理至微，随气用巧，针石之间，毫芒即乖。神存于心手之际，可得解而不可得言也。夫贵者处尊高以临臣，臣怀怖慑以承之。其为疗也，有四难焉：自用意而不任臣，一难也；将身不谨，二难也；骨节不僵，不能使药，三难也；好逸恶劳，四难也。针有分寸，时有破漏，重以恐惧之心，加以裁慎之志，臣意且犹不尽，何有于病哉！此其所为不愈也。"①

郭玉的说法为我们理解"医者意也"的含义指涉，提供了很好的方向。所谓的"腠理至微、随气用巧、针石之开、毫芒即乖"指涉的范围基本上包括了经脉气血状况的判断，以及判断之后施针的技术，所以郭玉说这样的医疗行为，其诀窍"存于心手之际"，也就是从心之所解，到手之所施，这样的配合拿捏是"可得解而不可得言"的。我们用简单一点的方法来说，

---

① 范晔：《后汉书》，中华书局 1965 年版，第 2735 页。

就是在诊断上讲究见理之明，在治疗上讲究应变之巧。值得注意的是，在郭玉所提及的医疗过程中，"医意"的行为并不仅仅是依赖医者个人的经验或技术，而且还有赖于患者的配合，否则用药下针就会有困难。所以郭玉说："臣意且犹不尽，何有于病哉"，这样一种"不能尽其意"的说法，代表郭玉认为在医疗行为中医家与病家都有各自应负的责任。

继承早期医家们对"医意"的陈述，汉唐之间的医家在使用"医者意也"的概念时，大体上用来指涉两方面：第一是诊断，包括脉诊、病人体质的虚实冷热以及病因的判断等；第二是治疗手段，包括了用药时药方的组成、药量的增减，或是剂型的变化，以及针灸时下针的手法与技术等等。在郭玉的语境之中，"医者意也"在诊断治疗上是重要的，然而医者在单论诊断或治疗任何一方的时候，也常常使用"医者意也"的概念。唐初时的名医许胤宗就曾经用"医者意也"来形容脉诊的精微奥妙，难以透过文本知识传授："……时关中多骨蒸病，得之必死，递相连染，诸医无能疗者。胤宗每疗，无不愈。或谓曰：'公医术若神，何不着书以贻将来？'胤宗曰：'医者，意也，在人思虑。又脉候幽微，苦其难别，意之所解，口莫能宣。且古之名手，唯是别脉，脉既精别，然后识病。'"[1]

在这则记载之中，许胤宗对"医者意也"的使用主要是针对脉诊而言，这里的"医意"也就是指医者对其所测知之脉象的观察判断。许胤宗认为，这种对脉象的观察由于"脉候幽微"所以难以通过语言传达，也不适合写成文本知识。唐代这种在脉诊时强调"医意"的用法，可能是来自陶弘景对张仲景的推崇："陶弘景云：'惟仲景一部，最为众方之祖，又兮依本草，……以意消息之尔。'"[2] 除了诊断之外，在治疗手法上唐代医家也强调用药治疗，必须临病变化，因时制宜的道理。孙思邈就认为处方用药

---

[1]　刘昫：《旧唐书》，中华书局 1975 年版，第 5091 页。

[2]　冈西为人：《宋以前医籍考》，人民卫生出版社 1958 年版，第 331—332 页。

必须"临事制宜，当识斯要"①，而王焘更引用陶弘景的话，反对以旧方医疗："医者，意也。古之所谓良医，盖以其意量而得其节，是知疗病者皆意出当时，不可以旧方医疗。"②由此可见，唐代医家对于"医者意也"的使用，主要在于脉诊与用药这两方面，同时孙思邈在《千金翼方序》中再次肯定郭玉对"医者意也"的看法："若夫医道之为言，实惟意也。固以神存心手之际，意析毫芒之里，当其情之所得，口不能言，数之所在，言不能谕。然则三部九候，乃经络之枢机，气少神余，亦针刺之钧轴，况乎良医则贵察声色，神工则深究萌芽。"③

不过值得注意的是，在孙思邈此处的语境中，"医意"的指涉比较偏向诊断这一部分，他所强调的是"意析毫芒之里"其"情数难以言喻"，而对"三部九候、经络枢机"的诊断乃是针灸之前的基础，所以最后孙思邈得出的结论是"良医则贵察声色，神工则深究萌芽"。在这一段叙述中，孙思邈大力强调"诊断"的重要性，而针灸作为一种治疗手段，其本身技术及经验的重要性被放在"诊断"之后。

从汉唐时期医家对"医者意也"的使用来看，此时期的"医意"主要指的是"判断力"，尤其是针对"诊断"方面，例如脉象的判别，而这种判别的依据是建立在医家对人体经脉气血的了解之上。"医意"以"判断力"作为其基本词义，又延伸出了"判断病况"的意义，因此从隋唐时代开始，医书中就常常能够见到"以意消息"的讲法。如《备急千金要方》中言："……故有表里冷热。冷热不同，热者治以冷药，冷者疗以热药，以意消息之。"④又如《千金翼方》言："治妇人崩中，血出不息，逆气虚烦，熟艾汤方。……一服一升，一日，令尽，羸人以意消息之，

① 孙思邈：《备急千金要方》，人民卫生出版社1982年版，第4页。
② 王焘：《外台秘要方校注》，学苑出版社2011年版，第609页。
③ 孙思邈：《千金翼方》，上海科学技术出版社2000年版，第6页。
④ 孙思邈：《备急千金要方》，人民卫生出版社1982年版，第139页。

可减五六合。"① 在上述医方中，"以意消息"的用法都是指医者视病患的病况来调整药物的使用状况。这种用法被后世医家所继承，到元明清时都能够见到这种用法，如元代儒医朱震亨在《丹溪心法》中言："……夏月加黄芩，冬不必加，春加川芎。或有别证，以意消息于后。"② 又如明代儒医孙一奎在《医旨绪余》中言："……且脾胃平和之脉，不大不小，不短不长，难以名状，惟以意消息之。"③ 在这些文本中，"以意消息"意指"判断病况"的使用方法慢慢地又延伸为一种警语，目的是劝诫医者在治疗病患时，必须时时注意病患的病况，而不可拘泥于方书，凡用药以意消息，切勿执方对症。

语言是会改变的，拿"以意消息"这一个词的状况来说，最早的用法是指涉脉诊时的判断，继而引申为医者对患者病况的判断力如同许胤宗的看法——"脉候幽微，苦其难别，意之所解，口莫能宣"，不是能掌握脉诊诀窍的人，就无法了解在诊脉时"以意消息"的"意"究竟为何。但是在医者视病患的病况调整治疗手段的这一个层面上，就不需要涉及难以言传的"医意"，只需要认识到在这一个层面上，"以意消息"比喻的是医者的"临病变化"即可，而从上文中所引的许多例子来看，引申义被很明显地广为使用。问题在于，当"以意消息"用来指涉"临病变化"，而范围又脱离了脉诊的时候，这里的"医意"又该如何解释呢？民初时的医家陆士谔在《士谔医话》中曾经讨论过"医者意也"的问题，他认为："中医的学说大别之可分作两种，一种是依据《内经》，偏重说理的；另一种是依据《伤寒论》，偏重认证的。……偏偏依据《内经》的，好为理论，自作聪明，创出医者意也的谬说，用演绎法推测百病，不用归纳法归纳病症。毫厘之谬，差及千里，一人有过，遗及全体。我们中医吃亏的地方，

---

① 孙思邈：《千金翼方》，上海科学技术出版社 2000 年版，第 342 页。
② 朱震亨：《丹溪心法》，中国书店出版社 1986 年版，第 375 页。
③ 孙一奎：《医旨绪余》，人民卫生出版社 1986 年版，第 46 页。

即在于此。"①

　　笔者对于将中医学说分成偏重说理的内经派以及偏重认证的伤寒派的看法持保留的态度，不过陆士谔对"医者意也"的看法为我们了解《医意》的使用状况提供了一些线索。他认为主张"医者意也"的医家在方法上是以《内经》的理论为基础，以演绎法来推演病因，然而这种推论法容易忽视实证而出现偏差。陆士谔所说的"以演绎法为主的医者意也"很近似于现代某些中医学家所谓的"内证实验"。所谓的"内证实验"依靠的是实践者本身的认知，这些认知有来自受本的部分，也有来自个人经验的部分，可说是心证的一种。这种依医者自身"内证推衍"的"医意"，在外人眼中看来往往虚无缥缈，难以探究其根据，当然也更加难以信服。对于这一类医者而言，在缺乏了实证的状况下，要提升其说服力最好的办法，第一是基于经典文本进行推论，以增加其理论的权威性；第二便是实际疗效力早在唐代末期时，就已经有这类不切脉诊断，单凭推论治病的例子。《北梦琐言》曾言："医者意也，古人有不因切脉，随知病源者，必愈之矣。唐崔魏公铉镇渚宫，有富商船居，中夜暴亡，追晓，气犹未绝。邻房有武陵医士梁新闻之，乃与诊视，曰'此乃食毒也，三两日得非外食耶。'仆夫曰：'主公少出船，亦不食于他人。'梁新曰：'寻常嗜食何物。'仆夫曰：'好食竹鸡，每年不下数百只。近买竹鸡，并将充饥。'梁新曰：'竹鸡吃半夏，必是半夏毒也。'命捣姜捩汁，折齿而灌之，由是方苏。"②

　　从文中所叙述的情节来看，医工梁新治疗暴病富商，只凭着与富商的仆人之间的问答便推论出富商的病因，而完全不依靠脉诊的诊断手法。梁新的推论是竹鸡会吃半夏，半夏具有毒性，因此嗜食竹鸡的富商必是中了

①　陆士谔：《士谔医话》，校经山房书局 1936 年版，第 95 页。

②　孙光宪：《北梦琐言》，上海古籍出版社 1981 年版，第 79—80 页。

半夏之毒。事实上，半夏倘若生食确实有毒性，但炮制之后也能入药，况且故事中的竹鸡是不是直接吃了半夏，竹鸡体内的半夏又剩下多少毒性，这些都是我们无法得知的，唯一可以确认的是梁新的治疗确实有效。在这则故事中，"医意"的行使完全依靠梁新个人的推论或猜测，而除了实际疗效之外，梁新的"医意"也缺乏理论支持。

除了唐代的梁新之外，北宋之时也有这一新的"以意推论"的例子，方勺的《泊宅编》有这么一则记载："周离亨尝言作馆职时，一同舍得疾，体疼，每作殆不可忍，都下医或云中风，或云中湿，或云脚气，用药悉不效。疑气血凝滞所致，为制一散，饮之甚验。予未及问所用药，沈思久之，因曰：'据此证，非延胡索不可。'周君大骇曰：'何以知之？'予曰：'以意料之，恐当然耳。'延胡索、桂、当归等分，依常法治之为末，疾作时，温酒调三四钱，随人酒量频进之，以知为度。盖延胡索活血化气第一品也。其后赵待制霆道引失节，肢体拘挛，数服而愈。"①

在这一则故事中，周离亨还未告诉方勺其所制方剂的成分为何，方勺便已经猜到主成分乃是延胡索，而他的理由即是"以意料之"。我们无法清楚确知这里的"意"究竟为何，但很可能就是所谓的"内证"。有关延胡索的药效，来源于《开宝本草》："主破血，产后诸病因血所为者，妇人月经不调，腹中结块，崩中淋露，产后血运，暴血冲上，因损下血，或酒摩及煮服。"②这些记载中都没有提到延胡索可以治疗遍体疼痛的症状，但是周离亨等人不可能见得到《本草纲目》，因此使用延胡索的理由，应该是它"主破血"的药效，将它治疗妇人瘀血的效果移而用于治疗气血凝滞。换言之，方勺所谓"以意料之"的推论，是建立在对延胡索药性的了解之上。周离亨与方勺的背景都是士人，他们对药性的知识很可能是来自于本

① 方勺：《泊宅编》，中华书局1983年版，第43页。
② 唐慎微：《证类本草》，华夏出版社1993年版，第262页。

草类的文本著作，可见"医意"的意涵在脱离了古代医家对于脉诊及针灸技术的范畴之后，其使用已经不局限在专业医者之间了。

这种以"内证"的方式推论，以意处之的观念在北宋以后更进一步地影响医家临床时"临病变化"的医法。宋代以前的医家虽然也讲究因病制宜，但是并没有鼓励习医者超越经典的规范，在医法上开古人之所未见。宋代亲近医学的士人及医家中甚至有许多人认为经典之外的医法是诡道，不能居于医学正统之中。诚如前文中对于古代医学传统医学传授形式的讨论，文本与经验之间的差距某种程度上可以通过师徒之间的教授以及实习来弥补，也就是所谓的"解"与"验"。当"医者意也"概念的使用还停留在脉诊以及针灸的范围中时，"医意"正代表了那可以弥补文本与经验之间差距的知识。

## 第二节　唐代儒医的传习之风初探

中唐以来，医学传习之风愈盛，最显著的现象莫过于验方的流传。验方是指经过使用后，确实有效而被辑录收藏的药方，在抄写时往往会注明其出处或传授者，证明确实有古人或今人确认过其效用。刘禹锡在《传信方集释》中便说："于箧中得已试者五十余方，用塞长者之间，皆有所自，故以传信为目云。"[①] 可见唐人对验方的信赖，除了自行测试之外，还有赖于编纂者的身份所赋予的公信力。唐代皇帝两次编纂医方，并颁布于天下，对于医方知识的收集与传播风气，影响尤大。一次是在唐玄宗开元十一年时所颁布的《广济方》，另一次是唐德宗贞元十二年所颁布的《广利方》。两次颁方的主要原因很近似，如玄宗在《令诸州置医学博士诏》

---

① 　刘禹锡：《传信方集释》，上海科学技术出版社 1959 年版，第 3 页。

中言："今远路僻州，医术全少，下人疾苦将何恃赖？"①都是为了偏远州县欠缺医疗人力，而试图借着传播医方知识，以期患者能够拥有最低限度的自救能力。《唐大诏令集》中明白地描述为："取单方，务于速效，当使疾无不差。药必易求。"②可见这类医方的特色是略去高深的医理药理，以最易得的药物对病患进行简单的治疗，只需对症据方抓药，不需求助于医家，省去看诊的步骤。

除了皇帝颁方之外，中唐以后多有士人私人抄撮编纂方书之事，如刘禹锡《传信方集释》中所述："予为连州四年，江华守河东薛景晦以所著古今集验方十通为赠，其志在于拯物，予故申之以书。异日景晦寄声相谢，且咨所以补前方之阙。医拯道贵广，庸可以学浅为辞。遂于箧中得已试者五十余方，用塞长者之问，皆有所自，故以传信为目云。元和十三年六月八日中山刘禹锡述。"③

根据序文中所描述，当时江华守河东薛景晦著有《古今集验方》，其目的在于"拯物"，也就是希望能借医方救疗僻郡乡人。薛景晦将《古今集验方》寄赠给刘禹锡，而刘禹锡试验其医方，最后取五十余方确认有效验者，再加以编成《传信方》，以其"皆有所自"而能"塞长者之问"。据刘禹锡《答道州薛侍郎论方书书》中说："儿时患病，保姆带他寻求医巫治疗，对方'引手直求，竟未知何等方何等药饵。'其后'……从世医号富于术者，借其书伏读之。……尔来垂三十年，其术足以自卫。'"④文字中充分显示出对民间医人的不信任，是所谓"病则委千金于庸夫之手，至于甚殆"。而自己借着书本知识自学习医，其目的是在于"自卫"。虽说如此，刘禹锡本人的医术程度可能尚不及薛景晦，《答道州薛郎中论方书书》

---

① 童诰等：《全唐文》，中华书局 1983 年版，第 326 页。
② 宋敏求：《唐大诏令集》，中华书局 2008 年版，第 595 页。
③ 刘禹锡：《传信方集释》，上海科学技术出版社 1959 年版，第 3 页。
④ 童诰等：《全唐文》，中华书局 1983 年版，第 6099—6100 页。

文中自述"顷因欲编次已试者为一家方书，故力不足"。可知刘禹锡早先的医学尚不足以独立完成《传信方》的编著。

从薛景晦与刘禹锡的例子来看，士人编集医书主要是为了救患与自卫，综合唐玄宗与德宗颁布医方的背景，可以推想地方上的医疗人力处于十分缺乏的状况。据《唐六典·三府都护州县官史》所载，唐代地方医疗系统最低只到州等级，县以下的行政单位就没有设置地方医官。地方医博士的主要任务是施药并救治劳苦大众，然而以医学博士一人可能无法照应三十个州的医疗需求，因此开元二十七年又"置医学生，各于当界巡疗"①，不过各州医学生的员额始终在 10—20 人之间，虽然无法确知州境巡疗的成效如何，但恐怕无法对全州百姓的疾患都进行诊断。地方医学博士与医学生实际上的任务，比较可能是预先收探当地药材，以便存储或进贡，或是修合药物，以便在疾疫发生时发放给人民，又或是为州官以及镇戍军队诊断疗疾。

笔者推测在巡患诊疗的层面上，地方官医所照护的对象仍以官员及镇戍军士为主。《天圣令·医疾令》有如下记载："诸文武职事五品以上官致仕有疾患，在京城者，官给医药；在外者，亦准此量给。以官物市供。"②唐代官制以官品而论，五品以上的便已经算是高层官员，在外事而遇疾，由公家公费医疗可说是在情在理。另外《天圣令·医疾令》中记载："诸医师巡患之处，皆于所在公廨给食。"③由此可见，巡患应当有一定的规矩及时间。唐代官衙的办公时间一般是"日出而视事，既午而退"，而且中午下班后有官员一起吃午餐的习惯，地方曹司甚至还有食堂。依照《天圣令·医疾令》的记载，医师在巡患时，也要配合当地治所的给食时间，虽

---

① 王溥：《唐会要》，上海古籍出版社 2006 年版，第 1802 页。
② 天一阁博物馆、中国社会科学院历史研究所天圣令整理课题组：《天一阁藏明钞本天圣令校证》，中华书局 2006 年版，第 319 页。
③ 同上书，第 321 页。

然没有足够的资料可以让我们知道医师巡患确实的执勤时间，但很可能也是如同一般官吏"日出而视事，既午而退"。倘若巡患医师在食宿方面都会配合州府治所时间，那么巡患范围很可能也不会离州府治所太远。

除了对官员照护之外，唐代政府对军队的医疗照护也有一定程度的重视。《天圣令·医疾令》载："诸镇戍、防人以上有疾患者，州量遣医师疗。若医师不足，军人百姓内有解医术者，随便遣疗。每年申省，下太常寺，量给伤寒、时气、疟痢、疮肿等药，贮库安置。若当镇土地所出者，并自采克（充）。"①

唐初承北周之制，军队采取府兵制度，然而到开元天宝之后，府兵已经严重废弛，重要军镇都采取募兵制，这条史料中所指的镇戍很可能是中唐以前的府兵平时与地方州府共用医疗人力，若地方州县没有足够的医师，那么兵镇必须自己克服这个问题，解决方法可能就是让军人百姓中略懂医术者施治。药物资源的部分，兵镇可以透过部向中央太常寺申请发放常用药物。同时，也可以采取所镇州县出产的药物。从这条史料中透露的讯息，可以知道在军队医护上，兵镇可以采取正规渠道以及便宜行事两种做法，这很可能是在现实医疗资源不足下所采取的折中办法。以正规的地方官医而言，将医疗成果回报给太常寺，以为升降的依据，但此处兵镇中便宜施治的军人百姓，很明显不在此列。而史料中所谓"军人百姓内有解医术者"，除了医人外，很可能就是能识字读懂医方，可以据方施药者。然而对于出征的军队及作役，唐令中规定要配给定额的随队军医及药物。《天圣令·医疾令》载："诸行军及作投（役）之处，五百人以上，太常给药（医）师一人。五千人以上给二人。自此以上，率五千人加一人。其陇右监牧、西使、南使，各给二人。余使各一人。

① 天一阁博物馆、中国社会科学院历史研究所天圣令整理课题组：《天一阁藏明钞本天圣令校证》，中华书局2006年版，第321页。

仍简择克（充），并量给药。每给药（医师）二人，以伤折医兼之，并给传乘。"①

　　史料中所分配的军医是由中央太常寺所调派，可能与地方州府的医师无涉，也表示当时对于军队移动有比较慎重的处理方式。综合以上的讨论，可以了解到唐代地方医疗体系虽然无法提供完备的医疗环境，但对于负责国家行政的官员们，以及负有守土职责的军队，唐代政府仍然建立了法令制度来给予这两者一定程度的医疗资源。

　　然而安史之乱以后，地方州府大多落入藩镇的掌握，唐政府的医疗体系可能受到很大的影响，地方缺医少药的情形更加严重，尤其是偏远州县，其医博士及医学生的设置多半废止，使得遭贬官的官员常常遭遇医疗困境。比如吕颂在《为张侍郎乞入觐表》中为当时在黔中任官的张侍郎求还，文中便提到"（当地）绝无医人，素乏药物，深山穷谷，无处市求"②。又如元稹在《叙诗寄乐天书》中对白居易提到，他在通州任刺史时，当地"地无医巫，药石万里，病者有百死一生之虑"③。同时依前面《天圣令·医疾令》中所载，官医只提供五品以上的文武官员免费医疗，下层官吏很可能是没有这个福利的，而必须自己向药肆购药。张籍在《赠任道人》诗中说："长安多病无生计，药铺医人乱索钱。"④又白居易在《酬梦得贫居咏怀见赠》诗中提到："病添庄舄吟声苦，贫欠韩康药债多。日望挥金贺新命，俸钱依旧又如何。"⑤在显示了士人贫病之时，常常苦于药价所费不訾。或是遭无良药商故意抬高药价而窘迫不堪。在地方医疗环境如此恶劣的情况下，许多外臣上京就医，如《册府元龟》中言："唐张重光为华州刺史，

---

① 天一阁博物馆、中国社会科学院历史研究所天圣令整理课题组：《天一阁藏明钞本天圣令校证》，中华书局 2006 年版，第 320 页。
② 童诰等：《全唐文》，中华书局 1983 年版，第 4909 页。
③ 同上书，第 6635 页。
④ 彭定求等：《全唐诗》，中华书局 1996 年版，第 4363 页。
⑤ 同上书，第 5225 页。

代宗大历三年以病抗琉，乞还京师医疗，许之，乃遣中使如其第问疾。"①
又如《旧唐书》言："大和二年，以疾上表求还京师。是岁十月卒于岭南。"②
由这些材料可以知道，中央与地方的医疗资源存在着不小的城乡差距。

　　这种缺医少药的现实环境，很可能正是唐代验方流传编集之风兴起
的主要原因。根据范家伟的研究，贬官是唐代很常见的政治惩罚，官员被
下放到偏远州郡，不仅意味着远离权力的中心，也意味着生命缺乏医疗资
源的保护，而容易受到疾病的侵害。尤其汉代以来，岭南常被视为瘴疠之
地，中原士人到岭南为官，常抱着必死的决心。在这种情形下许多被贬到
南方的官员纷纷搜求医方，期望能在瘴疠之地保命全生。前引薛景晦《古
今录验方》、刘禹锡《传信方》等都是在这种背景下编辑的，又如《旧唐
书·陆贽传》："贽在忠州十年，常闭关静处，人不识其面，复避谤不著
书。家居瘴乡，人多疠疫，乃抄撮方书，为《陆氏集验方》五十卷行于
代。"③ 表示编辑医方的动机，除了自卫之外，也多多少少抱着救济偏乡，
改善落后医疗环境的济物之心，如同薛景晦的"志在拯物"，以及刘禹锡
的"用塞长者之问"，尤其是某些偏远州县巫风盛行，例如《新唐书·循
吏传》所言的"民间病者，舍医药，祷淫祀"④，百姓患病时往往拒医，这
也是当时尚医士人所欲改革的对象。

　　薛景晦、刘禹锡、陆贽等人均非医者，亦不以医为业，只是为了贬
官南方之故而特意收集编纂医方，在这种情形下唐代出现了专门针对南方
风土病而编纂的岭南方，例如王方庆的《岭南方》、杨炎的《南行方》等，
都是为了在风土相异、医疗环境又落后的状况下，能够随时据书用药。这
类医方为了要使不精通医术医理的人临时翻阅，必然写得简单明确，其重

---

① 王钦若：《册府元龟》，中华书局 1960 年版，第 10735 页。
② 刘昫：《旧唐书》，中华书局 1975 年版，第 4259 页。
③ 同上书，第 3818 页。
④ 欧阳修、宋祁：《新唐书》，中华书局 1975 年版，第 5628 页。

点在于"简要""有验""备急",而不涉及深奥的医理。这些尚医士人所编医方的来源主要有三：透过皇帝赐方或颁方的形式流出的禁中之方；士人之间互相交换流传；医者所开单方经自己试验有效者。

单从这类方书的编纂动机以及所辑方的出处来看，似乎从隋唐时代以降的验方流传现象主要集中于上层社会的知识分子之间，然而依前文中所述，唐玄宗与德宗两次颁方天下，也使民间兴起了抄写方书的风潮。早在魏晋南北朝时期，佛教教团内部便常有佛教医方流传，尤其北朝时期流行造像，因而有了石刻药方的出现，其中最有名的当数洛阳龙石窟药方。这种石刻药方的目的原则上就是广传医方知识，唐玄宗在《刊广济方诏》中就写道："朕顷所撰广济方，救人疾患，颁行已久，计传习亦多。犹虑单贫之家，未能缮写，闾阎之内，或有不知倘医疗失时，因致横夭，性命之际，宁忘恻隐。宜令郡县长官，就广济方中逐要者，于大板上件录，当村坊要路傍示。仍委采访使勾当。无令脱错。"①

此处应明白提及，地方长官必须把《广济方》中的医方内容抄录在大木板上，公布在重要通知之旁，以期所有百姓都可以看见，并且令采访使查核榜上内文有无出错。在这种公布医方的风气下，民间有抄写医方的风潮也并不奇怪。在现今所发现敦煌文献的残卷遗书中，便夹杂有数量庞大的医学类文献，其中各种类别的文献都有，而光是医方类就有一千数百首，除了少数属于经方古方外，其他绝大多数都是隋唐时期的验方。这些验方包括的范围非常广泛，其中有对应内科、外科、妇科、儿科、皮肤科等疾病的验方，此外也有面脂、面膏等外用品，或是香药等，甚至有针对动物牲畜疾病的医方。

这些敦煌医方残卷有许多不是正式装订的书籍，而多半是手抄本，卷子正反两面抄的往往是不同内容，推测可能是下级官吏或是学生所手抄的

①　童诰等：《全唐文》，中华书局 1983 年版，第 359 页。

抄本。比如 P.2666 号《单药方残卷》，正面为道经，背面则抄写验方，所录各方都是每病对应一药，有些对应二药，或每病灸一穴，无复方。内文只有 89 行，其中便杂糅了内、外、妇、儿等各科病症单方，没有经过条理编辑。又如《不知名医方第九种残卷》，正面为《太玄真一本际经》卷四，背面共录有 212 条验方，其中引有《古今录验方》及崔知悌的名字，但是内文所记载的病症数字顺序颇多混乱颠倒，可知是杂抄本。另有许多书目体例类此。正反两面分别是不同书籍的手抄本，抄写格式也不严谨，内文杂糅了不同科别的病症与单验方。

笔者认为，从石刻药方以及敦煌手抄医方残卷的例子来看，唐宋时期所产生的医方传抄之风，是当时社会上的广泛现象，并不只限于士人之间。由唐至宋，这股传抄医方之风始终不歇，大家族中多半会备有医方辑本与本草类书籍，以弥补医疗人力不足而无医可求的风险。如韩愈的《唐故赠绛州刺史马府君行状》曾言："夫人荥阳郑氏，王屋县令况之女，有贤行。侍君疾，逾年不下堂，食菜、饮水、药物必自择，将进辄先尝，方书、本草，恒置左右。"[1] 又如李商隐的《代安平公遗表》亦言："志愿未伸，大期俄迫。忽至今月十日夜，暴染霍乱，并两肋气注。当时检验方书，煎和药物，百计疗理，一无痊除。"[2] 可见尚医士人在染病之时往往先依照方书对症用药，寻求自疗。

## 第三节　宋代儒医的辑方文化论略

唐末丧乱，及至北宋，经历战火波动的社会，医疗环境并没有太大的

---

① 童诰等：《全唐文》，中华书局 1983 年版，第 5736 页。

② 同上书，第 8033 页。

改善。虽然北宋自太宗开始，历仁宗等朝至徽宗，其中数任皇帝都甚为留心医药之事，校正医书，并且重订国家医疗体系，但偏州远郡的医疗资源甚为贫乏，平民百姓信巫不信医的情形极为普遍。欧阳修在仁宗皇祐元年徙知颍州，《与杜正献公书六》一信中他便提到在颍州"自秋以来，老母卧病，郡既僻小，绝无医药；逮冬至之后，方得渐安"①。又苏轼在哲宗绍圣元年时贬惠州，后来他在写给参寥的书信《与参寥子二十一首庵惠州之一》中便这样叙述在惠州的生活："某到贬所半年，凡百粗糙，更不能细说，大略只似灵隐天竺和尚退院后，却在一个小村院子，折足铛中，糙米饭吃，便过一生也得。其余，瘴疠病人。北方何尝不病，是病皆死的人，何必瘴气，但苦无医药。"②

可见，北宋之时，偏州远郡的医疗环境与唐代一样糟糕。当时岭南仍然是宋代士人贬官流遇之所，苏轼甚至被贬到海南岛，他在《与王庠书五首之二》一信中说到在海南岛的生活："海隅风土甚恶，亦有佳山水，而无佳寺院，无士人，无医无药，杜门食淡，不饮酒，亦粗有味也。"③虽然从仁宗嘉祐年间宋室政府就已经在地方上重设医博士与医生之置，但质素恶劣，某些地方甚至没有贯彻实行，到哲宗元祐二年时，当时官居右正言的虞策便上奏道："嘉诏书复开元故事，郡置医生，熙宁以来，县亦如之。然郡县奉行未称诏旨，有医生之名，无医生之实，讲授无所，传习未闻。今要藩大郡或罕良医，偏州下邑，遐方远俗，死生之命委之巫祝。纵有医者，莫非强名，一切穿凿，无所师法，天枉之苦，何可胜言？臣谓宜申饬天下州、府、军、监，访采精于医术，众所推服，堪以教授者，为之辟官舍，置医学，命以教授，资给之类稍优异之，凡愿学者皆许就学焉。"④

---

① 欧阳修：《欧阳修全集》，中华书局 2001 年版，第 2356 页。
② 苏轼：《苏轼全集校注》，河北人民出版社 2010 年版，第 6721 页。
③ 同上书，第 6587 页。
④ 李焘：《续资治通鉴长编》，中华书局 2004 年版，第 11272 页。

从上述材料可以了解训练地方医生的政策在实际执行上有许多困难障碍，偏远州郡的医生很多是"无所师法"的，只凭着穿凿附会的知识行医，使得平民百姓只能将性命委于庸医与巫祝之手。为了解决地方医疗资源的城乡落差，北宋徽宗时有了"驻泊医官"的制度，但派驻医官最低只到"路"的等级，同时人数也不过百员。政和三年时，尚书令转达太医令裴宗元上奏，将在京城中投开置散的医官七百余员，分派到各州及各军府驻泊，但有许多医官不愿意被外派，可见得医官的分脉情况也存在着严重的城乡差距。

唐宋时期城市兴起，都市中的人口大幅增长，各种资源也向城市集中，过去医疗人才主要在医学门阀世家以及佛道教团中活动，此时也纷纷进入城市。唐时洛阳是许多官员们养老之地的首选，主因在于洛阳有着大运河所提供的资源而甚为繁华，同时西距京城长安不远，但名医荟萃也是重要原因之一。张说《中书令逍遥公墓志铭》中的"春秋六十，遭疾陈郡，还医洛帅"[①]；梁肃《给事中刘公墓诰铭》中的"移疾请告，就医于洛阳"[②]；都可说明唐时洛阳乃是医疗资源最为集中之地。入宋以后状况亦类此，都城汴梁的医疗条件比之地方要远为完善，首先有翰林医官院"掌以医药人侍及承诏诊疗治众疾"，除了皇帝宗室外，在京文武官员也是照护对象之一，《天圣令·医疾令》言："诸在京文武职事官病患者，并本司奏闻，以内侍领翰林医官院就加诊视。"[③]同时翰林医官院也会定时发放药物给予都城百姓，《天圣令·医疾令》又言："翰林医官院每岁量合诸药。至夏，遣内侍于诸门给散。"[④]此外，汴梁更有"惠民药局"的设立，且从神宗朝时

---

① 童诰等：《全唐文》，中华书局 1983 年版，第 2350 页。
② 同上书，第 5290 页。
③ 天一阁博物馆、中国社会科学院历史研究所天圣令整理课题组：《天一阁藏明钞本天圣令校证》，中华书局 2006 年版，第 316 页。
④ 同上书，第 317 页。

的一局，至徽宗朝更增设五局，并以时价的 2/3 贩售成药给平民百姓。

与前述地方的医疗环境相比，可以知道唐宋时期的医疗资源已经出现了很大的城乡差距，《易简方》的作者王硕在其序文中提到："若夫城郭县镇，烟火相望，众医所聚，百药所备，尚可访问。其或不然，津涂修阻，宁无急难，仓皇斗揍，即可辨集。"①在医疗资源如此不平衡的情形下，能够掌握文本知识，对医方进行收集编纂的士人，编方以备急用可以说是最基本的自卫手段。延续唐人收集验方之风，宋代士人编纂验方的动机主要也是"简要""有验""备急"，所使用的药物以价廉易得者为主，比如北宋苏轼为《圣散子方》所作的后序中，便强调其方"……所用皆中下品药。略计每千钱，即得千服，所济已及千人。"苏轼收集医方的态度是以重视实用速效为主，其起心在于济众，所以苏轼在序文中又说道："施无多寡，随力助缘，疾病必相扶持，功德岂有限量。"②

但值得注意的是，在唐宋验方流传抄纂，医方的抄写者往往不是专业医家，而是留心医学的士人或是下层官吏。虽然在收集医方时，最重要的依据是"有验与否"，但医家施药要考虑人性有异、方土不同，单以"有验"作为医方有效的保证，并不严谨。在抄写医方的人之中，即使是长期留心医药的尚医士人，仍然不能完全验证医方的效用，遑论是对医理不甚了解之人。北宋叶梦得在《避暑录话》中就曾批评苏轼在不精医道的状况下为《圣散子方》背书，其结果是杀人无数："子瞻在黄州，蕲州医庞安常亦善医伤寒，得仲景意。蜀人巢谷，出圣散子方，初不见于世前医书，自言得之于异人，凡伤寒不论证候如何，一以是治之无不愈。子瞻奇之，为作序，比之孙思邈三建散，虽安常不敢非也，乃附其所着伤寒口中，天下信以为然。疾之毫厘不可差，无过于伤寒，用药一失其度，则立死者皆

---

① 冈西为人：《宋以前医籍考》，人民卫生出版社 1958 年版，第 1083 页。
② 同上书，第 950 页。

是，安有不问证候而可用者乎？宣和后此药盛行于京师，太学诸生，信之尤笃，杀人无数。今医者悟，始废不用。巢谷本任侠好奇，从陕西将韩存宝，出入兵间，不得志，客黄州，子瞻以故与之游。子瞻以谷奇侠，而取其方，天下以子瞻文章，而信其方，事本不相因，而趋名者，又至于忘性命，而试其药。人之惑，盖有至是也。"①

文中直指苏轼由于欣赏巢谷的侠气而过度推举他的《圣散子方》，认为此方药到病除，当时的名医庞安时虽与苏轼交好，却也不敢表示意见。人们惑于苏轼文名，使得《圣散子方》大行其道，以致多发生误用方药的情形。由此可见，即令医方有验、抄录无误，在不明医理的状况下妄用，也能造成大害。事实上，在医方广被公布流传的状况下，只要是识字之人就可以抄录，如同前文中所提及的敦煌医学残卷，抄撰之人很可能没有医术学养，抄撰时体例不一，内容相杂，也未必真的对每一条医方都加以试验。验方流传抄写之风虽盛，却不能保证医方在流传抄写的过程中，没有混入错误的内容，也不能保证没有误字脱漏。尤其在印刷术尚未普及以前，医籍中复杂的专业术语使得抄写者很容易出错，孙思邈《千金翼方》中就引李袭语曰："人诚知惜命，罕通经方，抄写万书，专委下吏，承误即录，纰缪转多，近智之徒，不见正本，逢为经钞，以此而言，可为深诫。"②在这种状况下，并不是所有家庭都能保有一部完整可信的经方或古方，而唐末五代的战乱也对医书的保存有很大的影响。

宋初之时连禁中都有许多医书残缺不全，或者是在长年抄写的过程中出现了错误。宋太宗在太平兴国六年时便以禁中医书多所阙疑为由，下诏令全国献医书，凡献书者均有奖赏。其后在仁宗皇祐年间刊刻《外台秘要》的中又提到了民间伪书流传，造成庸医害命的情形："宋皇祐三

---

① 冈西为人：《宋以前医籍考》，人民卫生出版社 1958 年版，第 951 页。

② 孙思邈：《千金翼方》，上海科学技术出版社 2000 年版，第 1200 页。

年五月二十六日，……臣寮上言，臣昨南方州军连年疾疫瘴疠，其尤甚处，一州有死十余万人。此虽天令差舛，致此札瘥，亦缘医工谬妄，就增其疾。臣细曾询问诸州，皆阙医书习读，除《素问》《病源》外，余皆传习伪书舛本，故所学浅俚，诖误病者。欲望圣慈特出秘阁所藏医书，委官选取要用者，校定一本，降付杭州，开板模印，庶使圣泽及幽隐，民生免于夭横。"①

即使暂不考虑验方流传抄写过程中的伪误情形，如同前述，士人编方往往不具备专业的医学素养，即令长期留心医学典籍的尚医士人，也不能精通每一则医方的要理，因此在编集方书时也难以取舍。集唐代方书之大成者的《外台秘要方》，其作者王焘在《外台秘要方序》中说："余幼多疾病，长好医术，遭逢有道，遂蹑亨衢，七登南宫，两拜东掖，便繁台阁二十余载，久知弘文馆图籍方书等，由是睹奥升堂，皆探其秘要，以婚姻之故，贬守房陵，量移大宁郡，提携江上，冒犯蒸暑，自南徂北，既僻且陋，染瘴婴疴，十有六七，死生契阔，不可问天，赖有经方，仅得存者，神功妙用，固难称述，遂发愤刊削，庶几一隅。凡古方纂得五六十家，新撰者向数千百卷，皆研其总领，核其指归，近代释僧深、崔尚书、孙处士、张文仲、孟同州、许仁则、吴升等十数家，皆有编录，并行于代。"②

由此可知，唐代极重视汉魏以来的经方和古方，但同时王焘于当时所见的新方也都一并收录。王焘本身并非医者，而是儒臣。他久知弘文馆，居一阁二十余年，因此《外台秘要医方》中所收录的医方也以古方为主。但王焘自己在序中也提到，这些医方"美则美矣，而未尽善。何者？各擅风流，递相矛盾，或篇目重杂，或商较繁芜。"③可见当时医方诸说，众家纷扰。清代徐大椿在《医学源流论》卷下中便这样评论《外台秘要方》："至

①　冈西为人：《宋以前医籍考》，人民卫生出版社 1958 年版，第 876 页。
②　同上书，第 875 页。
③　同上，第 875 页。

唐王焘所集《外台》一书，则纂集自汉以来诸方，汇萃成书，而历代之方于焉大补。但其人本非专家之学，故无所审择，以为指归，乃医方之类书也。然唐以前之方，赖此书以存，其功亦不可泯。但读之者苟胸中无成竹，则众说纷纭，群方淆杂，反茫然失其所据。"①

　　语中明白指出士人所编医方，有"无所审择"的缺点，比较近似医方中的类书，倘若读者本身不具医术学理，胸中无成竹，反而会茫然失据。由此推想，若在茫然失据的情形下据方检药给人施治，当然会有大害。唐宋之际，医方之学流传之盛，远过前代，然而其中伪杂之方也愈多，医方的公布流传本是为了可以据证检方、不必求医，其末流当然容易演变为庸医横行，因此如何判断良医与庸医也就越来越为人重视。

　　明末程衍道在《外台秘要方重刊本自序》中说："盖闻，上古之世，方不如医，中古之世，医不如方，甚矣医与方之并重也。世降而方愈凌杂，莫不各据一家言，彼此互相是非。"②上述文本指出了中古以来，医方愈加泛滥的现象。而这种现象背后代表的是医学以文本为载体，随着文本的公开以及现实的医疗环境影响，越来越多的士人意图透过文本掌握医学；同时，在医学知识进入以文本为载体的世界后，也容易受到文本本身性质的影响而变质，诸如文字脱落讹误、版本差异，以及在传抄过程中内容的改变，等等，但是能够拥有校正文本权利的却不是专业医者，而是尚医风气下的士人群体。

---

① 冈西为人：《宋以前医籍考》，人民卫生出版社1958年版，第871页。
② 同上书，第877页。

# 第四章　两宋之际医学社群的
文本形构与知识传循

## 第一节　儒医著述与文献类书源流的绾合

### 一、儒医文献的类书源流追溯

以"医史"名书首见于明代的李濂，清代的王宏翰亦有《古今医史》之作。本节追溯与这两部医史为名的著作相类似的文本，以界定"医史"的范围。由于医史以模仿正史的纪传体为主，因此，"医史"便成为医家的集体传记。简略的"医史"至少可溯至皇甫谧的《黄帝针灸甲乙经》，虽然唐代的甘伯宗有《名医传》之作，但目前所留存比较详细的医家集体传记则始自宋代《太平御览》的医部。自宋代的张杲以下著述不断。不过，有不少医史书已散失。清代以后除了《古今图书集成》《医术名流列传》外，目前所知的医史书大都为未出版的抄本。由于这类抄本不易得见，且本文所关心的儒医认同，以及重视文本知识的医疗传统现象至两宋已相当稳定，因此讨论的内容以宋代为下限。

明代的李濂追溯医史的著述传统可至唐代甘伯宗的《名医传》，他说："唐甘伯宗始纂《名医传》七卷，纪邃古以迄于唐之医，而世无传本。宋许慎斋纪五季以来之医，有图而无传。"①该书早已亡佚，近现代学者范行准推论《名医传》的全貌仍保留在张杲所撰的《医说》卷一《三皇历代名医》中。据王应麟《玉海》所言："《历代名医录》七卷，唐甘伯宗撰。自伏羲至唐凡一百二十人。"②此则说明《医说》的《三皇历代名医》与《名医传》所收的医者数目、内容相同。范氏据此推断《名医传》的内容已收入《三皇历代名医》，因此造成《名医传》的失传。范行准推论虽不为无见，但不无可疑。首先，《三皇历代名医》皆注出处，却独未引甘书，不免起人疑窦。其次，据四库本的《崇文总目》所论，宋代的皇家图书已缺《名医传》，该书可能在宋初便已少流传，不待张杲的《三皇历代名医》出，方才取代《名医传》。王应麟也有可能是据《三皇历代名医》反推《名医传》的内容，才会在书名、人数与内容和张杲的《三皇历代名医》相符应。再者，《三皇历代名医》的最后一位医家王冰的传记，出自宋代林亿的《素问序》，此当非唐末的甘伯宗所得见。虽然医史书常互相传抄，我们无法否认《名医传》内容渗入《三皇历代名医》的可能性，但要确指《三皇历代名医》即甘伯宗的《名医传》，恐有推论过当之嫌。我们虽不确知《三皇历代名医》与《名医传》间的关系，但从现存的资料看来，《三皇历代名医》的形式与唐、宋间类书的关系密切。《三皇历代名医》以医者的姓名为纲，下附其传，后注出处。医者成为医史的中心，内容多言其治验。此正与宋代类书中的医部相仿。《三皇历代名医》的文本形式最早见于"唐代的《类林》"③。《类林》今佚，从西夏文《类林》的复原本可以看到医者的传记被分在和养生、卜筮相关的方术门类。《类林》中所收的医家不多，传记亦简。其后唐代几部有名的类书如《艺文类聚》《初学记》《白氏六帖》等亦都有论医之部，其形式则以医家传记点缀在医官制度与医疗艺文中，

---

①　黄宗羲：《明文海》，中华书局 1987 年版，第 3259 页。

②　王应麟：《玉海艺文校证》，凤凰出版社 2013 年版，第 1432 页。

③　于立政：《类林研究》，宁夏人民出版社 1993 年版。

并未构成依时序排列的医家集体传记。由于这些类书的读者不是帝王将相便是文人学士，医家传记彼时已成为朝代制度与文人文化的附庸。

"宋代的《太平御览》"① 是与《三皇历代名医》文本形式最为接近的类书，且《太平御览》"医"部的医家几乎都收入了《三皇历代名医》之中。《太平御览》承袭了唐代类书，将医家传记和礼书中论及医官的部分并列，只是和医疗官制相关的篇幅甚短，而有关医疗的艺文则已消失，医家传记占据了医部四卷中的大部分篇幅。《太平御览》的医部传记主要来自史书，夹杂了子书和经书中论医的叙述和医家传记，传文下则按时序安排。《太平御览》是否受甘伯宗《名医传》影响，今已难知，但其按时序铺陈医家传记，则成了后来医史写作的基本格式。与《太平御览》约略同时成书的《太平广记》亦设有"医"部，其后的《册府元龟》则有"医术"部。《太平广记》所收的资料以"说"部为主，与宗教医疗的关系密切。其内容虽与《太平御览》略有重叠，但也记载了许多不知名的医者。《册府元龟》与《太平御览》重叠的资料较《太平广记》更多，也收录了不少后世医史未收的医者，这可能和时间的推延有关。《太平广记》视医术为神术，《册府元龟》则在史传的架构中开展医史，二者与《太平御览》最大的不同是未将医术追溯到上古，也因此都没收上古的医家。但这三本书都是医家的集体传记，其形式为后来的医史所仿效。其中尤以徐春甫《古今医统大全》卷一的《历世圣贤名医姓氏》和王宏翰的《古今医史》最为相似。

总之，虽然范行准极言《名医传》的内容可能全部保留于《医说》中的《三皇历代名医》，但因其难以证实，且即使张杲保留甘伯宗《名医传》的大部分内容，可能也更新或修改了部分资料。从现有的资料看来，《三皇历代名医》的形式内容与宋代《太平御览》等类书关系应该更为密切。

---

① 李昉：《太平御览》，中华书局 1960 年版。

## 二、文本知识与儒医：《医说》与《历代名医蒙求》中的医学社群

张杲的《医说》撰于宋淳熙十六年（1189），刊于嘉定十七年（1224）。约略同时，周守忠也出版了他的《历代名医蒙求》。此书收录了从三皇到宋代二百零二名医师，以四字之韵语为纲，系以本事，附以出处。周氏因道教有"《三洞群仙录》记述仙道之奇踪，又有《释氏蒙求》具载高僧之异事，唯医药之流未闻"①，于是查考当时的两部医家传记《名医大传》和《名医录》，却发现这两本书的记载"殊别"才兴起以"诸史杂说"编纂本书的念头。从周守忠的自述中，《历代名医蒙求》的纂辑主要是为了将医家系谱与道、释比肩，仿佛医者亦有道释之行之能。《历代名医蒙求》与后来的医史著作一直以儒家系谱作为比较对象，大异其趣，这无异开了一扇窗口，使我们得以一窥从宋代至今的医史书写变化。《历代名医蒙求》与《医说》的《三皇历代名医》体例不类，颇易使人以为二者截然不同。实则《历代名医蒙求》中的医者有四十五条为《医说》所无，而《医说》卷一中 120 位历代名医则有七位不见于《历代名医蒙求》，二书的重复性很高。虽然《历代名医蒙求》出版较晚，但谓其内容已大致收入《医说》也不为过。《历代名医蒙求》与《医说》除了收集以前的史事外，也都更新资料。像洪迈的《夷坚志》、唐代的笔记《名医录》都是二书的重要材料来源。无怪乎四库馆臣谓《医说》："间杂采说部，颇涉神怪，……亦为驳杂。"② 这与《历代名医蒙求》的旨趣相类。

《医说》与《历代名医蒙求》最主要的差异应是收录材料的方式。《三皇历代名医》只收录到唐代的王冰，而将近世医者的神奇轶事置于他卷；《历代名医蒙求》则将今世与上古名医置于一炉而冶之，此一形式亦为后

---

① 周守忠：《历代名医蒙求》，人民卫生出版社 1955 年版，第 46 页。
② 永瑢、纪昀：《四库全书总目提要》，海南出版社 1999 年版，第 528 页。

世医史所承袭。另外，《医说》比较重视医疗事迹的实用性。即使是神异性的医疗也大致有疗法或药材，较似纂辑医案。《四库全书总目提要》谓张杲："尝欲集古来医案勒为一书，初期满一千，事猝不易足。因先采掇诸书，据其见闻所及为是编。"① 因此，《医说》卷一的《三皇历代名医》似乎只是为了导源，而古代名医的治验则散在其后诸卷。从《医说》和《历代名医蒙求》看来，唐以前的名医名单已大致稳定。值得注意的是，《历代名医蒙求》未收录《医说》中隋代的巢元方和唐代的王冰，而许多互见于二书的唐宋间的神奇医者，也不为后来的医史所承认。看来名医声望的形成需要时间，而时间也不断地淘汰医史中较不知名的医者。大致说来，若能登上史传，那么该医者的地位也相对稳定。

《医说》首列三皇历代名医，次教医书，将医学分人、书二脉相承。其次论传统医者主要的医疗手段——本草与针灸。在述说这些医学的基础后，张杲却先论神医、神方，然后才讨论一般的疾病。似乎张杲关心医疗的神异面远过于平常的医疗。《三皇历代名医》中亦不乏引自《列仙传》《续搜神记》等志怪之书，将医疗与仙道相系。在《医说》《历代名医蒙求》和当时类书的世界里，医疗、养生都是医史传统的一部分。虽然《医说》批评炼丹求长生，但并没有否定养生或使用药物长生久视的可能性，只是个人体质的差异会影响使用丹药的后果。不过在《医说》的叙述模式中，外丹已被明显地污名化了。使用丹药之人通常不仅是为了养生，也为了逞酒色之欲。因此，张杲特别举了例子，以证"金石之毒如此者，并书之于此，以为世诫"，反映了从宋代以后养生传统以内丹取代外丹的历史变化。

《医说》和《历代名医蒙求》还记载了相当多的能预知死生祸福的医者。预知死生祸福一直是中国医疗传统中备受关注的问题。唐初的《类林》便将医和卜置于同一范畴，其中所收录的医者事迹皆与前知生死有关。孙思

① 永瑢、纪昀：《四库全书总目提要》，海南出版社 1999 年版，第 528 页。

邈在《千金方·大医习业》中鼓励医者除了学习医书外，还应读五经、三史、诸子，甚至还应"五行休王、七耀天文、并须探赜"。仿佛宇宙间的任何风吹草动，犹如脉象一般可以提供人们理解宇宙，乃至理解命运的线索。这除了显示医疗史中医和卜巫的关系相当密切之外，关系人间祸福的宗教，如佛教、道教也曾扮演过重要的角色。对于张杲或周守忠而言，这类神奇的医疗事迹不仅是医史的传说，也是现实名医的能事。善医者除了运用宇宙自然的应和关系以治疗疾病外，并能以之预测生死祸福。

张杲的伯祖张扩曾问业于北宋名医庞安常，后又从王朴习脉诊。王朴便是位能察脉而知人死生祸福的医者。张扩尽得其学，并曾为范纯仁、王安石的女儿等人看病，并预卜其命运。这些事迹使张扩肖似卜者，许多名人不但与之交游，也赠诗给他，后来更为他立传。当时有人怀疑张扩诊脉之术是否如此之神，一位曾受惠于张扩的黄道夫为他辩解道："万物堕五行数中。五行之在五脏，死生祸福之变，动于脉，见于面，闻于声，乃其深切著明者也，又何疑之哉。"① 张杲自述其伯祖之神术，兼及其受学于张扩的祖父，或有传扬其谱系之嫌。但据黄道夫所言，从医术到预卜都是医家的能事，有理有据。

医疗的神异性乃当时医疗文化的一环，北宋的《医说》和《历代名医蒙求》层层积累了医史多元的过去和人们对医疗神异事件的记忆，难怪周守忠会将医者的统绪与道佛比较。"宋代士人为医学著作题序传扬也不在少数"②，医者的谱系与仙道相类的例子可以见于唐初王勃为《难经》写的序："《黄帝八十一难经》是医经之秘录也。昔者岐伯以授黄帝，黄帝历九师以授伊尹，伊尹以授汤，汤历六师以授太公，太公授文王，文王历九师以授医和，医和历六师以授秦越人，……将别，谓勃曰：'阴阳之道不可

---

① 张杲：《医说》，中医古籍出版社 2012 年版，第 21 页。
② 张瑞贤：《儒家文化向医学渗透的途径之一——试论两宋"儒医"的产生》，《天津中医学院学报》1990 年第 2 期。

妄宣也,针石之道不可妄传也.'"① 王勃自述所习的《难经》系谱可上至黄帝,其师曹元则仙味十足,且其医术和上述神奇医疗等相类。文本知识亦非自习而得,不但必须拜师,且必须秘传。王勃的自述在宋代儒医未起前,并非特例,而是从古代流传下来的习医历程。在宋代儒医兴起后,前代医史中凡人神奇异事虽然仍因医史"摹写"的写作模式而保留,但不论是文本知识、习医方式、师傅在医学中的地位、医史所比附的传统皆有改变。《医说》和《历代名医蒙求》成于儒医群体兴起之际,表现出医家社群性质改变时对于医疗知识态度的变化。总之,这一改变可谓以文本知识介入医疗的正当性日增,而医者从面对病家所积累的知识被边缘化。医史的书写也从比附宗教传统中脱离,转而比附儒学的知识系谱。以下便从医者意也的身体观的转变,讨论文本知识和儒医群体间的两两相括。

## 第二节　儒医群体编修医书的文化史考论

两宋之际于编修院下设校正医书局乃中国历史首次为校正医书而特设的机构,其地位值得重视,此局历经仁、英、神宗三朝二十四年的时间,一共编修了自《嘉祐本草》到《素问》等十一种医书,成绩斐然。本节探讨校正医书局中参与编修工作的人员,并对其身份、背景以及工作环境进行探考。其身份以儒臣为主,医官为辅,尤以通医儒臣为主要骨干,其中林亿、高保衡二氏最为重要,孙奇次之。校正医书局编修医书的工作环境大部分都是多人互相合作,考察各项校正医书局的编修工作,可见各书的编修人数多在三位以上。通医儒臣作为宋代校正医书局的编校人员,固然有不少优点,但也有缺点,故今天在阅读现今通行的各种校正医书局编修

---

① 董诰等:《全唐文》,中华书局 1983 年版,第 1832 页。

成果时须加以甄别与考证。

## 一、两宋之际校正医书局的设立及沿革

仁宗天圣年间，在门下省置编修院。嘉祐二年（1057）八月，依韩琦所请，"仁宗下令于编修院下设立校正医书局"①。校正医书局，顾名思义，为专门负责编修医书的机构。为了编修文史类书籍而设立机构，相当常见，但为了编修医书而特设机构，则是前所未有，显示出宋仁宗对于医书的重视。可见"校正医书官皆由其他文官兼领，且多为馆阁官员"②。此外，亦有医官作为顾问，如"差医学秦宗古、朱有章赴局祗应"③。朝廷既特设局、立官，故林亿等人除了原本馆职的薪俸以外，可能还有加给的校正医书官俸禄；然其待遇如何，则尚待进一步考证。

据目前所见数据，校正医书局编修的成果包括：《嘉祐本草》《千金翼方》《脉经》《甲乙经》《外台秘要方》《素问》等 11 种医书，成果斐然。直到元丰四年十一月改制，"废编修院入史馆"④。至此，校正医书局亦宣告解散，其前后共经历三朝，共 24 年。

《嘉祐本草》为校正医书局所编修的 11 种成果中，首先完成者。据以上二则引文，可见校正医书局中的编修人员，大致分为两种身份，包括儒臣：林亿、高保衡、孙兆、孙奇、掌禹锡、张洞、苏颂、陈检；医官：秦宗古、朱有章。之后，校正医书局陆续编修了 10 种医书，也在过程中加入不同的编修人员。

---

① 李焘：《续资治通鉴长编》，中华书局 1990 年版，第 516 页。
② 程俱：《麟台故事校证》，中华书局 2004 年版，第 310 页。
③ 曹孝忠等：《重修政和经史证类备用本草》，华夏出版社 1999 年版，第 5 页。
④ 李焘：《续资治通鉴长编》，中华书局 1990 年版，第 3328 页。

## 二、校正医书局编修人员的身份与背景溯源

儒臣参与编修医书的工作，且为核心人员，乃是校正医书局的一大特色；医官所扮演的角色则相对较为模糊。在众儒臣中，又以林亿、高保衡二人最为重要。考察校正医书局的 11 种编修成果中，除了《本草图经》以外，其余 10 种都有林、高二氏参与。林亿的生平曾载："熙宁间为光禄卿直秘阁。同高保衡校正《内经》，医名大著。"[①] 引文记载的内容不多，然可知二人皆有深厚的医学与文学素养。此类医、文皆通习的儒臣，或可称为通医儒臣；通医儒臣参与编修医书的工作，若以现代的语言来描述，即为跨领域整合，更应提升成果的品质。

又据学者付中学、李俊德的考证，林亿、高保衡二人有姻亲关系："高保衡是高若讷的第二子，林亿为其二女婿"[②]。高若讷为进士出身的文官，又为当时的名医，其医学造诣连医官也自叹不如，故林亿、高保衡二氏很可能受其影响，而有较高的医学素养。《宋史》中记载高若讷的生平："字敏之，本并州榆次人，徙家卫州，进士及第。""补彰德军节度推官，改秘书省著作佐郎、再迁太常博士、知商河县。"[③]

如参与编修《嘉祐本草》《本草图经》的掌禹锡，为宿儒，博览群书、学识渊博："许之鄢城，有儒学之老曰尚书工侍郎致仕掌公，讳禹锡，字唐卿。……然以刻意儒学，不喜外官，颇用此留滞，终老文馆，而中心裕如也。读书无所择，经史之外，至于五行、星历、占筮、地理、百家之说，世有传者，无不钻凿推求，略习皆通。藏书万余卷，犹患不足，月购岁阅，志不少怠。……人知其如此，故求怪僻难知之事以穷其学之深浅，

---

① 徐春甫：《古今医统大全》，人民卫生出版社 1991 年版，第 27 页。

② 付中学、李俊德：《赵开美本〈伤寒论〉所附牒文考》，《世界中西医结合杂志》2009 年第 5 期。

③ 脱脱等：《宋史》卷 288，鼎文书局 1978 年版，第 9684 页。

公皆推本其自出以示之；有未见者，累日寻究，至忘寝食，必得而后已。故当时士大夫多以博洽推之。"①

据《宋史》，其为进士出身，后任集贤校理；且其多次为科举命题，亦曾参与编修其他书籍的工作："中进士第，为道州司理参军。试身言书判第一，改大理寺丞，累迁尚书屯田员外郎、通判并州。……杜衍荐，召试，为集贤校理，改直集贤院兼崇文院检讨。历三司度支判官、判理欠司、同管勾国子监。历判司农、太常寺。数考试开封国学进士，命题皆奇奥，士子惮之，目为'难题掌公'。迁光禄卿，改直秘阁。……尝预修《皇祐方域图志》、《地理新书》，奏对帝前，王洙推其稽考有劳，赐三品服。及校正《类篇》、《神农本草》，载药石之名状为《图经》。"②

参与编修《嘉祐本草》的张洞，自幼即聪明颖悟，后任秘阁校理、深究经旨，为仁宗所赏识。主编《本草图经》的苏颂，为一代鸿儒，聪敏过人、博闻强记，处事精当明快，且任集贤校理，故亦有相当的修书经验、允为最适任的人选："字子容，泉州南安人。……调南京留守推官，留守欧阳修委以政，曰：'子容处事精审，一经阅览，则修不复省矣。'……皇祐五年，召试馆阁校勘，同知太常礼院……迁集贤校理，编定书籍。……因陛对，神宗谓颂曰：'欲修一书，非卿不可。契丹通好八十余年，盟誓、聘使、礼币、仪式、皆无所考据，但患修书者迁延不早成耳。然以卿度，此书何时可就？'颂曰：'须一二年。'曰：'果然，非卿不能如是之敏也。'及书成，帝读《序引》，喜曰：'正类《序卦》之文。'赐名《鲁卫信录》。"③

同僚欧阳修与神宗皆对苏颂大加称赞。神宗欲编修与契丹通好的记录书籍，认定苏颂是唯一人选，可见皇帝对其能力的认可。"……既又请别制浑仪，因命颂提举。颂既邃于律历，以吏部令史韩公廉晓算术，有巧

---

① 苏颂：《苏魏公文集》，中华书局 1988 年版，第 867 页。
② 脱脱等：《宋史》卷 294，鼎文书局 1978 年版，第 9807 页。
③ 同上书，第 9932 页。

思，奏用之。授以古法，为台三层，上设浑仪，中设浑象，下设司辰，贯以一机，激水转轮，不假人力。时至刻临，则司辰出告。星辰躔度所次，占候则验，不差晷刻，昼夜晦明，皆可推见，前此未有也。……尤明典故、喜为人言，亹亹不绝。朝廷有所制作，必就而正焉。"①其学识渊博，除了经史典籍，其他本草、历法、各类术数技艺，无所不知，甚至设计了可精准推算时辰的水运仪象台，俨然为一通才。

除了林亿、高保衡以外，孙奇、孙兆兄弟亦为通医的儒臣，其父为太医孙用和。孙兆为弟，仅参与编修《外台秘要方》与《素问》的工作，其生平概要如下："陕人，自言为思邈后。父用和，官太医令，有《孙氏传家秘宝方》三卷，父子皆以医知名。自昭陵迄于熙、丰，无能出其右者。兆累官将仕郎、殿中丞。……兆之治人疾也，众人难之、兆则易之；众人易之、兆则难之。治平中，有显官权府尹，一日坐堂决事，耳闻风雨鼓角声，遽召兆往焉，乃留药治之，翌日如故。尹曰：'吾所服药，切类四物汤，何也？'兆曰：'心脉大盛、则肾脉不能归耳，以药凉心，则肾脉归，乃无恙。'"②

由记载可知，孙氏父子医术皆十分高明。孙兆除了著有《孙氏传家秘宝方》以外，另有《伤寒方》《伤寒脉诀》《素问注释考误》，可谓深究医理者。孙奇为兄参与了《伤寒论》《金匮玉函经》《千金要方》等九种医书的编修工作。孙奇参与了大部分的编修工作，然孙兆却只参与了两种医书的编修，未知何故，有待进一步查证。而其余的非通医儒臣，亦为国家精英。

参与编修《伤寒论》的范镇，为进士出身，文名远播，又任职于馆阁，富校勘经验："字景仁，成都华阳人。……举进士，礼部奏名第一。……召试学士院，当得馆阁校理，主司妄以为失韵，补校勘。……经四年，当迁，宰相庞籍言：'镇有异材，不汲汲于进取。'超授直阁，判吏南曹、开

---

① 脱脱等：《宋史》卷 330，鼎文书局 1978 年版，第 10630 页。
② 陆心源：《宋史翼》，浙江古籍出版社 2016 年版，第 990 页。

封府推官。擢起居舍人、知谏院。……其学本《六经》，口不道佛、老、申、韩之说。契丹、高丽皆传诵其文。"①

参与《千金要方》的钱象先，亦为进士出身、熟习经典，"字资元，苏州人。进士高第，吕夷简荐为国子监直讲，历权大理少卿、度支判官、河北江东转运使，召兼天章阁侍讲。……进待制、知审刑院，加龙图阁直学士，出知蔡州。象先长于经术，侍迩英十余年，有所顾问，必依经以对，反复讽喻，遂及当世之务，帝礼遇甚渥。"②

以上为参与编修工作的儒臣。然而，由于目前所见的诸书中，尚未见参与编修《嘉祐本草》的陈检的相关资料，故其生平从阙。从上述引文中可见，校正医书局中的儒臣有精通医理者，有进士高第出身、宿学鸿儒、博学的通才，对校勘工作亦多富经验，大大提高了校正医书局编修医书的质量。宋代朝廷精选优秀人才于校正医书局中编修医书，为往后编修医书的工作建立了良好的模范。

此外，考察校正医书局所编修的医书，除了实际参与的人员名列于序跋之中，还有不少高官挂名。如《千金要方》有参知政事赵槩、欧阳修，同中书门下平章事曾公亮、韩琦，《脉经》有参知政事王安石、赵抃，同中书门下平章事曾公亮、富弼，《甲乙经》有参知政事王安石、曾公亮，同中书门下平章事赵抃。由于宋代的宰相与副相兼领馆职，故有此挂名的现象，当属合理。《伤寒论》的署名为目前所见医书中最多者。

值得一提的是，这些署名的臣子大致分属于两个不同的时期。据考证，欧阳修于仁宗嘉祐七年（1062）官至提举三馆、秘阁写校书籍，而范镇则于嘉祐八年提举校正医书。考察赵槩、曾公亮、韩琦等人的官衔，亦属嘉祐时期。然而，考察末尾署名的王存、范纯仁、吕大防等人的官衔，

---

① 脱脱等：《宋史》卷337，鼎文书局1978年版，第10783页。
② 同上书，第10859页。

却为哲宗元祐元年（1086）至三年之间。

是故，前一批臣子当为校正医书局时期校勘《伤寒论》的人员，后一批臣子则是参与（或挂名）哲宗时以小字刻印《伤寒论》的工作。其中大部分的人员应未实际参与编修医书的工作，仅为挂名，或是参与较为次要的工作；然由于数据不足，无法确知每位臣子的参与程度如何。又由于编修医书的工作，竟有如此多的文臣高官署名，在一定程度上显示了宋代朝廷对此事的高度重视。

## 三、校正医书局编修人员的工作环境考略

《直斋书录解题》记载校正医书局编修成果的丰硕，以及其影响的深远。由于朝廷特地设立校正医书的组织，令编修人员能够各司其职，专心从事校正工作，一完成即献上朝廷、作序、颁行，态度相当积极，故能达到极高的成效。考察校正医书局所详订的一系列医书，大部分皆由林亿等臣子分工合作、共同完成。如《嘉祐本草》的校正过程为先由儒臣掌禹锡等校正，再加入医官秦宗古等共同商讨，接着又命儒臣陈检一起参与，等到书成献上后不久，仁宗又诏儒臣高保衡等复校。朝廷可谓极其所能，务求尽善尽美。

其中医官秦宗古、朱有章并非校正医书局的经常性人员，而是在必要时赴局祗应，与局内人员共同讨论编修内容。由于林亿等人具备一定的医药知识，故其在编修医书时，不必完全依靠医官；然而，通医儒臣的医学素养毕竟不如医官深厚，临床经验也不如医官丰富，所以在有些情况下还是需要医官的帮助，如："凡药有今世已尝用，而诸书未见，无所辨证者，如葫芦巴、海带之类，则请从太医众论参议，别立为条，曰'新定'。"①

---

① 曹孝忠等：《重修政和经史证类备用本草》，华夏出版社1999年版，第470页。

当时所用的某些药物，在前代书中并未收录，无从查考，此时儒臣便需要与医官讨论收录与否。《嘉祐本草》由两位医官协助编修，然其是否参与编修其他医书的工作，尚未见相关佐证。

其次探讨较为特殊的情况。如《本草图经》为承接《嘉祐本草》后的著作，《郡斋读书志》云："先是，诏掌禹锡、林亿等六人重校《神农本草》，累年成书奏御，又诏郡县图所产药，用永徽故事，重命编述，于是颂再与禹锡等衰集众说，类聚诠次，各有条目云。"[1] 提到儒臣苏颂与掌禹锡等人合力完成。

掌禹锡提出了校正既有旧书，又要编纂新书，二者为性质不同的编修工作。校正旧书需要许多人员考证诸书并互相讨论，以决定校正的内容；编纂新书则相反，主笔人员越少越好，由一人专门为此最为理想。此一论点当为经验之谈。由于每个地方做的标准不同，故各地献上的药图解说质量参差不齐；等到诸药图进入校正医书局中，众臣开始整理这批材料、重新修订文字，又因为每个人的文笔、识见皆不一致，难以有效率地将散乱的材料编成一部图经。于是，经历了一阵混乱后，掌禹锡体认到由一人主其事方为上策，故建议让此前花费最多心力编修此书的儒臣苏颂主其事。故《本草图经》由苏颂负责编修，征引大量书籍，统一文字与体例，掌禹锡仅从旁协助。

而《千金要方》的校正情形，亦相当不寻常。现今所见的《千金要方》序文中，为林亿、高保衡等人署名，其中并未包括苏颂。然而，在《苏魏公文集》中，却出现了另外两种序文，"一为《校定备急千金要方序》、一为《后序》"[2]，其内容与林亿等的序文相较，部分相似、部分迥异，委实奇怪。推测当时苏颂应已校完《千金要方》，故作序二篇；但后来不知何

①　晁公武：《郡斋读书志》，人民卫生出版社 1978 年版，第 232 页。
②　苏颂：《苏魏公文集》，中华书局 1988 年版，第 999 页。

故林亿等又重校，另作一序，文末署名不复存苏颂的名，史料中亦未见记载苏颂曾校正《千金要方》，此事遂成为一个难解的谜。众儒臣在编修过程中如何沟通与合作，彼此是否牵涉到私人恩怨，或涉及利害关系，由于资料不足，难以详细考证。

### 四、儒医群体的修书风气延展

校正医书局的参与人员多为国家精英，可由诸书中叙述诸位参与人员知识渊博、才能出众的文字得知。而其身份以儒臣为主，医官为辅，尤以通医儒臣为主要骨干，其中林亿、高保衡二氏最为重要，孙奇次之。统计校正医书局所编修的 11 种成果中，除了《本草图经》以外，其余 10 种医书皆由林亿、高保衡二氏负责主要的编修工作；而孙奇则编修了多达九种医书。而校正医书局编修医书的工作情形，大部分都是多人互相合作；考察各项校正医书局的编修工作，可见各书的编修人数多在三位以上。例外者只有《本草图经》一书，该书是由苏颂一人主编，掌禹锡仅从旁协助。然而，在各儒臣合作的过程中，不一定都是和平的，可能会有争执与歧见，甚至牵涉到政治斗争，如《千金要方》中有林亿等所作的序，又有苏颂另作的二序。

此外，关于校正医书局多任用通医儒臣编修医书，亦值得再作讨论。林亿、高保衡等儒臣虽号为通医，但其医学素养如何仍未能确知。儒臣与医官相比，其优势在于博通经史，熟悉各类文献；关于书籍的编修方式、校正原则，乃至于体例、版刻等该注意的地方，儒臣也较了解；而遣词用字将校正的文字写得明白通达，更是儒臣专长。然而，在校正过程中，儒臣对内容的更动，也可能因医学素养不够深厚，作出错误的决断；历来有许多学者也批评林亿等人擅改医书之举。是故，通医儒臣作为宋代校正医书局的核心人员，固然有不少优点，但也有缺点，故今人阅读现今通行的各种校正医书局编修成果时必须多加考证。

## 第三节　儒医群体的福医观与身体观

### 一、从生命观到文本观：福医观念的变迁

"医学的独特本质决定了医学与'仁爱'有着必然的联系。"① 医者不但能知命，时人还相信医者的命本身就是影响医疗过程的因素之一。在《历代名医蒙求》中"道恭三千""德济好命""李医何功""饮子有福"讨论医生福分的问题，显示周守忠对此相当感兴趣。"道恭三千"与"德济好命"记的是同一事，本事出自《名医录》，故事发生在后周时代。沈道恭自幼习儒，但自料福薄，乃又习医。他受荐为一富贵者治病，酬谢虽丰，但道恭犹豫，因告推荐者："医不惮，但命薄，恐为厚贿之所障。"希望推荐者另荐他人一同会诊。他的推荐者因此再推荐周德济这位医师。道恭谓："闻周德济素无医业，惟德济得好命耳。"故与德济会诊，由道恭找出病因，再由德济施药，患者果然得痊。记完此事后，叙述者评道："盖非在学，亦由命之所然也。""李医何功"引自《夷坚志》。有位抚州的李姓名医为一富人治病，久不效，自求去，并另荐一位名声与他不相上下的王姓医者。李医在回家途中遇见王医，告以此事。王医颇有自知之明，谓："兄犹不能治，吾技出兄下远甚，今往无益。"李医答道，他诊脉、用药都没有问题，但病人就是不好，因"自度运穷，不当得谢钱尔"。他并赠送王医用剩的药，告之："以此治之愈。"后果如其言。王医欲半分其酬，李亦不受。"饮子有福"记一位在市场卖药饮之人，所用之药不过平常数

---

① 孙新红：《新仁学视域下的儒医新论》，《孔子研究》2017 年第 4 期。

味，亦不谙派数，但人饮之，莫不愈。唐僖宗朝权倾一时的田令孜有疾，访遍名医皆无效。亲人劝他试饮子之方。田使仆人往取，但该仆不慎翻覆药饮，因往染坊取染池中之水以归。未料田令孜饮后即痊，饮子因而声名大噪，获利愈丰。

上述记载，相同的病人，相同的处方，但不同医者使用时成效有异。体质的差别不能解释治疗的成效，而是医者的福分扮演了关键角色。医疗中有种种难以控制的因素，因此常以"命"或"运"解释。宋代以降的医书中常强调修德可以养生寡疾。其理论基础在于修德时，人必须自我节制，不能放纵自己的欲望。如此便能除治外感内伤，达到养生寡疾的目的。但这样的理论却意味着病患要对自己的健康负最大的责任，而且养生亦成为培福的伦理活动。受疾病侵袭时，病人可能同时负担起疾病和道德方面的两副重担。

然而以上几条资料《医说》都未收录，除了因为这些材料并没有与医方相关的内容外，也许作为医者的张杲也不愿接受"福医"的想法。"福医"的观念无疑将医疗的效果归之于医生本人无法控制的命运，也难怪医者难以接受。元代罗天益的《卫生宝鉴》中曾记载一位福医治病的故事。有位医生不精方书，不明脉候，但看症极多，治无不效，人称福医。后该医治一贾姓病人，不但未能治，还把人医死了。罗论道："不观诸经、本草，赖以命通运达，而号为福医，病家遂命于庸人之手，岂不痛哉！噫！医者之福，福于渠者也，渠之福安能消病者之患焉。世人不明此理，而委命于福医，至于伤生丧命，终不能悟，此惑之甚者也，悲夫！"罗天益现身说法，力斥"福医"之非。值得注意的是罗天益笔下的"福医"，意义已然偏转。这位"福医"不似周守忠笔下，靠自己运气医好病人的医生，倒像是不读书，却看证极多的陈昭遇——罗天益所谓的"福医"其实是缺乏文本知识的医生。仿佛精读医学典籍的医者，便有凭有据，仰赖技术而不靠运气。将罗天益对福医的批评，对照陈昭遇谓不读书的医者"因医失多，而得悟其要"，文本知识的分量在两宋之际显然有了相当的转变。对罗天益而言，文本知识已压倒经验知识；像陈昭遇这种以病人试医的医者，不过是误人的庸医。罗天益在论断贾姓病人的死因时，便先引《内经》，驳斥了该"福医"的误诊，而伤心的贾父似乎也因其说明有典籍上的根据而信服；由于病家的信服，更加强了典籍的权威。

## 二、经典医籍的身体观解读

"'医者意也'典出东汉的郭玉，原来故事中的意指注意力，但后代意的意义有所转变。"①《医说》和《历代名医蒙求》同收录了《名医录》中两则有关"医者，意也"的故事。其中"都料取钩"记载一位莫姓都料以蚕茧和念珠自幼童喉中取出误吞的钓钩；"草泽笔头"则叙述了一位草泽医以笔头藏针，划破公主喉痈之事。两则故事都是施治者匠心独运，依患者的状况施治。二书中论医意之事，皆重用巧，都是医者从其"默会之知"中想出克疾治病之道。正因"意"只能"神会"，不能"言传"，出人意表的"医意"并不仰赖文本知识。在叙述"医意"的故事中，"医意"常与文本知识对举。

医意既然难以言传，那么记载医理的典籍乃至方书，相对成为次要，要紧的是施治者本身的灵巧。上引的"都料取钩"和"草泽笔头"都不是什么名医，莫都料甚至不是医生。以巧慧掌握变幻莫测的医疗脉络才是制胜之方。在这些故事中，施治者因人施治，不涉典籍。医意所仰赖的"默会之知"来自医者个人的体验，而不是文本；只能意会而无法言传。唐代的许胤宗以汤药熏柳太后，以治其口不能言之疾便是一例。当有人问许胤宗何以不著书以传其技时，许谓："医者，意也，在人思虑。又脉候幽微，

---

① 马伯英：《中国医学文化史》，上海人民出版社 1994 年版，第 778 页。

苦其难别，意之所解，口莫能宣。……脉之深趣，既不可言，虚设经方，岂加于旧。吾思之久矣，故不能著述耳。"

在相似的脉络中，《医说》与《历代名医蒙求》记载了北宋陈昭遇不读书的故事。陈昭遇医术高明，时人目为神医，却从不读书。有人问他从何处学来医术，他也无从回答。后来他告诉他的亲人说："我初来都下，挥军垒中，日试医数百人。其风劳气冷，皆默识之。……其不习方书而善治者，因医失多，而得悟其要也。"从陈昭遇的自述中可以看出，当时这种仰赖经验、不重文本知识的医生较为人所轻。但即使如此，陈昭遇自认胜过那些只会读方书，不会看病的医者。陈昭遇认为看病即使有失，但从中体验医疗之道最为重要。这和19世纪欧洲医院大量进行病理解剖，声称医死人多的医院才是好医院，因为医院可从中累积更多的经验，颇有异曲同工之妙。对于陈昭遇而言，人的身体便是最直接的文本，不必非读医书不可。

医意虽难以言传，但《医说》与《历代名医蒙求》也不乏"李撰该览""郝老明方"等以博洽著名的故事。不过，《医说》与《历代名医蒙求》对于不能言传的医意与博洽之间的紧张关系并没有进一步讨论，只是并陈这些医者的故事。然而在李以制为《医说》所撰的跋文却谓："医，意也。果可以纸上索乎？虽曰不知书，而曰我知意，余不信也。知书矣，而未之广，犹不书也。"李氏同意"医者，意也"，但认为文本知识方为医道之础石；而且读书必须广，方能体会文本中的意。《名医类案》序言亦说："客有在座者曰：'……医者，意也。奚喋喋怗怗，啜古糟粕为。'余应之曰：'不然，子岂以世之治医者必能挟无师之智，逞独创之巧，自我作始前无古人乎？夫法所以寄意，而意所以运法。'"① 将"医者，意也"转向了以书为师，泛览文献，从中用意。仿《医说》体例的《名医类案》亦不收许胤

———————————————

① 江瓘:《名医类案》，人民卫生出版社1957年版，第7页。

宗和陈昭遇治验之事，遑论二人讨论"医者，意也"的故事。其他医史中也鲜及于陈昭遇对"医者，意也"的看法，只留下他善医和参与《圣惠方》的编辑。

"医者，意也"意味着医学知识的形成与传递，随人而不随书。"人在其社会化过程中，形成各自的价值观念，并见诸其行为取向。"①甚至人和人之间的知识传递都有困难，医学知识只有直接面对疾病才能获得。在认为医疗知识难以言传的文化情境下，若要勉强而传之，那么所传的便只能是医生个人的传记，而非理论性的典籍或实用性的本草与方书。明代的李濂便是站在这样的立场编辑《医史》。《医说》和《历代名医蒙求》中详载医者的传记，或与此文化情境相关。元代以降的医史，可能因医者人数越增越多，各医者的传记较略；也可能因为文献的重要性已逐渐增加，医生个人的体验已居于医疗传承的下风。

医意从注意力转变到用巧，必和典籍文献瓜葛纠缠，牵涉到医学知识传习方式与医家性质的改变。古代医学知识主要为秘传，学者必须透过种种仪式方能拜师习医。六朝时代，医学知识操之于山林与门阀。在这类传习方式下，医学知识流传在师徒之间封闭的圈子，人师成为传习医学知识的中枢，即使是文本知识亦随人师而转。学者可以经由与人师互动，习得医疗过程中随人转移的默会知识。这种封闭的传习方式不会有医者社群成员认定的问题。拜师时的仪式除了保证医疗的效果外，更是确定成员身份的通过仪式，成为护卫社群界限的手段。唐代政府以官方的力量公开医学知识，而且经由考试取得医官资格的人加入了原来医者社群的版图。宋代以降，随着印刷术的普及，医学知识随文本流传之势，势不可挡，其他各种依赖口传心授的技术却有渐被排挤的现象。医疗世界中经验与文本知识间的紧张关系，与医疗知识的逐渐公开和散播有关。随着医学知识的公

---

① 　贺圣达：《从文化角度审视儒医的价值观》，《医古文知识》2000年第2期。

开，文本知识究竟在医学中扮演何种角色？医学可否只从文本中习得？医学知识中只能"意之所解，口莫能宣"的默会之知究竟能否转化为文本知识？张杲因此并未轻看陈昭遇，还将之列为"神医"。但从陈昭遇的自述和李以制之言，医疗知识来源的天平已偏向文本一方。不过对周守忠和张杲而言，能直接阅读身体，形成医疗对策的医者仍值得在医史中占一席之地。

## 第四节　儒医文本知识的形构与隐性传循

儒者在宋以前的医疗中并未扮演重要地位，但宋代以降，儒医却成为医者社群中的一个新范畴。"在宋代以前虽有通儒之士开始行医之实，但却因道医仍占主导地位，故这种现象并不普遍。"①《医说》和《历代名医蒙求》记载的各类施治者，除了医者外，还有不知名的书生、都料、铰匠、术士、异人、僧、道等，这显示当时的医疗相当多元化，许多医者和佛、道有关。唐代的《类林》模仿佛经，将医者的传记称为"医卜品"，显示了佛教的影响。医疗多元化亦表示医者群体中，内部分歧很大，不但训练不同，技术不一，社会地位也有差距。

这一变化见之于《历代名医蒙求》的"赵言沈羞"。这个有趣的故事出自《名医录》，记载庆历（1041—1048）中一位名为沈常的进士，为人廉洁，与人寡合。虽有进士的头衔，却没当官，因而入京谋生。他看到当时翰林医官的神气，乃慨叹："吾穷孔圣之道，焉得不及知甘草、大黄之辈？"因此有意学医，但见到市场卖药者，颇为艰辛，又犹豫不决。沈常

---

① 顾云湘、李文彦：《儒医文化对培育当代中医学子人文素养之思考》，《上海中医药大学学报》2014 年第 5 期。

乃拜访当时的太医医官赵从古。从古告之曰："医术比之儒业，固其次也。盖动关性命，非谓等闲学者"，并担心沈常会因不得志而郁悒不乐，无法专心于医道。沈常很不服气地回答道："吾然穷蹇，乃自服儒，读孔孟之书，粗识历代君臣治之道。今屈志学之伎术，岂为高艺？"言下之意，对医道颇为轻视。从古回答："吾道非贱士能矣。"他历数三皇以下之历代名医，方之以才行兼具之儒者，并说了另一个故事："晋有一才人却正《周易》及诸药方，与祖讷共论。祖曰：'辨释经典，纵小有异同，不足以伤风教。至于汤药，小小不达，便致寿夭所由，则后人受弊不少，何可轻哉？'"沈常闻言，羞愧而退。

"大批知识分子由儒入医，改善了医生的文化素质和知识结构，……使医生的社会地位相应提高。"①宋以后称誉医者为儒的分量越来越重，而仙气则少了许多。宋以前的医者不以儒名相高，人亦不必以儒称颂医者，但儒医却在宋代渐渐成为医者社群拼盘中的新板块。尤其南宋以后，称扬医者通常必须顺带提到其"儒"的身份，例如明代徐春甫虽为太医，但为他的书作序的官员莫不以儒相称。仿佛以"儒"之名，便能使医者跨越医家与士人之间的社会鸿沟。再如明代徐昂为张世贤的《图注八十一难经》作序时亦谓："惟医道与儒道相为流通者也。通乎儒不通乎医者，容有已。未有通于医，而不本乎儒者也。徒通乎医者，庸人也；兼通乎儒者，明医也。"徐昂认为医道与儒道合流，且医者必须兼通儒术，方能成为"明医"。"儒"与"医"合流的前提在于社会上开始有像沈常一类仕途不得意，或无法考上科举而必须另谋生路的人，另外则在于文本知识容易获得。宋代社会虽有了这两个前提，但从沈常的故事中可以看出，自唐以来便掌握医疗专业知识的医官社群质疑从文本进入医疗的正当性。赵从古、许胤宗和陈昭遇

---

① 　吴琦：《近世知识群体的专业化与社会变迁——以史家、儒医、讼师为中心的考察》，《学习与探索》2012 年第 7 期。

都身为医官，或非偶然。奇怪的是宋代政府却是儒者介入医疗论述正当性的提供者。上述沈常和张扩的故事约当宋仁宗之时，仁宗以儒者校订医书，为儒者介入医学提供了正当性的基础。当时参与校书的孙兆便谓："三代而下，文物之盛者，必曰西汉，止以侍医李柱国较方技，亦未尝命儒臣也。""历代名士中博学多才者众多，于医道一脉也颇多涉猎。"① 现代的校书学者常称赞汉代校书时的专业分工，这可能也是校官书的常态。但宋代校书的儒臣们却相当自觉打破专业分工，专以儒臣校书乃宋之创举。他们因此不断在所校的医书序中提到"国家诏儒臣，校正医书"，并自比为辅圣之伊尹、岐伯，抢救因文本散亡而沉坠的医学："虽大圣人（案：即神农、黄帝）有意于拯民之瘼，必待贤明博通之臣，或为之先，或为之后。然后圣人之所为，得行于永久也。"这些儒臣校书仰赖的不是医学的专业知识。而是文本知识："臣承命以其书方证之重者，删去以从其简。经书之异者，注解以著其详；鲁鱼豕亥，焕然明白。"他们以校正一般书籍的方法来校勘医书，并转化研读书籍而得的文本知识至整理和刊刻医学文本。

儒者介入专业知识的正当性，在宋哲宗欲以道士校道藏时再度被肯定。与汉代刘向典校中秘之例相较，"刘向校经传诸子诗赋，步兵校尉任宏校兵书，太史令尹咸校数术，侍医李柱国校方技"，重在校书者之专业。但这种专业分工的方式，却被儒臣范祖禹所反对："汉之时，以竹简写书，在天下者至少，非秘府不能备。……即使景元校道书，则他日僧校释书，医官校医书，阴阳卜相之人校技术，其余各委本色，皆可用此为例，岂祖宗设馆阁之意哉！"范祖禹反对以道士校道书主要因其视道教为异学。虽然他表面上承认方技数术乃有用之学，但其后又否认以"医官校医书，阴阳卜相之人校技术"的正当性，无异独尊儒术，强化了从儒学深入其他知

---

① 于浩、杨柱：《浅析"儒医"现象的类型及成因》，《河南师范大学学报（哲学社会科学版）》2009 年第 6 期。

识领域的正当性。范祖禹的意见可能是宋代儒学复兴下的现象，但儒者士气高涨深深影响了他们对于其他知识领域的发言权。宋徽宗时还企图进一步将儒医制度化，成为官方医学的一部分，使医者得以置身清流，亦借此鼓励儒者习医，却没有成功。儒医体制化失败，使得儒医无法借皇朝之力保障其社群边界。元代以后由于科举入仕越来越难，或由于政局之变迁，转化文本知识入医的士人渐多，为儒医的形成提供了社会基础。社会上虽确实有以儒而从医者，但也因医者与社会地位较高的儒者比附，使儒医成为社会声望的象征，而成为儒医的关键，则在于掌握文本知识。

　　沈常的故事标示着儒医诞生的混沌期。作为一位想从儒入医的士人，沈常御和太医赵从古处于不对等的权力关系中——儒者从文本进入医学的正当性仍为专业医者所质疑。虽然唐、宋时期的医官必须熟读医经，通过医学考试的关口，但从许胤宗、陈昭遇和赵从古的事例来看，作为医者除了掌握文本知识外，阅读身体并从中体会医疗的奥妙才是医者之能事——医疗无法完全由文本知识习得。北宋士人如司马光和沈括对于从文本知识习医亦有相同的疑虑。然而上层的医官虽可能为利禄之途，但其为"技术"官的地位却一直不比士流，不论是服制或是迁转皆有限制，据唐代王珪所言，当时士人对于技术一类的官确有歧视，也难怪当时有能掌握医疗技术却不愿服医官的例子。两宋之际的医技人员常常以自己的技术为荣，前文所提及的陈昭遇及赵从古都很自觉其地位较低的事实，但他们以自己的技术自豪，认为这不是仅仅读书便能超越。宋初曾任医官正使的赵自化不但医术高，又喜舞文弄墨，自撰诗集，颇有后世儒医的味道。赵氏身为医官，对于医者的地位颇为关注，他"尝缵自古以方技至贵仕者"为《名医显秩传》三卷。虽然此书已佚，但赵氏的书名似乎显示了他并不依靠技术置身显贵为耻，反以之拉抬医者的身份。

　　沈常的故事也生动地刻画出宋代想投身医界的士人瞻前顾后的心态。一方面，如能成为名医，确实可以名利双收，但如不幸沉于下僚，其艰苦无异常人，枉费了花在科考上的投资；另一方面，医者虽手握生死之权，却被视为技术之流，社会地位不高，一般士人颇难委身于此。宋代的士人已不似以往的士族，他们没有高门可以依靠，必须凭自己的努力，赚取前途。但沈常贵为进士，却未入仕，这在北宋很不寻常。因此，这可能是医者为了自抬身价所编造出来的故事。沈常正象征了那些仕途多舛，或是后代科场失意的士人，准备投身医界时的窘局。士人之所以自恃能进入医界，所凭借的正是来自儒家经典的知识。然而赵从古却当头棒喝，以祖讷之言告之：方药之事，动辄关系人命，并非有文本知识便能为之。随着科举越来越难考中，即使中举，亦得官不易，投身医界，往往成为后代士人的选择之一。他们视从文本获得医疗知识以进军医界为当然，并以儒业方之医道，强调阅读医学典籍的重要性，区隔自己和那些靠歌括、经方或经验治病的医者。

# 第五章　金元之际儒医群体的
谱系图景与生态承传

## 第一节　江南地域的儒医形象探解

11—13 世纪是中国医学史上的一个重要转变时期。刘完素、张从正、李杲、朱丹溪这四位医者以"金元四大家"的赞誉进入历史书写。在金元那个战争频繁、疾疫流行的年代，医者所提出的医学主张不断地被后代医者推崇，尤见于医学文本的撰写，清代《四库全书》视此时为医学界产生流派的关键时刻，流派蕴含有两个要素："第一，应有一个有影响的、著有一部或数部传世之作的学术带头人，即宗师；第二，有一个或一批跟随宗师的弟子。"① 元代医者朱丹溪及其身后的丹溪流派则便是明清直至当代医史研究的重要派别之一。研究致力于重现朱丹溪在江南社会的形象与角色，其人在浓厚的理学传统熏陶下转向求医之路，同时考察作为丹溪传人的医者群体，虽然此群体并无一致的医学理念，但医者们以授受医学知识建立纵向师徒关系，同时亦有同乡、姻亲的横向联系，最重要的是共同尊奉丹溪为医学之师，明代之际此医者群体的活动轨迹从江南地域扩展至明王朝的太医院，构成了朱丹溪从一介地方医者跃居明清儒医偶像的文脉基

---

① 　徐国经：《如何认识中医学术流派》，《中医杂志》1990 年第 1 期。

础。15 世纪中期以后，原本以师徒关系维系的医者网络逐渐模糊，以厘清丹溪知识及医学知识系谱为目的的文本撰写取而代之成为比附朱丹溪最主要的方式，形成了后世所认定的流派面貌，流派风格由此深深影响了后代医学知识的生产与实践。

朱丹溪，字彦修，浙江婺州义乌（今金华义乌）人，是金元四大家中唯一生活在长江以南的医学大师，作为宋以后重要的"儒医"和"丹溪流派"创始人，朱丹溪被学界广泛关注。无论"儒医""流派"抑或流派思想，都不是一个绝对的历史实体，虽然"儒医"以模仿儒学建立道统的方式来书写医史，但在古代社会中"儒医"更多的是一种比附"儒"的社会声望标签，而非一个有清晰疆界的社会阶层。同时，作为一群宣称拥有共同原则和理念的医者群体，不同流派之间并没有坚实的疆界，流派内部的传承网络关系亦以比附居多。所谓流派的思想原则也不固定，譬如清代江南"温病流派"，在两千年历史文本中的含义多变，是一个随着医学理论和社会发展不断变化的疾病观念。

相较同时代其他医者，朱丹溪的史料非常多，比如冠以"丹溪"名义的医学文本，明代出版了近二十种，重刊本更是不计其数。墓志及传记是研究朱丹溪生平的重要史料，其撰著者非常有名：石表辞由婺州文人领袖、《明史》编修宋濂撰写，传记由另一婺州文人领袖戴良所作。二人对朱丹溪生平的记述侧重点不同，戴良专注于朱丹溪"录其医之可传者"，而宋濂所撰墓志则介绍朱丹溪"讲学行事之大方"。然而他们的撰述无一例外地强调朱丹溪是"儒医"典范，缘由在于"理学的思想贯穿于朱丹溪的学术体系之中"[①]。尤其宋濂以强烈的理学正统意识在传记中渲染朱丹溪"儒"的一面，并在其后主编的《元史》中将朱丹溪列入"儒学"类而不是"方技"类。历史文本和遗迹中的朱丹溪面貌多重，据明清的义乌地方志载，朱丹

---

① 彭新等：《朱丹溪学术思想渊源探讨》，《中国中医基础医学杂志》2017 年第 3 期。

溪在"乡贤祠"中被当作"名儒"来祭祀；在义乌市赤岸镇，朱丹溪亦列名于当地朱氏宗族的祖先中。义乌市赤岸镇东朱村丹溪陵园为赤岸镇官方网页推介的重要旅游景点，园内包括有丹溪庙、丹溪墓及中国历史上各大名医的塑像。在丹溪庙中，朱丹溪的塑像和土地神、财神并列。追溯至宋元之间，朱丹溪来自一个有良好科举纪录的江南家族。高祖朱良佑虽无功名，但曾延请朱熹的门人徐侨教儿孙们读书，良佑之子朱中曾应乡荐。南宋末，朱丹溪的祖父辈有七人中进士，改朝换代后，这七人中有五人出任元代州县级官吏，朱丹溪的父辈中有八人通过举荐和掾吏的方式获得官职。其中仕途最好的应是朱丹溪的族叔祖朱叔麒，1268 年中进士，宋亡后，则读书养亲，以医药济人。至元二十四年（1287），元廷下江南访求南宋士人人才，朱叔麒受邀出任庆元路定海县尹，以婺州路总管致仕。朱叔麒的儿子们亦出仕：朱继善通蒙古语，曾为国子监伴读、溧水州判官；朱同善从婺州理学家许谦游学，也曾为两淮屯府幕僚。相较之下，朱丹溪的祖父朱环无科举功名，但其地方声望与财力不可小觑，朱丹溪父亲早逝，母亲戚氏出身于婺州理学世家。在宋濂的笔下，戚氏丧夫之后担负起抚养朱丹溪和奉养朱环夫妇的重任。据宋濂的墓辞，早年的朱丹溪充满了豪侠之气，"先生受资爽朗，读书即了大义，为声律之赋，刻烛而成，长老咸器之，已而弃去，尚侠气，……先生之年，盖已三十六矣"①。宋濂的论述呈现出朱丹溪曾是一个乡人不敢冒犯的豪侠，在许谦的感染教化下，才放弃"尚侠"而走向"闻医"之路。当然，朱丹溪此种豪侠与纯儒的多重面向并不是个例，而是延续南宋居乡士人的气质。据宋史记载，南宋士人居乡常呈现两极面貌：一是武断乡曲的豪横，多见于地方官的判词；二是施财济人的长者，多见于墓志铭。宋濂对朱丹溪年轻时"尚侠"的行迹着墨不多，但据墓辞中所记，丹溪确实既武断乡曲又施财济人。

---

① 　朱丹溪：《丹溪心法》，田思胜校，中国中医药出版社 2008 年版，第 36 页。

朱丹溪由侠转儒和其家乡婺州的社会文化环境密切相关。"从中医学术史上看，地理因素成为中医理论分流的关键因素"①，婺州在元代形成了跨越世代、有地方认同的理学群体，此群体学术承自朱熹，许谦为其中著名理学家之一，致力于讲论解释朱熹《四书章句集注》，著有《读四书丛说》。朱丹溪拜于许谦门下，应是其人生的重要转折点，在朱熹理学正统传人的门下，朱丹溪不仅完成了从"尚侠"到"闻道"的转化，同时也放弃科举而立志于医学。许谦鼓励朱丹溪放弃科举还有特定的时代背景，蒙元时代作为选官制度的科举考试，其重要性远不如宋代和明代，录取几率也非常低。在许谦看来，游艺于医更重要，于是鼓励一直在行医的朱丹溪放弃希望渺茫的科举。然而，仕与医在元代本不是对立的选择，在科举入仕这条狭径以外，行医反而提供了另一条出仕道路。元政府对医疗非常重视，除沿袭宋代地方医学和惠民药局的设置外，还设立三皇庙供医师祭祀。这些机构设置相应地提供了士人以医学才能担任医学官职的机会，有些人甚至可以凭借治疗高官而获得高阶文官的职位。另外，一部分人在以与医学无关的"吏"的身份进入政府机构后，继续行医，为达官贵人治病，而且医术精湛，这种身份模糊但受士人追捧的医者在江南并不少。朱丹溪一生却没有担任任何医学官职，刻意避免以医出仕，据弟子刘纯《杂病治例》中载，丹溪教导子孙"不可轻信人言，求为学官，……恐因虚名，而妨实利也"②。朱丹溪科举只参加两次，其后也避免以医出仕。终其一生，看似只致力于钻研医学，其实不然。对于最终位列乡贤祠并享有"名儒"称号的朱丹溪，投身家族和地方事务的经历至关重要。

这种选择在宋明士人从"得君行道"转向"觉民行道"的思想风潮中绝对具有正当性。作为投身地方事务的象征，宋濂列举了朱丹溪致力于修

---

① 周荣：《试论地域因素与中医流派研究》，《中华中医药杂志》2017 年第 12 期。
② 刘纯：《杂病治例》，中医古籍出版社 2013 年版，第 69 页。

建祖先祠堂、拒抗苛捐杂税、修筑蜀塘水利等事务为例，其中组建赤岸朱氏宗族的活动尤为重要。虽然宋元之间地方士人组织家族的活动并不可简约为明清宗族形成的源头，但在明清族谱所书写的赤岸朱氏宗族史中，宋元之间的一些活动被当作是宗族的早期历史，而无科举头衔的朱丹溪是元代建立祠堂、组织朱氏家族祭祀的关键领导人物。在赤岸，从朱丹溪的高祖朱良佑开始，已经有意识地组织当地朱姓子孙祭祀。他曾留给子孙 36 亩祭田，以供祖先祭祀，至朱丹溪的时代仍然存在。在宋元江南，这个祭田的规模并不大。曾祖朱中曾按朱熹《家礼》的建议祭祀四世祖。然而，直到朱丹溪以前，朱家的祭祀都是处于"有恒祭而无恒所"的状态。约 1337 年，朱丹溪将"适意亭"改造为祖先祭祀场所，并期望子孙以后固定在此祭祀。"适意亭"原本是朱良佑设立的家塾，朱丹溪的族叔祖朱叔麒、族叔父朱继善曾两度修缮此亭。正如前文提及，相对良佑其他子孙，朱叔麒和朱继善二人在科举仕途比较成功，所以担当了修亭主导者的角色，朱丹溪则承接了这份工作。"适意亭"可能和祭田类似，是宋末以来朱良佑子孙所共有的财产之一，故而朱丹溪可将之改建为祭祖建筑。朱丹溪对祭祀礼仪的考订在地方社会颇具权威，总而言之，虽然在宋元、元明易代的战乱中，一些地方大族常常受到各种冲击而衰败，但是赤岸朱姓在朱丹溪的主导下，慢慢形成了一定规模的宗族组织。

　　学界已揭示朱丹溪作为理学家在哲学层面重构医学中的身体论述的重要性。然而，"考镜源流，系统梳理早期医学流派的概括、流传方式与脉络，对中医经典条文的释义、内涵解读具有重要意义"。[①] 朱丹溪作为宗族组织者的一面，对于医学史中的丹溪流派的形成也至关重要。和其他元明之间的名医相较，朱丹溪在地方社会的财力和文化权威都超过了普通

---

① 　王雪茜等：《秦汉之际医学流派的传承与〈伤寒杂病论〉的奠基》，《北京中医药大学学报》2017 年第 1 期。

医者，甚至普通儒者。虽然理学家宋濂赞颂朱丹溪由侠转儒，但某种程度上，他作为侠的气质依然存在。从朱丹溪担当建祠堂和修祭田水利的任务，代表乡民上书义乌县金事改赤岸名为清德里，以及向婺州地方政府提供判案咨询，抗议元朝政府的加税政策等事例，可以看出他必定拥有经济实力，对礼仪、法律的解释在地方上也相当具有信服力。

## 第二节　儒医群体内蕴的师承图谱阐论

自 14—15 世纪伊始，朱丹溪的医学弟子形成了世代连绵的师徒网络，而且他们都对丹溪有非常高的忠诚度，有效地传播了丹溪的医学名声。随着时间推移，这些弟子的活动范围也从婺州、苏州、江南扩散至明朝各地，且有相当一部分进入官府，服务于太医院和各地王府。宋濂夸赞朱丹溪的入室弟子之一戴思恭"以其学行于浙河之西，从之者日益多，由是先生（朱丹溪）之道沾被滋广，而三尺之童亦知先生之贤"[1]。虽有溢美戴思恭之嫌，却不失精准地披露明初丹溪弟子对传播朱丹溪医名的贡献。

丹溪弟子的医学群体建立于婺州地方士人网络之中。宋元之间追随程朱理学的婺州士人对地方传统和士人群体有着非常强烈的认同。朱丹溪及其入室弟子戴思恭和赵良仁都与理学士人群体有交集。朱丹溪母亲的家庭是从学吕祖谦的理学世家，丹溪自己则拜许谦为师。赵良仁的父亲曾为王府塾师，良仁和兄长一起就学于婺州的吴莱、柳贯门下，因二人对医学表现出强烈兴趣，所以柳贯推荐赵氏兄弟拜朱丹溪学医。戴思恭的父亲戴尧跟朱丹溪学医，叔父是著名的文人戴良。戴思恭和赵良仁之间也有姻亲关系，戴思恭的姐姐嫁于赵良本。朱丹溪的另一个弟子楼英，是戴思恭的表

---

① 　宋濂：《元史》，中华书局 2009 年版，第 237 页。

弟。婺州乡里之间的网络，提供了丹溪崇拜者形成医学群体的初步条件。其结果不只帮助丹溪在婺州建立医学名声，而且随着他们走向江南以及明政权中心而发挥出更大的作用。

　　早在元末，戴思恭和赵良仁已迁往苏州行医。苏州作为江南的都市中心，医者之间的竞争非常激烈。戴思恭成功地在名医林立的苏州城崭露头角，不但名公巨卿争先请他治病，苏州医者也纷纷向往戴思恭学习丹溪真传，而非戴思恭自己的医学。据苏州王鏊《守溪笔记》与杨循吉《苏谈》所载，苏州人王宾为学习丹溪真传，从戴思恭处取走了丹溪的医案。王宾出身相士家庭，但他自幼习儒，拒习家传相术，是元末明初"吴中三高士"之一。作为儒者的王宾想向戴思恭学医，但熟读《素问》三年的他却无法真正地行医治病。自从品读丹溪医案后，王宾熟习医术，甚至开创"吴下之医"的传统。明代苏州世医大部分人都和戴思恭、王宾、赵良仁有师徒关系。与王宾同列"吴中三高士"的韩奕和王履，也是朱丹溪的弟子。王履以画著名，医书写作亦多产，但如何成为朱丹溪弟子的事迹不详。韩奕自幼双目失明，家族自北宋开始经营药店，后来迁至苏州，仍以卖药为生，店名为"秘药巢"。因为倾慕朱丹溪的医名，韩奕曾在元末战乱中从苏州前往金华，拜丹溪门人为师。王宾的好友苏州王恒也是俯首师事戴思恭的医者。王恒及其兄长"世家为医"，17 岁"泛海之崇明，从师以求丹溪朱氏之学。时道梗，又间行至金华以终其所学焉"。与戴思恭、王宾、王恒均有交集的王行，帮助会稽人徐用诚在苏州士人圈中募款，以出版丹溪的医著。由此可见，戴、王二人都是传播丹溪的核心，在他们周围形成了仰慕丹溪的学医师徒群体。与戴思恭类似，赵良仁元末已在苏州行医，他的子孙也在苏州为医，赵良仁的医术也吸引苏州府及附近地区的人来拜师学丹溪真传。在史书中，这些人和戴思恭的弟子一样，无一例外地尊崇朱丹溪为老师，而不是亲身教习医学的老师戴思恭和赵良仁。

　　以戴思恭、赵良仁为中心的医者群体也垄断了和朱丹溪有关的医学书籍出版。首先，由王宾取书传闻的细节可见外人获取丹溪医学著作的困难。其次，以丹溪为名流传的医案，执笔者是戴思恭和赵良仁，刊刻发行者也来自此群体。比如王行和徐用诚在苏州筹募刊刻丹溪医书的资金，赵良仁和戴思恭分别刊刻《格致余论》和《丹溪医案》。再者，即使丹溪医书付诸刊刻，发行量也十分有限。明初宋濂弟子方孝孺的亲戚学医，想读朱丹溪的著作，方孝孺还要写信辗转托人向戴思恭求索一套。由此可见普通人恐怕更难以获得丹溪医书。在 1415 年明廷下令刊印《格致余论》《局方发挥》《丹溪医案》广赐天下以前，丹溪医书"近惟两浙为医多用之，然率秘之"，习医者若无如方孝孺般的人脉网络，接触朱丹溪的医书则非常困难。

元明易代期间，朱丹溪的同乡宋濂、刘基等人成为明太祖朱元璋的得力助手。宋濂以文学受太祖器重，拜翰林院学士；刘基以计谋见重，封诚意伯。与此同时，戴思恭则从苏州城名医转变为新朝权贵信赖的名医，戴思恭虽多次辞医官不就，然明廷却屡次征召。洪武十九年（1386），63 岁的戴思恭赴北京任太医院御医，为燕王朱棣医病，建文帝时擢升为太医院使，永乐二年（1404）以 81 岁高龄致仕。戴思恭在太医院供职近二十年，太医院医官中出现大量丹溪弟子，且居高位。继任戴思恭的太医院院使淮南蒋用文、湖北袁宝，都曾跟随戴思恭习"丹溪之学"，以丹溪传人自居。苏州王宾、赵良仁等人的后代也任职于太医院，王宾传"丹溪之学"予弟子，其中盛寅在 1425 年为南京太医院院使，陆尹为医士，韩叔旸为院判。盛寅的家族子孙亦多人入太医院。与王宾齐名的吴中高士、丹溪弟子韩奕之侄韩爽经戴思恭推荐为燕王府良医正，后升太医院使。赵良仁之子赵友同为太医院御医，并在太医院中教名医子弟读书。从十五世纪中苏州文人"凡今京师以医名者，大半皆吴人也"中，可以一窥尊崇丹溪的苏州医者网络在明初太医院的影响范围。

与同乡士人宋濂、戴良、刘基等人的悲剧结局不同，这一群太医院的医官并没有因为明初政局动荡而遭到政治清算。戴思恭虽曾服务于建文帝，靖难之变以后也只是致仕而已。部分原因是医官和庶僚的身份设定不同，医官的医术比政治立场重要；部分原因也与他的长子戴伯兼以御医的身份随朱棣征伐有关。当然，朱丹溪的门生并非所有人都像戴思恭一样腾达，有些人被谪戍凤阳或者边疆，如赵道震被迫徙籍定远，刘纯迁至陕甘，也有一些人选择不为医官，楼英及其子多次为明太祖、成祖治病，但赐官不受，留在家乡萧山。

总而言之，在 14—15 世纪中期，苏州城和太医院中浮现了一群松散结合的医者群体。这些医者通常以授受医学之故建立纵向师徒关系，彼此之间同时也存在同乡、交友、通婚的横向关系，但他们并没有形成体系化的学术共同体，医学理念也未必全然一致。无论在苏州还是太医院，这些医者无一例外地忠诚地尊丹溪为祖师，也正是因为这些人坚持以丹溪为师的忠诚，朱丹溪才得以成为超越时空的儒医偶像。

## 第三节　江南儒医与流派文脉的汇融及承传

在宋以后儒医兴起的潮流中，阅读经典文本的训练被强调为医学训练最合法重要的途径。最典型的例子是宋濂对"医不三世，不服其药"的解释。此典出自《礼记》，汉代郑玄注疏提出两种不同的解释："三世是指父子世代习医相传三世，或者是指《黄帝针灸》《素女脉诀》《神农本草》三本古代医经。"[①] 宋濂在给同乡医者的赠序中，认为"三世"是指上述三种文本。可是，朱丹溪学医的经历并没有宋濂所描述的那么简单。虽然，朱丹溪 30 岁即已通读《素问》及金元诸家的著作，充分具备文本训练，但

---

① 郑玄：《礼记注疏》，中华书局 1936 年版，第 57 页。

直到 44 岁，他一直在四处寻师指点，目的就是为了解决文本阅读与实际操作中的矛盾。朱丹溪曾至浙江杭州、安徽宣城、江苏南京乃至河北，认为"江浙间无可为师者"，只有北方医者可学。朱丹溪如此推崇北方医者并不是特例，同代江南名医中，很多人和北方医者有接触，或有曾在北方生活的经历。作为一个 44 岁、行医 10 多年的医者，朱丹溪找到了医学之师——杭州罗知悌。朱丹溪的拜师过程并不顺畅，他以程门立雪般的精神去感动罗知悌，三个月以后才得以入门。在罗门下的一年半，观察老师如何治疗病人，是朱丹溪最有心得的学习方式，解答了他读张从正、刘完素之书而产生的疑惑。

朱丹溪传授弟子医学的方法也不只是读"三世"书。虽然，在朱丹溪的传记和弟子的回忆中，文本研读占据首要位置。譬如弟子刘纯所撰《医经小学》，朱丹溪教学生首先必须读儒书，其次读《内经》《脉经》等经典，之后再读《伤寒论》以及金元当代医书。明代江浙医者所热衷传阅的文本，并非《内经》抑或刘纯所撰医学入门书，而是实用性较强的《丹溪医案》和《丹溪心法》。此外，仅从丹溪及其弟子传记所不能看到的是，朱丹溪教医并不只是句读医书，也携带弟子一起治疗病人，比如浙东判官张某生病，丹溪把脉之后，认为病人"内劳其真，外劳其形"，非专藉药可疗，"因属其高第弟子贾君思诚留以护治之"。弟子们也许还在朱丹溪所开的药店工作，从丹溪训子的《医家十要》可见其药店中至少雇有郎中、磨作这两种工徒。

其实与朱丹溪同时代的其他士人，也不一定同意宋濂读"三世"书医者最优秀的观点。比如江西李存将自己失败的行医经历归咎于儒者出身，虽然跟老师读过医经和各家医书，但仍对医学"不专"，误诊许多病人。但是，在"儒医"越来越强势的历史潮流中，宋濂的看法压倒了反对的声音。朱丹溪儒、侠、医的多重形象及成功的行医经历，被简化归类为"儒医"读"三世"书的高明。与儒有关的特质成为评论医者能力高下的标准，医史呈现医者的方式也变得和道统类似。以坚持共同的丹溪理念为出发点的丹溪流派，也在 15 世纪中期以后逐渐形成，相对公开地撰写、出版以丹溪为名的文本逐渐成为比附丹溪最重要的方式，取代了相对秘密地在固定师徒网络中传承丹溪知识的方式。

"中医学术流派的历史影响和公认度往往建立在临床行之有效或在某个时期、地域行之有效的基础上"①，在 15 世纪，于太医院显赫一时的以戴思恭、赵良仁、王宾为主线的师徒传承脉络逐渐模糊消失。与此同时，以丹溪为名的文本生产却大量出现。譬如景泰以后涌现出多种版本的《丹溪心法》。然而这些文本的作者是谁，并不能简单地论断。首先，朱丹溪名下的著作庞大而繁杂，时间上最接近朱丹溪的宋濂、戴良记载，朱丹溪的生平医著仅有下列诸种："先生所著书，有《宋论》一卷，《格致余论》若干卷，《局方发挥》若干卷，《伤寒论辨》若干卷，《外科精要发挥》若干卷，《本草衍义补遗》若干卷，《风水问答》若干卷，凡七种，微文奥义，多发前人之所未明。"②

所以，现今所流传以及明清目录所著录的丹溪著作，绝大部分都是在朱丹溪去世后才出现的。早期出现的著作《丹溪医案》和《丹溪药要》，据说是戴思恭、赵良仁这两位入室弟子在丹溪门下的学医笔记。相对于朱丹溪生前所著《格致》《局方》二作，这两种医著比较倾向于实用治疗。《丹溪医案》分门别类地记录了一些治病医案，绝少议论医理。《丹溪药要》虽亡佚不可见，但从存序可见其侧重于用药之法。此二书一度成为元末明初江南医者争睹的对象，但可获阅读者十分有限，仅限于前述所分析的丹溪师徒网络之中。也就是说，元末明初与丹溪有关的文本主要依赖从戴思恭等人一脉相承的相对封闭的网络来传播。

15 世纪中期以后涌现出多种版本的《丹溪心法》。书名均冠"丹溪心

---

① 瞿涛等：《中医学术流派发展经验对中医传承的启示》，《中医杂志》2019 年第 5 期。
② 朱丹溪：《丹溪心法》，田思胜校，中国中医药出版社 2008 年版，第 81 页。

法"字样，编排疾病的方式与戴思恭所编《金匮钩玄》类似，但各个版本的修订者均不同，社会背景各异，疾病条目下具体内容也有差异。这些修订者及其出版者们不再局限于戴思恭、王宾等人的师徒网络，出版地域也超出江南。景泰年间《丹溪心法类集》出版于陕西，修订者是陕西杨珣；成化年间《重订丹溪先生心法》，修订者为新安程充，出版者为程充族人；《丹溪先生纂要》的修订者东阳卢和，因为东阳与义乌接近，明代同属金华府，所以卢和的伯父有机会搜集乡间丹溪遗著，成为卢和著述的基础，由卢和族侄出版。总之，这些修订者和以戴思恭、赵良仁为核心的师徒网络没有关系，也没有自称是丹溪弟子，接触丹溪和出版医书的方式也相对公开。与丹溪师徒网络的疏离也体现在这些《丹溪心法》的修订编纂原则中。程充在自序中批评了在陕西和四川出现的前两种《丹溪心法》附杂许多并非丹溪的议论，质疑它们与丹溪本来意义的一致性。但是他修正的方式并不是寻找正宗的丹溪传人秘授真法，而是用金元医家李杲、罗天益以及戴思恭、刘纯的医书来校正《心法》。程充相信朱丹溪和金元医家思想的连贯性，认为其表现于文本中。所以，他并没有像朱丹溪一样旅行各处寻找正宗传人的指教，也不像王宾一样从丹溪弟子处取览朱丹溪医案，而是直接找来刘完素、李杲等金元医著以及早期丹溪弟子戴思恭、刘纯的医著来校正陕、蜀《丹溪心法》的谬误。卢和甚至批评戴思恭《金匮钩玄》过于率略，进一步质疑从单一丹溪弟子秘传接近真正丹溪思想的可能性。16世纪方广修订《丹溪心法》，甚至将同时代自称丹溪弟子的王纶也列入参校文本之列。在这三位作者中，程充的作品最受欢迎，明代著名的刻书家吴勉学在出版《古今医统正脉全书》之时选择收入程充的《丹溪心法》，后来南京、建阳的商业书坊均选择重刊刻此版本。

在医书撰写中比起直接在朱丹溪门下就学的弟子，16世纪的医者似乎更加了解丹溪的医学宗旨。譬如后者更加频繁地引用丹溪以极力厘清丹溪的思想。楼英《医学纲目》广征博引历代医家，并不限定以朱丹溪为唯一标准，甚至有些章节完全没有提及丹溪。然而，虞抟《医学正传》却几乎在讨论每一疾病门类的开始都要征引丹溪的病因分析和治法。王纶《明医杂著》更宣称已成功地将朱丹溪"阳有余而阴不足"论述应用至治疗实践中。他总结丹溪治病原则就是针对"气、血、痰"，并宣称以单一"补阴丸"治丹溪所论的"阴虚"。距离朱丹溪时代较近的丹溪弟子，反而没有人提出像王纶这么过于简单化的丹溪思想总结。这种整合从刘完素到朱丹溪的金元医学知识体系的努力，在 15 世纪中期以后达到尖峰，表现为大量依附丹溪的文本出版。此时，宣称自己是丹溪传人的方式，并不是比附苏州城和明初太医院的医者网络，而是转化为从文本考订真正的丹溪医学思想。

## 第四节　儒医文脉在金元之际的流变与演进

从《四库全书》编纂至中医学术史学界，对朱丹溪的研究不胜枚举。文章致力将朱丹溪置入历史和地方社会语境，呈现古代江南地方社会中一个拥有儒、医多面形象的朱丹溪上升为明清后世儒医偶像的历史过程。在史家宋濂的笔下，朱丹溪一方面表现为致力探索医学，另一方面则积极主导建立家族祠堂以及确立祭祖礼仪，其社会影响力远超一般医者甚至儒者，朱丹溪在特定的理学传统中的熏陶，使其作为儒医的形象更易为明代以后的主流社会所接受。

至明初，朱丹溪的弟子们形成了从江南到明朝太医院的世代师徒网络，可是这些医者虽然宣称授受传承丹溪的知识，却没有形成牢固的学术共同体，也没有提出一致的医学理念原则。声称认同同一医学理念的流派面貌，只是表现在 15 世纪中期以后，以厘清"真正"的丹溪知识及医学系谱为目标的文本生产。不断在书坊涌现的《丹溪心法》修订者们似乎不迷信丹溪入室弟子的文本，同时也不排斥当时医者对丹溪文本的新阐释。总体修订原则就是从他们所认为的与朱丹溪医学思想有关联的文本中折中归纳属于"丹溪"的知识。这种通过相关文本之间的"互文"参校来呈现丹溪本真思想的努力，实质上都在文本中确立了从刘完素到朱丹溪医学传承的知识价值，此种努力不仅改变了封闭式传授知识的丹溪师徒群体性质，而且在文本中建立了一定的知识系谱，形成了后世所认可的流派面貌。一种坚持共同医学理念的流派文脉，就在这种"互文"风格的文本撰写中予以源远流长地彰显出来。

古代江南地域中的中医流派是中国医学学术史发展历程的基石之一，中医流派大家所提出的医学主张不断地被后代医者所推崇，中医流派的价值理念也随之迸发新的火花，江南地域的中医文脉传承也由此更加夯实绚丽。本节致力于探究朱丹溪在江南地域彰显的儒医角色，同时考察丹溪传人的医学群体从师承关系、隐性知识构建江南儒医体系的文脉基础，以此显现前代的医者模糊网络在江南中医流派中所产生的知识文本重构，重构后的鲜明流派风格则提升、促进了明清医学的文脉承传与知识演进。

# 第六章　明代儒医学术流派的
## 方药之理与文化之义

## 第一节　儒医方药观的文化基点初探

医学论述所呈现的身体差别往往与不同社会中的男女角色分工有密切关联，学界对中国古代医学的性别、身体与疾病的研究成果丰硕，其中探讨女性身体的特点和妇科医学的发展也不在少数。孙思邈《千金方》指出女性胎产功能、生理结构和性格特质的三方面的特性，强调女性为众阴所集，为妇科医学的成立提供理论依据；陈自明阐明了男精女血的诊治原则，强调女性以血为本的身体特质。明清时期的医学界淡化了女性以血为本的身体观，转向《内经》阴阳同体原则的回归，妇科所含括的疾病范围缩小，只限于产育相关的疾病。随后，吴一立梳理了明清的妇科医学发展，认为明清医生处理女性病更倾向强调男女身体的一致性。在明清身体观向阴阳同体的《内经》身体观回归过程中，儒医朱丹溪"阳有余而阴不足"的身体观是重要的里程碑。相较陈自明"女性以血为本"的妇科原则，在朱丹溪的身体观中，女性身体的特性被降低，血阴不足被视为男女老少均可能出现的状态。女性身体的特殊性往往只出现在产前、产后时期，其余均可与男体视作同一类别。文中试图以"阳有余而阴不足"身体观笼罩之下出现并流行的补阴丸为研究主轴，通过挖掘补阴丸的方药流行史，既揭示丹溪学派在明代的广泛影响，也反映了自元朝至明代性别身体观的曲折转变过程。

对明代医家而言，最为耳熟能详的疗法为补阴丸。这种药方自元末始出现，最初出于儒医朱丹溪名下弟子的文本中，并随着"丹溪学派"的崛起而被广泛征引。同时，补阴丸也频繁地出现在医者个人论著、方书、医案等文体中。与许多其他明清医书中的药方一样，补阴丸并不固定地与单一疾病类型对应，在医书分类中散布于虚损、虚劳、火证、阴病等门下，并常常与发热、咳嗽、吐血、腰痛等症状联系在一起。它的成分与用量也不固定，取决于医者依病人的具体病况而有所加减，在补阴丸的各种变体药方中，基本不变的成分包括龟甲、熟地黄、黄柏、知母。有趣的是，依照医学经典《本草纲目》的记载，这几种动植物成分各自都具有对应的泻火、补阴的功效。补阴丸作为一种常用药方的名字，又附属为"丹溪学派"的经典药方，它的流行契合了金元以后医学思想对作为生理与病理的火的重视。然而，从朱丹溪广为人知的"阳有余而阴不足"抽象身体观到一个号称针对具体病症的药方，其中经历怎样的历史过程？由怎样的历史行动者推动？其次，在众声喧哗的明清医学文本中，补阴丸也引发了医者之间的辩论，在何类病者及何种病况之下使用补阴丸成为辩论的主题。推崇者将补阴丸归为理所当然的"滋阴降火"之药，《古今医统大全》推荐其作为滋阴和求子良方，"故虽无恙，而亦可以常服矣"[1]。士人医者王纶将补阴丸视作自少至老不可或缺的滋补良方。而贬斥补阴丸的声音也绵延不绝，尤见于明代中期兴起的医案文体中。这些医案偏重于表达者个人意见、展现医者诊病配方技艺和实践经历，充斥了明后期医者批评世人滥用补阴丸的声音。

14—15 世纪之间，来自江南婺州的朱丹溪从一个拥有侠、儒、医多

---

① 　徐春甫：《古今医统大全》，人民卫生出版社 1991 年版，第 79 页。

面形象的地方士人上升为儒医"丹溪学派"的始祖。其中，朱丹溪对主宰男女身体生长和繁育力的"阴气"论述，被视作"丹溪学派"的核心学说："人受天地之气以生，天之阳气为气，地之阴气为血，故气常有余，血常不足。……古人必近三十、二十而后嫁娶，可见阴气之难于成，而古人之善于摄养也"①。此段论述被冠以"阳有余而阴不足"之名，在明代医者中广为传颂。朱丹溪认为，决定人体繁育力的阴气有限且易损，除去年纪增长的消耗，阴气的过度损耗来自于"相火妄动"。"相火"是朱丹溪"阳有余而阴不足"身体观中的核心概念，此词并非朱氏首创，《内经》即已提及"相火"及与之相对的"君火"。以"相火"与脏腑配对亦非朱丹溪的首创，宋人陈言即以"足少阳胆"和"手少阳三焦"配"相火"。然而，朱丹溪的创新之处在于他应用宋代程朱理学的宇宙观整合、重塑医学学说，尤其是移用理学经典文本——朱熹所释周敦颐的《太极图说》中的太极、阴阳观念来作为理解"相火""君火"关系的概念工具。周敦颐提到的"太极动而生阳，动极而静，静而生阴，……阳变阴合，而生水、火、木、金、土"②，这是为万物之始的宇宙观论述，朱熹将之解释为伦理道德学说："太极只是个极好至善的道理，人人有一太极，物物有一太极"③。医者朱丹溪则将这套理论应用于疾病的论述，最核心之处就是赋予"火"双重性质，既是驱动宇宙与生命的活力，又是身体元气之敌和疾病的诱因。火分为两类，"惟火有二：曰君火，人火也；曰相火，天火也"④，"相火"最易妄动，一旦失控则令病者阴虚则病，阴绝则死。

毫无疑问，朱丹溪对火的重新诠释扭转了《内经》原本的意义。《内经》六气"风、寒、暑、湿、燥、火"之中的火，一般指外在的火热邪气。但

---

① 朱震亨：《格致余论》，天津科学技术出版社 2000 年版，第 8 页。
② 周敦颐：《太极图说》，上海古籍出版社 1992 年版，第 41 页。
③ 朱熹：《朱子语类》，山东友谊出版社 1993 年版，第 275 页。
④ 朱震亨：《格致余论》，天津科学技术出版社 2000 年版，第 10 页。

在朱丹溪的医学身体观中，火内化为人体的生理和病理之火，此变化对明代医学影响甚广。比如 16 世纪的巨著《本草纲目》的药物分类，独创"火部"药，并在介绍本草之前，分别论述"阴火"与"阳火"的性质。作为医者，朱丹溪不仅重视阐释作为控制身体机制的"相火"，亦注重如何摄养"相火"，以及如何利用药物来控制妄动的"相火"。"相火"为何从生命动力变为疾病诱因？在朱丹溪看来，"相火妄动"的关键源头在于心："心，君火也，为物所感则易动，心动则相火亦动，动则精自走，相火翕然而起，虽不交会，亦暗流而疏泄矣。所以圣贤只是教人收心养心，其旨深矣"①。"心"是宋明理学中重要的概念。朱丹溪身体哲学中的"心"与"相火"有类似的辩证性质，"相火"既为生命动力又为疾病诱因，而"心"既是道德与理性的基础，也是欲望与情感的源泉。在医学语境中，"心"既不是抽象的心灵，亦非与肉体对立的精神，而是"身"的基础，与"身"有千丝万缕的联系。朱丹溪"心动则相火动"的阐释，将对个人生命健康的养生紧密连接至个人内在道德的修养，有意识地融合医学、养生与理学道德修养。也就是说，不能够按照标准实践理学的道德要求，不只关乎伦理的问题，而且直接影响每个个体的身体健康。因此，相比朱熹理学围绕"心"而论述道德与理性的倾向，《格致物论》中对"心"的阐述框架又更注重"心"失去控制、产生欲望与情感之后对"身"产生的疾病威胁——这就是明清医者耳熟能详的虚劳，摄养"相火"的首要途径，就是节制"心"所产生的欲望与情感。如朱丹溪提出，某些月份需要节制饮食及色欲，否则会生温热之病："古人于夏，必独宿而淡味，兢兢业业于爱护也。保养金水二脏，正嫌火土之旺尔"②。《内经》曰："冬不藏精者，春必病温。十月属亥，十一月属子，正火气潜伏闭藏，以养其本然之真，而为来春发生

---

① 朱震亨：《格致余论》，天津科学技术出版社 2000 年版，第 26 页。
② 同上书，第 24 页。

升动之本。若于此时恣嗜欲以戕贼，至春升之际，下无根本，阳气轻浮，必有温热之病"①。作为医者，朱丹溪控制"相火妄动"的另一途径是本草药物。在用药治疗准则上，朱震亨主要针对宋代惠民药局所颁布的《太平惠民和剂局方》，批评其好用辛香热燥之剂、以火济火的基本原则。他主张以辛凉、辛温之药来补养阴血，所以，在医疗实践中，朱丹溪常常对成方进行加减变化，或者自创方剂，以实行"补阴"、制"相火"之法。补阴丸即为朱丹溪及其弟子所创方剂之一。

朱丹溪的弟子颇有承传特色，14—15 世纪，他们之间形成了世代延绵的师徒网络，地理分布上亦从婺州、江南扩散至全国，许多人甚至进入太医院供职。如朱丹溪的入门弟子戴思恭，他从婺州迁徙至苏州行医之后，不但名公巨卿争相请行医，而且苏州医者也纷纷拜其门下，冀求学习丹溪的医学真传。明朝建立以后戴思恭入太医院供职二十余年，终于太医院使致仕。补阴丸最早出现的文本就是戴思恭所著的《丹溪先生金匮钩玄》："腰痛，湿热，肾虚，淤血。脉涩者淤血，用补阴丸中加桃仁、红花"②。从此段文字可得知戴思恭用补阴丸治瘀血引起的腰痛。戴思恭在书中并没有明示补阴丸的详细配方及炮制方法，但这恰恰与当时丹溪弟子之间关系为封闭师徒网络的性质吻合。知识和技艺以口耳相传的形式在师徒之间传授，无需将详细配方写入文本。稍晚于戴思恭的丹溪弟子刘纯在其所著《玉机微义》中亦载补阴丸，列于"虚损门"的"补血之剂"下，号称可以"降阴火补肾水"。刘纯的记载与《金匮钩玄》相似之处同样将补阴丸归属于与血有关的药物，但刘氏更为详尽地记载了补阴丸的配方，包括"黄柏、知母、熟地黄、白芍、陈皮、牛膝、锁阳、当归、虎骨等"③。同时简要列举了分量和制法。与补阴丸同属"补血之剂"的还有丹溪大补丸，成分相

---

① 龙伯坚、龙式昭：《黄帝内经集解》，天津科学技术出版社 2004 年版，第 103 页。

② 戴元礼：《丹溪先生金匮钩玄》，中华书局 1991 年版，第 50 页。

③ 刘纯：《玉机微义》，上海古籍出版社 1991 年版，第 269 页。

对简单，仅包括黄柏、知母、熟地黄和败龟板。

值得注意的是，刘纯《玉机微义》"虚损门"中几乎原封不动地引用了朱丹溪的阳有余阴不足论点，却冠名为"论虚为阴气不足"。刘在按语中指出因起居不时、七情六欲而导致的"虚"多在阴耳，但世俗不审此理，往往补阳。朱丹溪原本对"阳有余而阴不足"的论述偏向抽象，并没有涉及具体的病症或者治疗方药。刘纯的改动则将"虚损"归结为"阳有余而阴不足"的病症，并提出补阴丸、丹溪大补丸为对症"降阴火补肾水"的药方，使朱丹溪的论述更加贴近日常看症施药的医疗实践。然而，刘纯并没有因为详细记载补阴丸而在明代医者圈中名声大噪，原因可能与其人生际遇有关。刘纯是吴陵（今江苏泰州）人，自其父刘叔洲习得丹溪医术，后随军迁徙至陕西、甘肃一带，在江南医学界影响不甚广泛。

## 第二节　明代江南士人群体的方药辨证观与流派承传

从朱丹溪所建构的"相火"理论，至名为补阴丸的药物成为治疗发热、劳疾、吐血的"丹溪方"，这个历史过程中的核心人物朱丹溪与王纶，都难以称为纯粹的医者，亦未在地方志或其他史志中被归为医者。在著名的"相火"隐喻和补阴丸的发明历史中，朱丹溪立论的基础展现了儒家的道德考虑，甚至药物的本草特性也相应地被新兴医学理论改写了。明代医者对补阴丸方药观的看法反应如何？借助王纶的士人威望与太医院名医薛己的注解，《明医杂著》的阅读接受范围相当广泛。不仅朱丹溪、王纶对阴虚发热、阴虚劳疾的阐述成为流行的诊断指南，补阴丸也因此而名声大噪。如果要考察16世纪以后丹溪学派的演变，相对于考察丹溪"阴虚""相火"等抽象概念对个体医者的影响，观察医学界对补阴丸的反应更切实可行。其中，医案特别与医学实践贴近，在以古代经典为基准、不断注解古典的明清医学传统中，医案更能体现医者对特殊时空下疾病与身体的考虑。

徐春甫的《古今医统大全》中，补阴丸频繁出现于"虚损门""劳疾门"，它不只是体虚者的良药，更是增强男性生殖力的妙方。徐春甫引用朱丹溪和王纶观点来阐述"补阴"之药适合普通人长期服用："丹溪曰因火而成疾者，十有八九；不因火而成疾者，百无一二。故夫火乃无根之物，人之一身五脏六腑无所不有，惟阴盛可以制伏之。……治法责其无水，当以补阴之剂，与夫养血调中，滋阴降火之属"①。补阴丸为何成为求子方，而且只针对男性？在中国古代传统中，求子方一般是以调理女性的身体为中心，但明代求子药方同时强调男性身体对于无子的责任。此趋势与朱丹溪也有一定关联，如流行的求子书万全所撰的《广嗣纪要》声称"丹溪云无子之因，多起于父气之不足，岂可归罪于母血之虚寒"②，强调求嗣的首要任务是调养男性身体。若男子精气不足，肾虚精滑，精冷精清皆可导致夫妇不育，不可苛责女性一方。被赋予养生、求子、治病多重意义的补阴丸在明代后期十分流行，许多士人长期服用，连万历年间河北出版的通书《便民图纂》都收入此方。然而，16、17世纪的许多医者亦严厉批评医界滥用、士人滥服补阴丸的风气。如李时珍《本草纲目》对补阴丸主要成分知母、黄柏的记载印证了明代士人长期服食补阴丸的风气："古书言知母佐黄，滥阴降火，……近时虑损及纵欲求嗣之人，用补阴药，往往此二味为君，日日服耳。降令太过，脾胃受伤，真阳暗损，精气不暖。盖不知此物苦寒而滑渗，且苦味久服，有反从火化之害"③。与《古今医统大全》赞成的态度不同，李时珍对士人以求嗣为名服食补阴丸持保留的态度。他认为过度服用补阴丸，可能会损伤脾胃和真阳，引起其他更严重的疾病。同

---

① 徐春甫：《古今医统大全》，人民卫生出版社1991年版，第740页。

② 万全：《广嗣纪要》，上海科学技术出版社2000年版，第75页。

③ 李时珍：《本草纲目》，黄山书社2005年版，第306页。

样，宫廷名医龚廷贤认为虚损及超过 50 岁之人服用补阴丸，妨害阳气的生长："世俗补阴丸，以知母、黄柏为主者，但可施于壮盛人纵欲、相火之多者可矣，若虚损、精血不足之证已成者，及五十岁外人服之，则元阳精气，何由而生"①。17 世纪初黄承昊长期记载其养生、疾病与医疗的一手报告《折肱漫录》中声称，"以丹溪四物汤加黄柏、知母治疗劳损，往往脾败，以致不救"②。

此外，明代医界多数集中批评补阴丸过于寒凉，表现出与丹溪学派相悖的用药倾向。首先，《明医杂著》的注释者薛己即对王纶以补阴丸治阴虚症略有微词，他指出"阴虚"为脾肺肾经的问题，"当用六味地黄丸为主，以补中益气汤调理脾胃"，若误用黄柏、知母之类，则复伤脾胃，饮食日少，诸脏愈虚，元气下陷，腹痛作泻，则不可救矣③。来自徽州的两位医者，汪机和孙一奎集中批评王纶对补阴丸的过度推崇，并提倡以人参、黄芪来补阴。汪机所著《石山医案》和孙一奎所著《赤水玄珠》，二者均为明中期医案文体的代表。汪机不认同王氏将发热、出血等症状一味诊断为"阴虚"的做法，批评王不用人参、黄芪，专用寒凉的补阴丸，"凡百诸病，一切主于阴虚，而于甘温助阳之药一毫不敢轻用，岂理也哉"④。汪机认为人参、黄芪味甘生血，具有既补阳又补阴的作用，不应当被排斥。同样，孙一奎据长期在江南行医的观察，士人喜自服补阴丸以补虚损，而江浙医者不管病人有任何情况，一旦发现有虚弱发热的状况，就立刻诊断为"阴虚"，开出"滋阴降火"的疗法："自丹溪倡阳有余阴不足及相火易动之论，而《明医杂著》和之，《统旨》、《大旨》又和之，故今之人，才见虚弱发热，一委之阴虚火动，开场便用滋阴降火，不分阳虚阴虚……此弊吴浙间尤罹

---

① 龚廷贤：《万病回春》，中国中医药出版社 1998 年版，第 416 页
② 黄承昊：《折肱漫录》，中国中医药出版社 2016 年版，第 181 页。
③ 王纶：《明医杂著》，人民卫生出版社 1995 年版，第 121 页。
④ 汪机：《石山医案》，安徽科学技术出版社 1993 年版，第 56 页。

其毒。盖王节斋、吴莈山、何大英皆渐产，益易见信故耳"①。孙一奎的观点接近汪机，认为滥用补阴丸而放弃人参、黄芪是错误的。17世纪的医家赵献可和张介宾则从医理角度批评补阴丸。赵献可修正了丹溪的"相火"理论，声称"相火"是"水中之火，龙电之火"，"黄柏苦寒之药"不能减龙雷之火，反而会令其更加猛烈，只有用桂枝、附子等温补"天真之火"的热药，才能降伏引妄动之"相火"归返原位。张介宾则对"相火"及"阳有余阴不足"均有异议，朱丹溪认为阴气是主宰精、血的根本，而张却提出"凡精血之生皆为阳，气得阳则生，失阳则死"②。其认为阳气比阴气更加重要，否认了丹溪身体观所预设的前提，以黄柏、知母为主要成分的丹溪大补丸、滋阴丸，不仅失去了日常服用以养阴的意义，而且变成戕害阳气的罪魁祸首。

　　自薛己开始批评补阴丸过于苦寒，至张介宾、赵献可直接质疑"阳有余而阴不足"说，这些医家通常被归类为与"丹溪学派"学术意见相左的"温补学派"。"温补学派"集中于用药角度批评"丹溪学派"的补阴手法，"半通医理"的士人自行服食补阴丸更是需要指责的行为，这些批评在晚明医界影响甚广，甚至改写了晚明补阴丸的配方，万历年间的通书《便民图纂》所录补阴丸方，在刘纯基础上加入了人参、黄芪等温补药物。明末出版的简明成方选《穷乡便方》甚至去除了黄柏、知母、龟甲等招牌补阴成分，反以人参、白术为主。然而，无论是补阴还是温补，这些所谓的争论并非明代的新鲜事，朱丹溪对宋代《和剂局方》以及宋人好用香热药的批评，其实基于同一逻辑。而且，无论如何补养，男性士人需要补身之虚几乎是明代医家公认的事实。对于士人身虚的来源，宫廷名医龚廷贤《寿世保元》总结"坎离丸"功效的论述较为贴切："治灯窗读书辛苦，学问易忘，士大

---

① 孙一奎：《赤水玄珠》，中国中医药出版社1996年版，第140页。
② 张介宾：《景岳全书》，人民卫生出版社2007年版，第553页。

夫勤政劳心，精神昏倦，妙不可言。思虑房欲，人为所累，思虑过度，心血耗散，房欲失节，肾水枯卒，肾水一虚，心火即炽，酿成劳疾"①。

约15世纪中后期，士人出身的医者王纶和他所推广使用的补阴丸进入了明代医家的视界，并因此而留名于医学史中。王纶，字汝言，号节斋，浙江慈溪人。成化二十年（1484）中进士，曾任工部都水主事、礼部仪制郎中、广东参政等职，终于右副都御史巡抚湖广之任，现存医著有《本草集要》和《明医杂著》。以明清的仕途标准，王纶32岁中进士，是科考制度的胜利者，绝非落榜多年、仕途不顺以医为生的形象。与朱丹溪类似，王纶在家乡慈溪县的地方志中，从来没有被放入医者之归类，而是在"名臣"之中。王纶的仕途后期经历了明代宦官专权的高峰，但其勤勉于纾解民困，并督兵平定广东一带的地方动乱，是一位有武功业绩的士人官僚。王纶的社会地位远远超过了寂寂无闻的随军医者刘纯，补阴丸也因他的提倡而广为人知。

御医薛己曾于1549年注释并出版《明医杂著》，据薛所作序文，王纶为秀才时已开始行医，但薛并未提及医技由何处学来。医史称王纶学宗丹溪，可是却看不到王纶与戴思恭等丹溪弟子有任何师承关联，那么王纶为何被后世医史归为丹溪弟子？这主要是因为王纶所撰《明医杂著》、《本草集要》宗旨十分贴近丹溪的学说。比如《本草集要》中提到："取本草常用药品，及洁古、东垣、丹溪所论序例，略节为八卷，别无增益，斤斤泥古者也"②。《明医杂著》也是截取朱丹溪等金元诸家的医说来统合解释某些疾病症状，王纶撰写文本的这种倾向，契合了15世纪左右医学界从文本整合金元知识体系的潮流。15世纪以后的"丹溪学派"，基本上是一个拥有共同医学理念、以文本撰写为特征的医学宗派，藉由明代书籍出版业

---

① 龚廷贤：《寿世保元》，上海科学技术出版社1959年版，第239页。

② 王纶：《本草集要》，上海古籍出版社1996年版，第403页。

的普及，不断生产标有丹溪名号的知识，所以王纶理所当然就被视作"丹溪学派"成员之一。

《明医杂著》所截取的"丹溪学说"，正是朱丹溪最有名、曾被刘纯转载的"阳有余而阴不足"论点："人之一身，阴常不足，阳常有余。……但世之人，火旺致病者，十居八九。火衰成疾者，百无二三。且少年肾水正旺，似不必补，然欲心正燃，妄用太过。至于中年，欲心虽诚，然少年斫丧既多，焉得复实；及至老年，天真渐绝，只有孤阳。故补阴之药，自少至老不可缺也"①。《格致余论》复杂、抽象而晦涩的"阳有余而阴不足"身体表述被王纶简洁地转评为实用的诊断、诊治的语言，欲心过旺、精血不足引起"相火"过正，对应症状为咳嗽、吐血、脚软无力、畏寒、眼目昏暗等。在另一段"发热"症状的论述中，王纶指出除了张仲景"外感伤寒"、刘完素"天行瘟疫"与李杲"饮食内伤"等类型以外，还有一种主要类型是内伤真阴，阴血既伤，则阳气偏盛而变为火所引起的热病，"是谓阴虚火旺劳瘵之症，故丹溪发阳有余阴不足之论"②。王纶极力将朱丹溪"阴不足"转化为独立于"伤寒""瘟疫"的疾病类型，并详细列举相关症状。与朱丹溪首先强调修身不同，王纶认为对付相火妄动最重要的是自少至老服用补阴之药。补阴丸即为王纶推崇的对症补阴方药，并详述制方如下："黄柏（去皮，酒拌，炒褐色）、知母（去皮毛，酒拌，炒，忌铁）、败龟板（酥炙透）各三两，锁阳（酥炙干）、枸杞子各二两，熟地黄（酒拌蒸，忌铁）五两，五味子一两，白芍药（酒炒）、天门冬（去心）各二两，干姜（炒紫色）三钱，寒月加至五钱。上为末，入炼蜜及猪脊髓三条，和药末杵匀，丸铜子大，每服八九十丸，空腹淡盐汤送下，寒月可用温酒下"③。王纶此方与刘纯补阴丸和丹溪大补丸配方均有差异，刘、王二人之

---

① 王纶：《明医杂著》，人民卫生出版社1995年版，第83页。

② 同上书，第157页。

③ 同上书，第206页。

后亦涌现出不同的补阴丸配方，偶尔名称也稍有改变，比如《古今医统大全》所记载大补阴丸与刘纯的丹溪大补丸配方雷同；而补阴丸的成分虽与刘纯补阴丸一致，但分量略有差别。万历年间所刊通书《便民图纂》"调摄"卷亦记载补阴丸，与上述配方不同，除了黄柏、知母、熟地黄、龟甲以外，还加入人参、当归、枸杞子作为配药。上述不同版本补阴丸的共通之处是均包含黄柏、知母、熟地黄和龟甲四种本草。

据《本草纲目》的记载，上述四种本草是补阴的黄金搭档，尤其是黄柏和知母，而且其补阴的意义正好来自丹溪或者金元其他医家的新发明。朱丹溪认为"败龟板属金、水，大有补阴之功……盖龟乃阴中至阴之物，禀北方之气而生，故能补阴，治阴血不足，止血"①。张元素认为黄柏能"泻膀胱龙火"，朱丹溪认为其"走手厥阴，有泻火补阴之功"。据李时珍的综合点评，黄柏配合知母的这种组合是金元医家新发明的滋阴降火药："古书言知母佐黄柏，滋阴降火，有金水相生之义。黄柏无知母，犹水母之无虾也。盖黄柏能制膀胱、命门阴中之火，知母能清肺金，滋肾水之化源。故洁古、东垣、丹溪皆以为滋阴降火要药，上古所未言也。盖气为阳，血为阴。邪火蒸熬，则阴血渐涸，故阴虚火动之病须之"②。

上述本草入药并不始于金元时期，如龟甲曾一直被作为长寿的方药，也可治漏下赤白等女科杂病，但是它们被赋予滋阴降火的意义仅始于金元医学。龟甲长寿的意义逐渐被补阴所取代，是金元时期本草发展的新潮流。在本草学的历史上，金元时期开启了一个精致的理论传统，在宋代理学的影响下，逐渐建构了体系化的药学理论。这种理论的特点是以阴阳五行、性味厚薄、升降浮沉，以及人身法象等哲学语言来分类本草并建构本草与医学学说的对应关系。朱丹溪的本草著作《本草衍义补遗》为此时代

① 田思胜：《朱丹溪医学全书》，中国中医药出版社 2006 年版，第 326 页。
② 李时珍：《本草纲目》，人民卫生出版社 1999 年版，第 219 页。

表作之一。在这种传统中，朱丹溪的"阳有余而阴不足"身体理念重新整合了医家对本草功能的认识，将医学学说的潮流与本草撰写的传统紧密地结合在一起，许多本草被赋予独特的补阴功能，并发展出补阴丸、丹溪大补丸一类的药方。

## 第三节　儒医生命观与方药医疗史的融汇旨趣

补阴丸的流行不仅体现了医派学术意见之争和士人阶层的焦虑，而且折射了明代性别身体观的特点。在宋代陈自明"女性以血为基本"的原则下，血阴基本上指向女性身体，而精阳则指向男性身体。但是在朱丹溪的阳有余阴不足的论点中，阴气对男女老少身体的重要性等同，女性身体的独特性被降低，血阴不足被视为男女老少均可能出现的状态，无关乎性别和年龄。在"阳有余而阴不足"的身体观笼罩下，补阴是男女老少养生、疗病均需遵守的原则，宋代妇科"女性以血为基本"的原则失去其只针对女性身体的独特性。相应地，阴不足引起的"虚"，论述对象变成一个以男性为基准的身体，回归至标准《内经》身体性别论述。Carol Benedict 在其中国古代烟草疾病史的论著中指出："明代医学所关心的阳虚疾病类型为男性独有，16 世纪经全球贸易传入的烟草也被医学界视为补阳之物"[1]。

从王纶到汪机，孙一奎到赵献可，虽然在虚是阴虚还是阳虚以及如何滋养阴气上有意见之争，但毫无争议的是，他们所论述的身体原型是一个以男性为基准的身体，尤其是补阴丸在《古今医统大全》只被列入"男子经验方"，充分证明其针对男性身体的性别意涵。薛己附于《明医杂著》

---

① Carol Benedict: *Golden—silk smoke: a history of tobacco in China*, University of California Press, 2011, p.309.

的医案，也可清楚地看到 16、17 世纪医者所讨论的劳疾、虚损是基于明代男性士人的身体原型："举人陈履贤，色欲过度，孟冬发热无时，饮水不绝，痰涎上涌，遗精不止，小便淋沥。或用四物、二陈之类，胸膈不利，饮食少思，大便不实。余朝用四君子汤加熟地、当归，夕用加减八味丸，更以附子唾津调搽涌泉穴，渐愈"①。而且此身体阶层属性亦十分明显，相比贫穷阶层的男性，富裕阶层更容易产生"虚"的问题。比如明代张介宾论虚劳、劳损，凡人皆劳碌，但贫贱之劳不致病，而富贵之劳才会为身之害："劳倦不顾者，多成劳损。夫劳之于人，孰能免之，如奔走食力之夫，终日营营，而未闻其劳者，岂非劳乎？但劳有不同耳。盖贫贱之劳，作息有度，无关荣辱，习以为常，何病之有？惟安闲柔脆之辈，而苦竭心力，斯为害矣"②。贫贱之劳是指为糊口而劳碌的生活状态，而富贵之劳则指向男性士人陷于名利、诗书、疾病、游乐的生活状态。同样，17 世纪的《理虚元鉴》描述了四肢倦怠、面色淡黄、不思饮食的"软懒症"："间有膏粱之人，因房劳不节，或窃玉偷香，恐惧忧惊，或埋首芸窗，用心过度，或当风取凉，好食生冷，致风寒传染，萦而不散，乃内伤兼外感而成"③。然而引起上述种种病症的生活方式都是晚明富裕城市士人的常态，而且无论对于因为科考从政而"阴气不足""相火妄动"，还是因为色欲过度而虚，这些模式都很难对应到明清女性身体之上。虽然偶尔有医者提到女性情欲与疾病的关联，将女性作为情欲的主体，如张介宾认为女性梦寐、恍惚是因为情志失调，但从字里行间可知女性病者并不一定认同这种诊断。张介宾对归入情欲与疾病的论述，与16—17世纪江南社会对才女"情"的歌颂崇拜颇为一致，虽然承认并谈论女性的情欲，并不是现代女性主义者所理解的男女平等，也不是基于现代医

---

① 王纶：《名医杂著》，人民卫生出版社 1995 年版，第 23 页。

② 张介宾：《景岳全书》，人民卫生出版社 2007 年版，第 360 页。

③ 汪绮石：《理虚元鉴》，人民卫生出版社 1988 年版，第 47 页。

学的二元对立性别身体观。

在女性身体的虚劳论述中，经行、胎产与易怒是主要致病之因。如陈自明《妇人大全良方》列举劳疾门类时指出："前症多因经行、胎产，或饮食、起居、七情，而伤肝脾之所致。又或失于调摄，或过于攻伐而成。"①《理虚元鉴》更是将女人虚劳列为一个特殊类别，除了传统的经带胎产以外，女性的特殊来自郁抑特质，"女人虚劳，有得之郁抑伤阴者，有得之蓐劳者，有得之崩带者"②。对虚劳的论述以男性身体为基准，对女性身体的特殊考虑只源于她们的产育功能和情绪管理失当的刻板印象。以补阴丸治女性者，相对男性士人，明清医书中案例记载稀少。薛己在补阴丸条目之下附医案4条，有1条病者是女性，另劳瘵条目之下附医案13条，11条为男性，仅有2条为女性。女性服用补阴丸的原因也与男性截然不同。薛己笔下的女性或因过于勤苦导致发热、吐血、盗汗；或是年近七十、素有肝脾之病，因忧思而吐血、倦怠、燥热。汪机曾以补阴丸治一女性因气血两虚导致"常患横生逆产，七八胎矣，子皆不育"的案例，被后世医者多次转载，亦收入《名医类案》。《医学入门》用补阴丸治女性"经行犯房，及劳役过度，损伤冲任，气血俱虚"引起的崩漏。清初《胎产指南》亦以此丸治女性因"性急多怒"、"伤肝"而引起的月经不调。这些偶尔被施用补阴丸的女性病者，其罹病模式与男性劳心过度的论述完全无关，而是与经带胎产以及她们特殊的情绪模式——易怒与忧思相关。上述男女补阴丸的差异，并不是严格意义上的身体性别差异，反而它只是见证了明代医学在"火"身体观笼罩之下，男子因纵欲而渐消耗精气，而女性因肝火而产生郁怒。但是女性的肝火郁怒并不来自她的性别身体，而是来自她特定的社会环境，明代医学只是将女性的产育经历、情感和行为作为

---

① 陈自明：《妇人大全良方》，人民卫生出版社1992年版，第326页。

② 汪绮石：《理虚元鉴》，人民卫生出版社1988年版，第38页。

女性疾病的主要原因。

本节深入探源了明代江南地域丹溪学派的方药医疗史,尤其论述了补阴丸的诞生与丹溪学派所推崇的"阳有余而阴不足"的身体理念有密切的关系,背后也体现金元之间本草撰写转向与宇宙天地等抽象思想结合的趋势。然而从抽象的理念到实际的药方,其中关键角色在于精通医药的众多士人。作为士人的儒医敏锐地捕捉到补阴丸可以用来对应丹溪学派的核心学说,而后随着明代医学界对朱丹溪的推崇而日益显著,成为医学爱好者的士人群体长期服食的药物。同时,因为男性士人服食补阴丸的潮流,又使得此药丸成为明中后期医案书写中不遗余力批评的滥用药物。然而医者的分歧只是在于用药的不同取径,并没有否认对男性士人因劳心而阴虚、虚劳的诊断,明代医者对补阴丸的共同关注其实反映了这种普遍的社会焦虑。自 15 世纪以后,明代社会在政治、经济、思想各方面都发生了巨大转变,富裕的士人享受城市化、商业化带来的丰富的物质生活,同时也需要面临竞争日益激烈的科举考试压力。身处此境的理学士人更是为自己难以完成其社会责任、达到道德期许标准而忧心忡忡。与理学紧密结合的儒医,对士人身体的阴虚诊断其实就反映了当时社会价值观念与现实压力之间的张力。研究探索了方药医疗与天地思维和合的转向旨趣,同时也探求了丹溪学派及其相关疗法实质是向《黄帝内经》"阴阳同体"身体理念的回归,以此彰显出丹溪学派身体医疗史的核心理念在于疾病观、方药观、生命观的和合汇融与文化传承。

# 第七章 明代儒医的礼孝之风与尚道之源

## 第一节 明代儒医文脉的"习礼"因子溯源

儒医一词从表象来看内蕴有儒与医的两重身份。儒者本是从事教育工作的人，医者则是悬壶济世、治人疾病的人。这两个从职业性质上看似毫无关联的身份，却因时代、环境等因素改变而逐渐结合，产生出"儒医"这一新名词。儒、医的早期形态都蕴含于中华文化的基因之中，对儒医问题着墨颇多的研究学者有薛公忱、张瑞贤、李约瑟、贺圣迪、江山等。国内学者多注重从宏观层面上对儒学与传统医学、方法论等关系进行研究，但忽视了儒生群体习医的心性分析；国外学者大多研究儒医的个案问题，但这又不免陷入了单一循环的窠臼，如将儒医形态的形构仅仅归因于朝廷医学考试添加了儒学文献。儒医被指称为中国传统医学中的社群名词，首先出现于宋代周守忠所著的《历代名医蒙求》，其实追本溯源，儒医可谓遍布于中国历史的各个阶段。到了明代，儒医一词的意义与前代已有明显不同，明代儒医人数众多，著作亦多。明代儒医作为一个社会群体实为文化、心性与价值共同融汇的结果，更与明代儒生所尊崇的医礼、医孝与医道密切相关。医礼与医孝实为医道践行的核心要义，三者呈现出了医家仁术观念与儒家仁人理念相契合的儒医文脉，这种儒医文脉对于儒医经典文献的析要探赜、当下医者的孝亲文化、中医国学的时代传承着实具有辨章学术、考镜源流的重要价值。

明代儒医李梴《医学入门·儒医》中载："秦汉以后，有通经博史，修身慎行，闻人巨儒，兼通乎医"①。其文将儒医定义为博学经史，修身慎行而又兼通医术的儒者。这是当时医家自身对儒医所提出的一种看法，或可视为是对儒医所下的一个定义，但仅以此看法检视儒医似乎仍有不足之处，以下试从内涵、种类及心性三方面深度阐释儒医的"医礼"因子。

首先就内涵而言，"儒"单就字面的解释可视为信奉孔孟之道的读书人，也称为儒生，泛指传统社会中"士"这一阶层。与现代知识分子的定义不同，儒生或士不仅具备有一定程度的知识水平，还要谨守在儒家经典中所规定遵守的道德行为规范。"中国人历来把道德尺度置于第一位，无论是对历史变迁，还是技术变革，其评价都是基于道德维度"②。如有"儒有博学而不穷，笃行而不倦，幽居而不淫，上通而不困"③，"儒有可亲而不可劫也，可近而不可迫也，可杀而不可辱也"④等言行规范。一直以来儒者皆遵此为自身处世待人的标准，因此就广义而言，只要行为上具有此类"儒风"的人都可视为"儒"，这或许可视为判断是否为儒医的第一个特质。

其次就儒的种类而言，在先秦时期，儒生本是教书为业与教化人心，推行儒家的礼乐思想。于朝中或地方为官则始于汉代，隋代以后的考试仕进为官逐渐成为儒生人生目标中的重点倾向，此即"学而优则仕"。据此，儒生中又可细分为三种类型。一是"习举子业"为准备参加科举考试为官者，也可称为"士子""学子"。二是已通过科举考试取得功名，正在为官

---

① 李梴：《医学入门》，中国中医药出版社 1995 年版，第 10 页。

② 金慧等：《论"儒医"的三重境界及其启示》，《医学与哲学（A）》2015 年第 6 期。

③ 郑玄：《礼记正义》，上海古籍出版社 1990 年版，第 26 页。

④ 同上书，第 51 页。

称为"士人"。第三是经由科举出身但赋闲在乡，或已致仕退隐故居，称为"缙绅"或"乡绅"。此外，比较特别的是"处士"，是指有儒名而未仕者。上述这四种人皆可称为儒、士，这是以儒生的种类来区分，因此也可作为判断是否为儒医的第二个特质。

除内涵与种类外，如何判断医者能否称为儒医的另一特质是心性。所谓"儒心"，是指评断医者时，其医"技"的良窳诚然是决定其为良或庸的要素，但仍必须强调"心"的价值，"技"不如人，尚可用心来补足，但若是"心"不如人，则不论"技"有多精熟，亦不过是一个庸医。医者不能单是以"技"来行医，更要具有儒心才能发挥推己及人的儒家道统，以行儒家"仁、恕"之道。据载，明代医家除身份介于医与儒之间的"弃儒从医"者之外，许多医者家庭也有着"尚儒"的家风。他们习儒学，未必皆是为了求取功名，对于上述儒学义理的心羡与力行，亦是他们亲近儒学的理由之一。这类医者其实已无异于时人眼中的"儒医"，仅就思想而言，他们更称得上是士人。因此以"儒心"为本的儒医观，或许可以用来作为检视儒医"医礼"文脉的一项重要依据。

其次，就"业医""世医""尚医士人""习医""从医"诸名词的不同，在此亦一并阐释说明。从事医疗活动的人士以"医者"称之，医者之中就其身份不同而分为如下类别："业医"是指以医为职业者或是职业医者；"世医"是指累世为医者或家传世代为医者，也可以是家世业医的合称；"尚医士人"是指"儒医"一词出现后，非儒医出身而习医的士人们，但他们非以医为业。至于"习医"与"从医"则是就其个人动机来区分，自幼即习医者称"习医"，弃儒就医或转业为医者以"从医"称之。

探讨明代的儒医文脉发展，单从史料中即可发现其人数倍增于前代的特点，或许与宋代以后的儒生将从医视为科举仕途外的另一条出路有所关联。儒生愿意从医是导致儒医性质转变的一大原因，虽然医者人数多寡无法充分说明儒医性质转变的原因，但文章在此仍视为背景而说明在前。李梴的《医学入门》中共列有41位儒医，其中自东汉至唐八百余年间，载有儒医16人，约占总数的40%；从北宋到明中期的600余年间，载有儒医25位，约占60%。由此观之，似乎宋明时期儒医人数有较前增多的趋势，事实上明代的儒医人数极多，绝不仅止于书中所载之数。笔者对《图书集成·医部全录》中记载的名医进行了初步统计，可观察出明代仅名医人数就达至915人，其中兼具儒医身份者虽不能代表医者的全部，但其人数之多亦超出前代甚多，约略接近前代人数总和的两倍。

从这九百余位医者的记录中分析，发现医者从医的动机、所擅长的科目及习医的背景各有不同。据笔者统计，就从医动机来讲，有来自家学渊源、因父母疾而习医或己身病疾而习医。就医者类型而言可细分为世医、业医、儒医、弃仕从医、道医、僧医、妇医等不同的种类。各医所擅长的科目也有脉法、小儿、妇科、伤寒、疡医等区别。在915人中明确被记载为"儒医"或提到少习举业不就转而习医或致仕为官后习医者在此皆视为儒医。具备这些条件而见诸文字记载的人共有183人，约为医者总人数的1/5，这是专就史书中有无"儒医"一词所得的结果，明代儒医人数倍于前代应是毋庸置疑的。但值得注意的是，其中因科举不就转而习医者占明代儒医中的多数，似乎也显示出明代科举仕途的严苛程度未较宋代为轻，儒者转业从医者便有增加的趋势。

若继续深究医者们的家学背景，则可发现书中所载名为"世医"者亦不在少数（共697人）。这里所谓的世医指的是"家世尚医"或"家世儒学"，颇值得探讨。儒医一词自金元以后似乎带有"世业"的意味，但对于这个"世业"究竟是指士人的"家世尚医"，抑或医者的"家世儒学"，似乎无法作一明确判断。从元代史料中可知，"世业"很可能是包括前述两者，因为"儒医"一词的性质已不单纯地只代表某种身份职业，明代儒医除了具备医者身份外，也继承了金元以来"世业"的性质。如《中国医籍考》中记载为世医的胡尚礼，其父胡伦命其读岐黄之书，并告诫曰："吾家传通医，必先通儒为本，理不明，安悟诊视之奥？"①其家传通医，因儒学为通医之本，故其父告之必先通儒而后方能通医，所以似乎世医或多或少也具有儒医的性质，或有习儒之家风。因此就广义而言，世医或可视为广义的儒医之一，且明代世医及业医者多有受召入朝或考为医官而任官职，这便具有士人资格，明代世医中以太子太保、礼部尚书为医且同时任官最为显著。综合以上分析，明代儒医的定义应较宋代扩大，不能仅局限于儒医一词有无，世医或业医者虽无儒医称号，但若检视其事业发展与心性行为，广义而言仍可视为儒医群体。

　　明代儒医人数虽倍增于前代，但考诸明代医者却发现未有积极争取其自身社会地位的提升，原因之一可能是部分医者仍延续宋以前的看法，将从医视为隐逸之途。明代儒医人数之多，照理应有形成儒医群体的趋势，但明代儒医却未有如当时朝中士人般形成群体，产生群体意识，此点可能与儒家思想有所关联。汉儒贾谊曾云："古之圣人，不居朝廷，必在医卜之中。"②医卜者即为医者，言下之意，似乎颇有圣人若不能治理国家时，但求能隐世行医之意。《中国医籍考》中亦提到："谓医贱业可以藏身济人，遂隐于医。"③上述言语似乎有甘于医隐，只愿能济世救人的想法。虽然不求闻达于世也是儒家思想之一，但是隐于医卜的说法似乎也有些过于消极，无形之中或许也影响了明代儒医在争取提高自身地位时不甚积极，成为无法形成具体群体意识的原因之一。

---

① 丹波元胤：《中国医籍考》，人民卫生出版社 1956 年版，第 43 页。
② 贾谊：《贾谊文选译》，徐超、王洲明注，巴蜀书社 1991 年版，第 179 页。
③ 丹波元胤：《中国医籍考》，人民卫生出版社 1956 年版，第 745 页。

## 第二节　明代儒医文脉的"敬孝"脉络探解

　　提倡医孝是明代儒医的显著特点，孝道作为儒家最基本的道德原则，是儒家修身养性学说的基础，体现在宗法血缘关系之中。"赡养父母不仅仅意味着使父母吃饱喝足穿暖安逸，而必须在这一过程中贯之以孝的精神，即一种完全无私的奉献和尊敬。"①在中医文化源流史上，孝道对中医药的推动发展也有着十分重要的影响。《比事摘录·医孝》中提到："隋，许道幼亦因其母疾患，遍览经方，得以究极，世号名医。诫诸子曰：人子当视膳药，不知方术，岂为孝乎？……王勃尝谓：人子不可不知医。"②特别是儒医兴盛的明代，其主要表现在激发时人为尽孝道而习医，有许多士人儒生因为家中父母疾病缠身，忧虑满怀，愤而读习医书，终而成为医者。

　　"孔孟儒学中固然有杀身成仁、舍生取义、朝闻道夕死可矣等说法，但同时也有不少重视个体生命存在，重视医药卫生知识和养亲寿老方面的论述。"③儒家素来提倡"君有疾饮药，臣先尝之；亲有疾饮药，子先尝之"的伦理道德。君亲一旦染疾，臣子有如身受其苦，但如果不能深通医药，就无法"一方济之"，使君亲摆脱疾病的折磨。于是，许多人为竭尽孝道而踏上了学医之路。《医说》中除阐明病理外也列有"治病委之庸医比之不慈不孝"一条，此句原本语出宋儒程伊川之口："治病而委之庸医，比之不慈不孝"④，将父母亲人染病草率地委与医者治疗，这样的行为等于对父母亲不孝，如清代儒医徐大椿也是感家人多疾而踏上以医济世之路。

　　据《图书集成·医部全录》载，明代有部分儒医习医动机是因父母

---

① 郑晓江：《孝的伦理内蕴及现代归位》，《南昌大学学报（社会科学版）》1997 年第 4 期。
② 佚名：《比事摘录》，中华书局 1985 年版，第 72 页。
③ 徐仪明：《孔孟仁孝观与宋儒的重医倾向》，《孔子研究》2000 年第 5 期。
④ 程颢、程颐：《二程遗书》，上海古籍出版社 2000 年版，第 237 页。

久病转而习医。如明朝景泰年间的武瓛，便因其母久病，时无能疗者，叹曰："为人子不知医，不孝也"，遂攻《内经》诸书，以为其母亲治病行孝道。另如著有《医学正传》传世的虞抟，也是幼习举子业，却因母病放弃学业而改攻医学，吕复亦是"从师受经，后以母病求医，遇名医行人郑礼之，遂谨事之"而从医，另外叶以然也是"以母病久，遍请诸名医，因尽得其术"。透过求医治亲的过程，累积医学知识后反而成为医者。还有著有《筠石集》的张祉，幼习举子业，后因继母疾不愈，遂弃所学，遍访名医，传针灸之法。明御史葛萱七世孙葛方覃亦是"事继母晏，以孝闻。晏病，方覃亲尝汤药，衣不解带者月余，因叹曰：'为人子者，不可不知医，遂学医'。"以上所举诸人例证，说明为求疾病缠身的父母能早日愈病，间接地促使为人子的儒者转而习医以尽孝道，甚至不惜放弃功名之途。另外或许也可解释说明一点，即使到了明代，中国整体医疗环境似乎仍不够完善，在医疗环境不健全的情况下，习医以自疗似乎成为推动儒者习医的动机之一。

但孝养里的愚昧观念在一定程度上也对中医的发展产生了负面影响，主要表现在中医解剖学上。儒者欲尽孝道，先要保养自身，儒家的孝除了讲究敬养父母外，还要求子女要谨慎保全自身的身体。因为"身体发肤，受之父母，不敢毁伤，孝之始也"[1]；"父母全而生之，子全而归之，可谓孝矣。不亏其体，不辱其身，可谓全矣"[2]。儒学的孝道虽然强调了人与人之间的关系，增强了人们的养生意识，促进了医学的发展，但解剖学需要研究人体，必须直接毁伤他人尸体，而古代孝道要求谨慎保全父母和自身之体，儒家"恕"的观点在一定程度上又要求己所不欲，勿施于人。这些观念使多数医者不敢毁伤自身之体，也不敢毁伤他人的尸体。明代儒医所

---

① 《孝经》，顾迁注译，中州古籍出版社 2012 年版，第 17 页。

② 方向东：《大戴礼记汇校集解》，中华书局 2008 年版，第 512 页。

遵循的孝道观在某种程度上阻碍了他们自身在中医学术中的发展，使明代医学未能在如解剖学等临床医学上有所进展。

儒医兴起的涵义起初仅为职业性质取向，后来逐渐转变为代表从医人士的特殊身份。至金元之际，儒医意义已有所转化，儒医一词已成为此一职业中特殊的身份代表。其性质在宋代以后，已不单纯地只代表某种身份，也包含"世业"的性质。明代儒医除医者身份外，也继承金元以来"世业"的性质。此外，儒医进一步成为医家所自我认同的形态代名词。在性质的转变上，表现为在思想上理解并接受儒家思想，行为上遵行儒家孔孟圣贤之道，又以儒家道德规范为其行为准则，具备儒心而从事医学治疗的工作者。

## 第三节　明代儒医文脉形构的"尚道"同源探解

明代儒医人数虽较前代为多，儒学与医者之间也有相当密切的影响性存在，但考究中国医学源流，其在前期的发展似在道教的渊源上较儒家为之密切。上古医者称为巫医，孔子谓："南人有言曰：人而无恒，不可以作巫医。"①上古时期医与巫并称，医术与巫祝关系密切，但当人类智识增长后，医与巫便逐渐分离，形成医以药治病与巫以祝治病的区别。但当医与巫逐渐分离之后，却有与道教紧密结合的趋势，孙思邈曾说："医方千卷，未尽其性，故有汤药焉、有针灸焉、有禁咒焉、有符印焉、有导引焉，斯之五法，皆救急之术。"不仅这些医术方法与道教有关，汤液针灸也一样。道教《太平经》中即已叙述针灸之法，采药烧制为汤液也往往与道教观念有关。随着宋代以来儒家理学思想的逐渐兴起，中国医学渐渐地受到儒学

---

① 《论语》，张燕婴注译，中华书局 2006 年版，第 93 页。

影响，并有逐渐脱离巫祝与道教影响的趋势。

如前所述，医与儒本是不同属性的职业，但后来却逐渐结合为一体，成为医家身份的代表。"医者这一职业，自宋代为之一变，从草泽铃医移转到士人身上，盖非儒医不足见重于士。"① 明代医家亦言："医为儒者之一事，不知何代而两途之？……故为儒者不可不兼夫医也，故曰：医为儒者之一事。"② 此说与"医儒同道"颇为类似。医儒同道说的提出，原本是建立在儒者治国平天下的入世观念与医者济世救人的同构形塑上，但后来又逐渐变成强调儒者的博览群书、采择众议、以资论治的权变的特点，这是因为儒者通经达变颇能符合"医者意也"顺时应变之义，医与儒逐渐有结合之势。

虽然由儒转医的人数有增加的趋势，但这并不足以充分说明士人尚医的动机，宋代儒医兴盛的原因之一在于宋代以儒学为知识背景的知识群体在数量上远超前代，儒学的入世精神促使宋代士人走上"儒体医用"的途径；宋代的物质条件有利于士人对医学知识的掌握；宋代整体卫生资源的缺陷是吸引士人掌握医学知识的动力。在此，儒者知识背景与儒体医用的入世观似乎与医儒同道的特性有些相符。探讨明代儒士从医的原因之时上述缘由仍可作为参考，与此同时，儒医兴盛的另一个重要因素可能与自宋代兴起的"尚医思想"延续有关。

欲证明上述观点，笔者试从明代医家著作进一步探讨关于"医儒同道"的见解与"尚医思想"的演变。明代儒医李梴认为："盖医出于儒，非读书明理，终是庸俗昏昧，不能疏通变化。"③ 这里指出了医源于儒，因为儒者读书且能明事理，而不读书明理，则无法疏通医理的变化。提出医家"五戒、十要"的陈实功在其十要中第一条即明言："要先明儒理，然后习

---

① 谢观：《中国医学源流论》，余永燕校，福建科学技术出版社 2003 年版，第 101 页。

② 徐春甫：《古今医统大全》，崔仲平校，人民卫生出版社 1991 年版，第 465 页。

③ 李梴：《医学入门》，金嫣莉校，中国中医药出版社 1995 年版，第 635 页。

医。"医学这门学术不仅要有技艺，更要有学理为依据，博通达变，才能对症下药，拯救生民。明代龚廷贤亦载有医家十要，其言："通儒道，儒医世宝，道理贵明，群书当考。"① 通儒道是医者极为重要之事。《明史·方伎传》言："医与天文皆世业专官，亦本周官遗意。攻其术者，要必博极古人之书，而会通其理，沈思独诣，参以考验，不为私智自用，乃足以名当世而为后学宗。"② 观察明代医者提出的这些观点，似乎说明论者认为儒者读书习字后而又能博通古今，对于复杂的医理较能领会掌握，所以明代儒医似乎颇为强调医为儒者此一概况。医为仁术，与儒道所倡相同，不必一定要当官才能完成志向，所以"医儒同道"观念似乎极易为读圣贤书的儒生所接受，或许可以说明明代士人在这样的观念中，由儒转医的人数似有较前代增多的趋势。

明代士人对医学采取尊重甚至从医的态度，是建立在其儒学思想主体之上的。明代儒医之所以抱持"医儒同道"观念，以此为出发，进而产生"尚医思想"而习医，也可说是受到宋明以来儒学兴盛所产生的结果。当前述"尚医思想"在宋代于士人间逐渐酝酿成形之后，至明代此一思想似乎已普遍存在士人心中，其能"普遍"，或许多少得力于儒、医两门学问在学术宗旨上的契合，也就是"医儒一体、医儒同道"的观念。它发自儒学的内在义理，尤其是儒学实践与现世联系的"仁"的意涵，在明代已被士人普遍接受，形成"儒主医从"的关联模式，明代士人的尚医言论，虽然有着与前代陈述角度的不同，但医学的"及人"性质，始终是其中心思想所围绕之处。

明代由于儒医人数不少，除专研于医术外也不忘著书传学后进，由此产生了许多医学著作。明代儒医常于自身著作中提出对于"医道"与

---

① 龚廷贤：《万病回春》，李秀芹校，中国中医药出版社 1998 年版，第 491 页。

② 张廷玉：《明史》，延边人民出版社 2003 年版，第 581 页。

"医者"习医的看法，从中国医学学理的产生，或从医者读书明理开始到诊断治病为止，无不触及，整理分析之后可以发现，似乎隐约有着强调"道统"意味的存在。明代龚廷贤言道："医道，古称仙道也，原为活人，今世之医，多不知此义。……以余论之，医乃生死所寄，责任匪轻，……告我同志者，当以太上好生之德为心，慎勿论贫富，均是活人。"① 以此观之，医道简言之似乎便是活人之道，医者以活人为务，但医道并非如此简单，要活人必先明医理，明代大学士商辂曾提到："医者意也……方固难于尽用，然非方则古人之心弗传……虽然方固良矣，然必熟之《素问》，以求其本。熟之《本草》，以究其用。熟之诊视，以察其证，熟之治疗，以通其变。始于用方，而终至于无俟于方，夫然后医之道成矣。"② 文中提到医者意也，此"意"是指权通应变。医者治病先始于用药方，药方是前人的经验累积，而用方下药必先读书，明医药之理并熟于诊断，待熟练后便可临床应变而无俟于方，此即谓医之道。儒医缪希雍也指出："凡为医师，当先读书；凡欲读书，当先识字。……今日儒医太医者，读书穷理，本之身心，验之事物，战战兢兢，求中于道，造次之际，罔敢或肆者也。外此则俗工耳，不可以言医矣。"③ 上述这段话似可说明医者学习过程中的求学标准，欲从医者须先读书，因识字为读书之本，理解文理对医者而言是重要的基本技能，读书穷理，以心为出发，实践于事物中，以求其道，脱离此者仅为俗工，不可称为医者。其实似也略点出"医道"这个当为医者所遵循的道统。

道统必有所源，清儒蒋廷锡曾提出如下看法："神农氏尝百草，一日而七十毒，厥后《本草》兴焉。黄帝垂衣裳而天下治，与岐伯天师，更相问难，上推天文，下穷地理，中极民瘼，《内经》自此而作矣。……扁鹊

① 龚廷贤：《万病回春》，李秀芹校，中国中医药出版社1998年版，第492页。
② 商辂：《商辂集》，孙福轩校，浙江古籍出版社2012年版，第407页。
③ 缪希雍：《神农本草经疏》，郑金生校，中医古籍出版社2002年版，第16页。

得其一二，演而述《难经》，皇甫士安次而为《甲乙》……昭代作人之功，其盛矣乎，后学知道统之自则门径不差，而医道亦可近矣。"① 上述话语提出医学道统中的经典源流即为《内经》《本草》《素问》《难经》《针灸甲乙经》等书，说明有志习医者似应以上述诸书为习医的门径，研读其基本，则医道可近。

儒医本身于著作中所提出对行医者的学识要求与做法，除了自身经验的累积与传承外，恐怕也是基于建立一套医家诊断治病的标准程序，这或许可看成明代儒医的另一项特色。如傅滋对于医者读书便提出："盖非《四书》无以穷义理之精微，非《易》无以知阴阳之消长，非《素问》无以识病，非《本草》无以识药，非《脉经》则无从诊候而知寒热虚实之证矣。"② 在此明确指出治病诊疾所需要的知识为四书及《易经》《素问》《本草》《脉经》。上述诸书中除《四书》外皆为医书，但《四书》却是通义理的关键，医者须通诸书之义，博通古今，权通达变，此即上述的医道。徐春甫亦言："夫医之为道，始于神农，阐于黄帝，按某病用某药，著有《内经》《素问》，所谓圣人坟典之书，以援民命。"③ 王纶亦言："盖医之有《内经》，犹儒道之六经，无所不备。"④ 上述话语以《内经》来比拟儒道六经，似乎都一再说明《内经》《易经》《素问》《本草》等医学主要经典，习医者必循此方明医理。

"分析医家尤其是儒医在社会生活中的地位和影响，可以从史籍检索中略见一斑。在史书中，专门设传记载医家事迹屡见不鲜"⑤。明代儒医提

---

① 蒋廷锡：《古今图书集成医部全录精华本》，余瀛鳌编选，科学出版社1998年版，第317页。

② 傅滋：《新刊医学集成》，严季澜校，中国中医药出版社2016年版，第1页。

③ 徐春甫：《古今医统大全》，崔仲平校，人民卫生出版社1991年版，第20页。

④ 王纶：《明医杂著》，沈凤阁校，人民卫生出版社1995年版，第2页。

⑤ 于浩、杨柱：《浅析"儒医"现象的类型及成因》，《河南师范大学学报（哲学社会科学版）》2009年第6期。

出"医道"的说法，循迹上古自神农以来医学的历史发展，建构出以儒学为中心的完整医学体系的图景。这一完整体系首先是习医之人要先熟读孔孟之道的四书五经，如此方能明白了解义理，具备基本知识之后再透过儒家经典之一的《易经》学习，知晓天地万物，阴阳运行，五运六气之道所由而来。其次再接触药学的《本草经》，习药性以为日后诊断下方之资，以下药治人。但药学仅是治病一环，尚须习《内经》《素问》《难经》等以明白人体内病因所产生之由，并习《甲乙经》以为诊疗判断之据。以上种种学问都是经过累朝长期的演变，非明代所独创，在明代借由儒医们提倡，逐渐形成一位良医（儒医）所应遵循的求学过程及行医准则的参考模式。

以上所举例证，或许可以部分反映出如下情形：虽然明代官方很早就设有医学提举司，设立太医院，于府州县设学教育培训有志习医者，但从医之人学习医术的渠道并非仅有学校一途，许多奇人异士或执有一方，或精熟于一术，便以此行医天下或隐逸四方，这样的医者虽多被视为草泽铃医或走方郎中，在儒医眼中属于较为低下的层次，但他们在某些方面还是有所专精，并不会因此认为他们一无可取。明代儒医在利用教育建构出以儒学为主的"医道"之后，理所当然地希望凡从医的儒者或医者皆能遵行。儒者知书达理，医学重"理"，知理方能知医，儒与医是为一体。明代儒医似乎就在这样的方式下间接地排挤了不明药理，仅以祝由等巫术治疗病人的巫筮之徒，也或许可说是明代儒医欲强调"医道正统"以维系自身地位所产生的效应之一。

儒医在理学思潮的影响下，通过著书方式以理学的研究态度专注于医理中"心性""德行""道统"的阐释，同时将医学始祖思想比于儒学的孔孟之道，欲建构以儒家为中心思想的医道，以"医道同源"证明医儒的缘由，建立属于儒家中心观的医学道统说。儒医崇尚儒学而形成的"医儒同道"观及发扬"儒体医用"论有渐渐为医家群体接受的倾向。此外，儒家事亲的孝道观念，使家中有父母染疾未愈的不少士人亦转而从医以事亲，医家仁术观念与儒家及人理念颇为契合，在家学与儒风及孝亲等因素影响下，部分士人愿选医为其营生之职。综上所言，从儒医群体研究入手易于考辨其知识养成的转变与承继。面对当下一部分浮躁于上的习医风气，不少习医者"为医而医"，求技穷速达，抛弃了经典文献的追本溯源与应有之义。从经典文献中挖掘"医孝"文化因子是新时代医者"小孝家庭、大孝社会"孝亲文化的一种承继，中医历来将"行医"称为"仁术"，"行医"与"行孝"实为儒医精神的和合为一，它理应是医家仁术观念与儒家及人理念相契合的一种习医业医的精神。

# 第八章 清代儒医群体的医志风骨与家国情怀

## 第一节 从方志文化史视阈探析清代儒医社群的成因

为了能对清初儒士习医的现象有更深入的认识，本节以祁彪佳、傅山及方以智的籍贯背景剖析一下清初士人习医的普遍性及这种风气形成的动因。在他们三人中，祁彪佳与方以智均属江南地区人士，祁氏为浙江山阴人，而方氏为江南桐城人。至于傅山，则为山西阳曲人。虽然三者所属的籍贯并不相同，但当中一定有一些共同的特质从而促使医学文化在清初的士人心中植根起来。

首先以方以智及祁彪佳所属的地域为例，江南在明清时期是中国经济最为富庶的地区。正因如此，这个地区用以赈济灾民的资源应该是最丰富的。江南的市镇，大部分早已在明代成、弘至嘉、隆、万年间建立。而据《江南通志》记载，江南地区在历代亦有不少士人自发性举办慈善活动，如明代王孙熙（万历乙未进士）便曾在松江府严禁溺女活动的进行，当时松江府人多重男轻女，并认为生女多不中用，故王氏便聘请人教当地女娃以织布技巧，好使她们有谋生技能，"乃购工教以经纬之法，严溺女之禁"①。

---

① 黄之隽等：《江南通志》，华文书局 1967 年版，第 2367 页。

又如宋代蒋静（元丰中进士）便曾力矫常州的迷信风气，事缘当地在疠疫流行时竟宁死不服药，反而去相信巫术。于是蒋氏便将数百尊的巫像投入江中，并把一些巫师捉去问罪。除此之外，有关赠医施药的善举亦为数不少，如宋代卫公佐在神宗熙宁末年赠医施药，"熙宁末饥疫施粥给药"①。类似的事迹在当地的方志亦记载了不少，这将会在稍后的篇幅中予以阐释，现不在此部分赘述。除了进行地方慈善活动之外，地方志亦记载了不少士人习医的例子，可以与祁、傅、方三人作比较。如宋代何公务便是士人精通医药的典型例子，"精医学，高宗疾征入侍药，愈授德寿宫太医院使"②。他本为康州防御使，后因治高宗病而得以进入太医院工作。同样，地方志中记载了不少孝子因要继承父志而习医的事迹，如清初封呙便因要继承父志而习医。此外，当中亦有不少孝子因侍奉患病的父母而习医的事迹。以上种种，皆可用作研究祁、傅及方三人钻研医理的借鉴参考。

至于傅山所属的山西地区虽不如江南地区般富庶，但亦对研究清初士人的医学文化具有一定的参考价值。据《山西通志》的描述，当中亦有不少士人习医的事迹，如明代进士邢霖（成化丁未进士）便深明医术，经他救活的人亦不少。另外，亦有不少孝子为侍奉患病的父母而习医，如明代侯鹤龄因母病而精于医。此外，他更因要为祖母积福添寿而赠医施药，造福乡人。

仅用以上三人的地域作分析并不能代表当时全国所有士人，而且士人孝子习医的现象各地皆有，根本算不上是当地独有的文化特质。但是，可以说明的是，清初士人习医的现象已蔚然成为一种风气。而这种风气其实从古代的社会已开始孕育，可惜仍未形成一股强大的气候。但随着士人观念的转变，这种文化亦开始日渐扩展，他们已不再视医生为一种士人不为

① 黄之隽等：《江南通志》，华文书局1967年版，第2645页。
② 同上书，第2400页。

的职业。相反地，医生这职业更成为他们仕途失意的另一出路。更重要的是，他们为了贯彻儒家思想中"孝"的精神，便毅然习医，希望能够用之侍奉患病的父母。除此之外，这种医学文化的背后尚有其他地域上的原因。碍于资料牵涉甚广，这里只选取与祁彪佳、傅山及方以智三人的地域背景有关的地方志作为研究对象，而研究材料则会集中在地方通志等书籍方面。

根据在殷墟发掘出来的甲骨文的记录，"疾病"这个观念很早已在中国出现了。而统计资料显示，在所发掘出来的 16 万多片甲骨文中，有关疾病的记载就有 323 片。而当中就曾提及有超过 20 种的疾病名称，如疾首、疾目、疾耳、疾齿、疾腹、疾止等，大部分是按照人体不同部位来区分。"疾"，据《说文解字》解释谓："倚也，人有疾病象倚着之形，凡疒之属皆从疒。"①由此可见，因为疾病会带给人类痛楚、不适的感觉，所以就以躺在床上来表达其患病的情况，并以此为部首，再附加上身体各个器官、部位来表达不同的疾病。随着时代的发展，人类对疾病的认识不断加深。于先秦时期至汉初成书的《山海经》所记载的病名就有 38 种之多，如在卷一中的痔，卷二中的心痛、瘿及疥等病。这些疾病大都根据疾病的特点来命名，比甲骨文中那些根据身体部位来区分的病名而言，可以说具有显著的进步。

而既然疾病带给人类种种痛苦、不适的感觉，自古以来，我们便与疾病的对抗作出了不少的努力及研究。于是，各种不同的医治疾病的方法遂应运而生。根据《山海经》所收录的药物就有百多种，大部分均可用作治疗疾病。"又如马王堆医书《五十二病方》中所收载有药物共二百四十七种"②。但是，医治始终属于消极的对抗方法。所谓预防胜于治疗，所以，

---

① 丁福保：《说文解字诂林》，医学书局 1928 年版，第 3309 页。
② 俞慎初：《中国医学简史》，福建科学技术出版社 1983 年版，第 20 页。

在人类不断地寻求各种治病方法的同时，亦努力研究出种种不同的预防方法。其实，预防的观念最早并非只是在医学、卫生上的专利。它包括对一切凶邪事情的预防，如在《尚书》中，就曾记载了不少人类为了趋吉避凶的占卜。他们认为一切凶邪之事，是人类所无法控制的，必须要靠神明的力量才得以驱除。后来，随着人类知识日渐丰富，开始逐渐意识到自己本身对凶邪之事预防的重要性。在《周易·既济》中曰："君子以思患而豫防之。"① 这强调了人运用本身的力量来趋吉避祸的重要性。至于对疾病预防的记载，最早出现于《淮南子·说山》："良医者，常治无病之病，故无病；圣人者，常治无患之患，故无患也。"② 而《素问·四气调神大论》中亦同样有关于预防疾病的记载："是故圣人不治已病治未病，不治已乱治未乱，此之谓也。夫病已成而后药之，乱已成而后治之，譬犹渴而穿井，斗而铸锥，不亦晚乎。"③ 可见预防实在比医治更为重要。正因如此，历代人民在疾病预防方面均不遗余力，当中亦往往有突破及创新。即使如此，在医学发展尚未完全成熟的古代，当疫症肆虐时，会无可避免地发生严重的生命损失。而对于贫苦大众而言，疫症使他们面临"屋漏偏逢连夜雨"的不幸。而疾病与地域的关系亦十分密切，根据《黄帝内经·异法方宜论》的记载，不同的地理环境会影响居民的生理变化、性格及疾病的发生。正如满清政府在入关初期由于与中原地区的地理环境不协调，导致水土不服，故令天花在皇族子弟阶层中肆虐。满人皇族成员因罹患天花而死亡的数目十分惊人，顺治帝亦是因为不幸染上天花而驾崩，有关天花病的传染对地方医学文化的影响将在后面再详加讨论。

瘟疫在明清两代肆虐的程度十分严重。吴有性所选写的《瘟疫论》便

---

① 黄寿祺、张善文：《周易译注》，上海古籍出版社 1989 年版，第 514 页。
② 刘安：《淮南子》，上海商务印书馆 1919 年版，第 4 页。
③ 南京中医学院医经教研组：《黄帝内经素问译释》，上海科学技术出版社 1981 年版，第16 页。

说明了瘟疫的普遍性："其年疫气盛行，所患者重，最能传染，即童辈皆知其为疫。"① 而据《明史》统计，从明代太祖永乐六年至思宗崇祯十六年，共发生大瘟疫十九次之多，百姓死亡率难以估计。吴有性在江南一带行医，而就在《瘟疫论》成书的 1642 年前后，当地便曾发生了严重的疫症。百姓感染疫症者，生存机会将会很渺茫。根据《瘟疫论》的记载，明思宗辛巳年间疫症在山东、浙江、河北及江苏等省份流行，很多百姓皆受感染，更有患者受庸医所贻误而失去宝贵的性命："崇祯辛巳，疫气流行，山东、浙省、南北两直，感者尤多，至五六月益甚，或至阖门传染。始发之际，时师误以伤寒法治之，未尝见其不殆也。或病家误听七日当自愈，不尔，十四日必瘳，因而失治，有不及期而死者；或有妄用峻剂，攻补失序而死者；或遇医家见解不到，心疑胆怯，以急病用缓药，虽不即受其害，然迁延而致死，比比皆是。"②

在疫症流行的时期，由于受感染者众多，导致不够冷静的医者往往惊慌失措，他们不知怎样处理，故容易误投方剂，很多百姓可能并非死于疫症之中，而是死于此等庸医误诊。对于百姓这种悲惨的遭遇，吴氏在字里行间寄予无限的同情："吁！千载以来，何生民不幸如此。"③ 这正是他写作《瘟疫论》的主要目的，希望能以自己的行医经验，将药方汇集成书，以俟后世医者探用。

除了瘟疫肆虐外，天花这种当时被称为不治之症的疾病亦令很多百姓头痛。明清间儿童因天花而死亡的人数仍非常多，例如清初住在北京的礼部尚书王崇简在他自选的年谱中便记叙了他所生的 17 名子女当中，只有 11 名能够养育成人，另外 6 名则不幸在 10 岁前便因病夭折。当中更有 4 名是死于天花病的，占了他总子女人数的 1/4。这里说明了天花对当时儿

---

① 浙江省中医研究所：《瘟疫论评注》，人民卫生出版社 1977 年版，第 207 页。

② 同上书，第 3 页。

③ 同上。

童的威胁性，难怪医生均说天花是幼儿的生死关头，这是十分贴切的。所以在民间便广泛地流传一句话："生了孩子只一半，出了天花才安全"，可见其严重性。值得注意的是，虽然天花这种传染病十分可怕，但人一生只会病发一次。即是说，染上天花而又能大难不死的话，以后便不会再受感染，这是由于人体的免疫功能所产生的抗体作用。

在发展预防天花的方法过程中，人们已逐渐掌握到这个特性。基于这个原因，所以自明代开始已有医学家凭借这个发现不断致力于天花的预防研究上。他们尝试运用人体的免疫系统原理，发明了各种预防天花的方法。如明初谈伦在《试验方》及郭子章在《博集稀痘方论》中竟提出以水牛虱和粉做饼或烧灰存性和粥饭服下，以预防天花。其原理有少许近似今天的牛痘接种法。虽然，这种方法实际成效不大，但可以见到，中医学家在天花的预防上均是依循着晋代葛洪的《肘后备急方》中"以毒攻毒"的原理及人体的免疫功能不断发展的。

到了清代，由于满人在入关后的饮食习惯与中原不协调，故更容易感染天花，所以预防天花的措施发展到清代便更加成熟及完备了。由于皇族子弟感染天花的程度较为严重，为了防止病毒再进一步在皇族中蔓延，特设"避痘所"，用以隔离患有天花病的皇室人员，如顺治帝就曾在避痘所内养病。他的私人避痘所就是设置在紫禁城南方的"南苑"，而他在入住南苑期间亦尽量减少与外界接触，以防止病菌扩散。为了加强隔离天花病患者的措施，防止皇族子弟再感染天花，清廷又特设"查痘章京"这个官职，令他四处检查，如发现有天花患者便强令他们迁往四五十里外的地方居住。这在俞正燮所著的《癸巳存稿》中有所记载："国初有查痘章京，理旗人痘疹及内城民人痘疹迁移之政令。"① 另外，在清嘉庆年间，又进一步发展为海港检疫制度，规定凡是坐海船回国的人，

---

① 俞正燮：《癸巳存稿》，商务印书馆 1935 年版，第 250 页。

必须先由官方派人上船查看。若发现当中有染上天花的人，则一律不准进港。

从上述清廷所实行的种种隔离天花患者的措施中，我们可知道清代在控制天花的流行上实在是不遗余力。连统治者本身亦身体力行，唯恐病菌再进一步扩散至京城。但是，这种预防天花的方法功效不大。因为在隔离病患者之余亦难免有漏网之鱼，很难达到彻底的隔离。况且隔离方法只是在发生传染病后再防止其进一步蔓延而已，属于较为消极的预防天花方法，并非万全之策。所以，最有效及彻底的方法，就必须从免疫功能中入手——种痘。而遗憾的是，以上的措施并不能用于罹患天花的贫苦大众。在医护人员缺乏的古代，家人往往会用尽千方百计替一些不幸感染天花的儿童治疗。根据一些年谱及私人笔记的叙述，他们延医的对象一般除了受过专业训练的医生外，亦有一些僧卜乞丐及地方上一些略懂医理的读书人。如骆秉章在6岁那年因罹患天花，差不多生机尽失，他的家人便替他延请读书人曾华麟先生诊治，使性命得以保存下来。这种奇怪的现象之所以会发生，是因为在当时的社会上医护人员分布并不普遍。另外，更因为当时一般百姓在医学知识贫乏下只知依赖流传于民间的偏方及民俗信仰治疗疾病。而且当时所谓受过正式训练的医生亦不外是探用一些缺乏科学根据的民间疗法替百姓治病，所以在百姓眼中，由一个专业医生诊治根本与一个略懂医理的士人没多大分别。如在鲍鼎《张夕庵先生年谱》中便记载了张岑三岁时不幸感染天花，其家人在无计可施时唯有用民间的疗法替他治疗。当时有一位受到专业训练的医生便令其家人将他平放在地上七日七夜，希望能借地气祛燥火，幸好最后这种民间方法能成功治好他的天花。另外，桐乡县人张履祥的儿子亦曾罹患痘疹这种严重的传染病，一方面，他依靠一些懂医理的朋友替之诊治；另一方面，他亦有提供一些医学意见予朋友家人。在《答张佩恩》中他便曾对朋友妻子的诊治提供意见："别后嫂夫人病体如何？服药颇效否？

力虽不足，当多方设处以治之也。"① 可见，读书人懂医理这种风气是十分普遍的。况且，虽然他曾在与朋友往还的书信当中道出了天花肆虐的严重性，但他却把其家人无恙的情况归功于神怪之说，足可见彼时对迷信之说的依赖："冬来痘作之家几于十而九哭矣。门中子弟皆无恙，此自天佑非人力也。"② 这里对张履祥稍作介绍。他是明末诸生，曾师事刘宗周，并以讲学著作为业，讲学内容多以为仁为本，以修己为务。除此之外，他对于经史、传记、医卜、杂家亦无所不晓，每闻亲党在生活上有困难必定加以接济。他所写的见闻录中亦曾引述了祁彪佳的助手向张述说祁氏救荒活动范围："赈饥之日，寅而出，酉而入，以粥担，医生自随，郡中既设法赈济，穷乡深谷，无不至。遇饥者先与之粥，病者与之药，因与之米麦，银钱有差，死者为之棺。日行数十里不知倦……日力既尽乃已。是日所持钱米既尽，又称贷给之方快。少有所余，意怏怏不乐也。其济人一念真切如此。"③

由于张氏本身籍贯是浙江桐乡县，与所研究的江南地区吻合，故我们不妨以张履祥的著作为研究资料。据以上所列举的事例，我们不难发现当时的社会中百姓生病延医于士人已成为一种风气，这是因为当时的社会中普遍缺乏医疗人员，富有人家尚且可以重金礼聘名医诊治，但对一个一日三餐尚不得温饱的贫苦人家而言，求助于略懂医理的读书人实在不失为一个权宜办法。由于深受圣贤经典中的仁德思想熏陶，这些读书人会较乐意将一己所学贡献百姓，他们甚至会不收分文便替百姓义诊。如张履祥便曾教朋友自制香附丸及益母膏等药物，以节省延医治疗的费用。其次，由于疫症猖獗，一些读书人亦会倾向于学习一些基本的医学知识来傍身，好让自己能帮助身边的挚亲。以祁彪佳为例，在他选写的《祁忠敏公日记》中

---

① 张履祥：《杨园先生全集》，陈祖武点校，中华书局 2002 年版，第 224 页。
② 同上书，第 288 页。
③ 同上书，第 483 页。

我们不难发现他亦曾参与治疗其爱子的天花病，从中给予了不少意见，并对不同医家的治疗方法加以定夺，可见他是一个略懂医理的人。有关儿患痘疹之事，将会在稍后专门讨论祁彪佳的文中再加以详述，而类似祁氏习医的例子在当时士人选写的私人笔记及年谱中亦有不少详细叙述。

疫症及其他传染病为人类带来这么多的不幸，故早在上古时代已有圣人希望能推行一系列的措施，以舒缓百姓的不幸遭遇，这便是所谓"荒政"或"救荒思想"。根据清代陆曾禹所选写的《康济录》卷一便道出了荒政的由来："圣贤之治天下，岂不欲斯民含哺鼓腹，日游于太和之世哉？无如水旱之灾，尧汤不免，使无良策以处之。致民有饥馁之忧、流离之患；如保之怀，肯恝然乎？于是以不忍人之心，行不忍人之政，荒政从之而出矣。"①

至于《周礼》的记载，曾列出了六项大司徒保民的政策："一曰慈幼，二曰养老，三曰振穷，四曰恤贫，五曰宽疾，六曰安富。"②当中包括了对疾病的处理及预防。所谓"预防胜于治疗"，提前预防无疑是比较起事后才补救的荒政来得积极，因为只有这样才能真正使百姓免于荒之中。无怪乎陆氏在其案语中有以下的意见："语云三代而上，有荒岁而无荒民，其所以无荒民者，以上之人有以豫备故也。彼富者尚欲安之，况老幼贫穷疾病之类，有不在其怀保之中耶？"③可惜，似乎后期这种当政者处处为百姓设想的美德较为少见，通常只会在重大疫症发生时才会筹办，亦往往缺乏组织性，有关这种现象的讨论将会在下文中再作详细探讨。在当政者无暇顾及地方疫症的时候，贫苦百姓唯一盼望的便是地方上一些有贤德的士人，他们能不顾自己的利益去赠医施药。除此之外，治疗疫症的荒政的推行亦有赖佛教的寺院去筹办，其与疾病有关的慈善事业有"悲田养病坊"。

---

① 陆曾禹：《钦定康济录》，文海出版社1989年版，第1页。
② 同上书，第6页。
③ 同上。

由于儒释道三家融合在历史发展上是不可避免的趋势，这令很多饱读儒家经典的士人亦会接受佛教思想的熏陶。受到佛教思想这种慈悲为怀的观念所影响，清初很多士人便在灾荒时筹办一系列的慈善事业，希望能贯彻佛家慈悲之心。"悲田养病坊"开设于唐朝年间，它是一种设置在寺院内的半官半民的疗养所，如在宋神宗熙宁八年吴越知州赵陟便延聘僧人打理病坊："宋仁宗致和元年正月壬申，京师大疫，仁宗便令太医和药治百姓病。又在神宗熙宁八年，吴越大饥，赵抃知越州，多方救济。及春，人多病疫，乃作坊以处疾病之人，募诚实僧人，分散各坊，早晚视其医药饮食，无令失时，以故人多得活。凡死者又给工银，使在处收埋，不得暴露。"①

它之所以被称为"悲田"，是因为其以救济饥饿、贫穷为目的。它开始的时候，虽说这是属于半官半民的组织，但发展到后期，却变成纯粹由寺院兴办的慈善事业了。一般而言，悲田养病坊成立的目的是收容一些因贫困而无能力出钱延医治病的百姓。另外，它亦收容了一些无依无靠的老人及孤儿，好让他们能有所依靠。根据《汉书·平帝本纪》的记载，说明了其实早在悲田养病坊成立之前，便已有一些贫病收容所专责收容患病之人，属于一种临时的疫症患者医院，"郡国大旱，蝗，青州尤甚，民流亡。民疾疫者，舍空邸第，为置医药"②。这种临时公立医院直至魏晋南北朝也有设立，在《聊书·世宗本纪》中记载了北魏永平三年（510）曾下诏设立的贫病收容所："至于下民之茕鳏疾苦，心常愍之，此而不恤，岂为民父母之意也。可敕太常于闲敞之处，别立一馆，使京畿内外疾病之徒，咸令居处。严敕医署，分师疗治，考其能否，而行赏罚。虽龄数有期，修短分定，然三疾不同，或赖针石，庶秦扁之言，理验今日。又经方浩博，流传处广，应病投药，卒难穷究。更令有司，集诸医工，寻篇推简，务存精

---

① 陆曾禹：《钦定康济录》，文海出版社1989年版，第221页。
② 班固：《汉书》，中华书局1962年版，第35页。

要，取三十余卷，以班九服，郡县备写，布下乡邑，使知救患之术耳。"①
又如在宋文帝元嘉四年："京师疾疫，遣使存问，给医药，死者若无家属，
赐以棺器。二十四年六月，京邑疫疠，使郡县及营署部司普加履行，给
以医药。"②此外，在唐太宗贞观十年（636）："关内河东疾疫，遣医赍药疗
之。十六年夏，谷、泾、徐、虢、戴五州疾疫，遣赐医药。十八年，自春
及夏，庐、濠、巴、普、郴疾疫，遣医往疗。"③

　　以上所引述的收容所，仅属临时性质，而亦只会推行于部分受疫区，
鲜有全国性各省各县永久性去推行，故仍说不上普及。这似乎有赖地方上
一些善人去筹办，以广泛造福百姓。

　　根据《康济录》的记载，有不少士人倾囊赈灾的事迹，如元代文宗
时有士人张养浩曾大祷于天，并散尽自己之家财去赈济他们："时关中大
旱，民相食。既闻命，即散家之所有，以与乡里贫乏。登车就道，遇饥者
赈之，死者瘗之。经华山，祷雨岳祠，泣拜不能起。"④至于有关士人赠医
施药的善举，便有汉代钟离意在建武十四年（38）在自己家乡会稽赠医施
药："会稽大疫，死者数万。意独身自隐亲，经给医药，所部多蒙全济。"⑤
隋代辛公义为岷州刺史，竟在官府内广纳疫者，并亲自照料他们："（岷
山）土俗畏病，若一人有病，即合家避之。父子夫妻不相看养，孝义道
绝，由是病者多死。公义患之，欲变其俗。因分遣官人巡检部内，凡有疾
病，皆以床舆来，安置厅事。暑月疫时，病人或至数百，厅廊悉满。公义
亲设一榻，独坐其间，终日连夕，对之理事。所得秩俸，尽用市药，为迎
医疗之，躬劝其饮食，于是悉差，方召其亲戚而谕之曰：'死生由命，不

---

① 魏收：《魏书》，中华书局 1974 年版，第 210 页。
② 沈约：《宋书》，中华书局 1974 年版，第 75 页。
③ 陆曾禹：《钦定康济录》，文海出版社 1989 年版，第 230 页。
④ 同上书，第 135 页。
⑤ 同上书，第 218 页。

关相看。前汝弃之，所以死耳。今我聚病者，坐卧其间，若言相染，那得不死，病儿复差！汝等勿复信之。'诸病家子孙惭谢而去。后人有遇病者，争就使君，其家无亲属，因留养之，始相慈爱，此风遂革，合境之内呼为慈母。"①

他这种不怕受病者传染的无私之心深为病者所感激。宋代的苏轼便曾在元祐间在杭州设立病坊，名为"安乐坊"，三年来便曾医治不少人。有关细节已在前面介绍，故在这里不再详述。这种以身体力行去服务百姓的行为，实应值得嘉许。我们要知道的是，一旦不幸感染疫症，未必会因此丧命，只要患者有适当的治理，是有可能痊愈过来的。假若明白这个道理，便会意识到赠医施药的重要性。在这些士人的心目中，百姓的生命是十分宝贵的，所以地方上的百姓一旦染上疫症，他们便必定会鼎力相助。即使本身不是士人，在古代圣贤济世思想的影响下，对染病垂危的百姓也不会见死不救的，更何况以天下为己任的士人呢？在《救荒备览》中便记载了不少士人亲自照料病人的例子，如三国时的医生董奉便经常替人治病而不收取分文，只令病情较重的病人在其痊愈后栽种杏一至五株，而较轻的则栽种一株，数年来种有杏树十余万株，而这些杏子便可以用来赈济贫苦大众之用，后世便因此而用"杏林"一词来尊称医生。虽然世上仍有不少唯利是图的害群之马，但可见仍有一些以济世为怀为己任的好医生。此外，对于一些在施药方面有困难的疫灾地区而言，《救荒备览·录魏禧救荒策》便建议用救荒丸广发给病民，"服药亦可免死，当多合救饥丸以周给之，亦不得已之极思也。诸经验奇方另载"②。正因为疫民只需要吞服这些药丸便可达到治病的疗效，对不方便腾出地方煎药的疫区而言，此举无疑是利民之策。在《救荒备览附录》中便记载了这种救荒丹的制作方法，

---

① 房玄龄：《隋书》，中华书局 1973 年版，第 1682 页。

② 陆曾禹：《钦定康济录》，文海出版社 1989 年版，第 283 页。

此外尚有普济丹、济生丹等不同种类的药丹，以供救荒者参考。

除了赠医施药这项善举外，有很多士人亦提出了不少救荒良策，当中包括了医药一项。明代林希元便在《荒政丛言疏》中提出了救荒有六急，而医药为其中一急："救荒有六急，曰垂死贫民急馈粥，曰疾病贫民急医药，曰病起贫民急汤米，曰既死贫民急募瘗，曰遗弃小儿急收养，曰轻重系囚急宽恤。"[①]他又批评前人赠医施药的计策未能尽善，令奸佞之徒有机可乘："往时江北赈济，官府亦发银买药，以济病民。然敛散无法，督察无方，医人领银不尽买药，而多造花销；穷民得药，初不对病，而全无实效。今各处灾伤重大，贫民疾病所不能免。"[②]一些害群之马往往会因一己之私弊而将赈灾的筹款中饱私囊，他们只会用一些劣等的药滥竽充数，导致有需要的贫苦人的疾病得不到适当的治理。针对这种情况，林氏遂提出一系列改善措施："臣愚欲令郡县博选名医，多领药物，随乡开局，临证裁方。郡县印刷花阑小票，发各厂赈济官，令多出榜文，播造远近，但是饥民疾病，并听就厂领票，赴局支药。仍开活过人数，并立文案，事完连册缴报，以凭稽考。济人多寡，量行赏罚，侵克钱粮，照例问遣。如是则病者有药，而民免于夭札矣。"[③]

另外明代的屠隆亦在《荒政考》中表明了施药必须亲力亲为的道理："设医药，惟力是视，以免其道毙。"[④]此举与祁彪佳的做法大致相同。根据祁彪佳所选写的《施药条款》及《药局议》便已列明了药局中各项分工的职责、设置药局的位置、交通情况、药局的财政状况、太医就诊的人数、诊症的时间及取药手续。凡局中的总理、司计、司药及司药均详列其本身职责，以确保当中的运作顺利及杜绝一切欺诈的行为。士人在选写荒

---

①　陆曾禹：《钦定康济录》，文海出版社 1989 年版，第 319 页。

②　俞森：《荒政全书及其他七种》，中华书局 1991 年版，第 8 页。

③　同上书，第 9 页。

④　同上书，第 19 页。

政书籍的时候便提出不少有建设性的提议，如明代周孔教在《抚苏事宜》中亦提出过救荒应有八项适宜去做之事："曰次贫之民宜赈粜，极贫之民宜赈济，远地之民宜赈银，垂死之民宜赈粥，疾病之人宜救药，罪系之人宜哀矜，既死之人宜募瘗，务农之人宜贷种。"①

陕西巡按张司农在其《救荒十二议》中亦提出了 12 项救荒对策，而医药则是其中一项："十二、散给药饵。凶年之后，必有疠疫，疫者，万病同证之谓也。不论时日早晚，人参败毒散，极效；或九味羌活汤、香苏散皆可，但须多服，方有效验。合动官银，令医生速为买办，合厂散数十帖，以济贫民。至夏间有感者为热病，败毒散加桂苓甘露饮神效，败毒散内，不用人参，加石膏为佳。再令时医定夺，必不误也。"②

明代的钟化民在《救荒图说》中亦将医药列入救荒 18 项措施之一："这是选过医生扶救病人的。大荒之后必有大疫，况粥厂丛聚，传染必多。医药无资，旋登鬼录。臣仰体皇上好生之心，令有司查照，原设惠民药局，选脉理精通者，大县二十余人，小县十余人。官置药材，依方修合散居村落。凡遇有疾之人，即施对症之药，务使奄奄余息得延人间未尽之年。嗷嗷众生，常沐圣朝再造之德。据各府州县申报医过病人何财等一万三千一百二十名。"③ 而在俞森所编选的《救荒全书》中亦有将医药列入救荒的政策之中："敢施药饵以救民。"④ 这是因为他认为在饥荒之中必有疫疠，所以医药在荒政中占有一个颇为重要的地位。

这足以知道士人对医药在救荒思想中的重要性，因他们认为在饥荒之中必有疫症发生，倘若不去治疗及遏止病菌，便会令疫症蔓延，后果更是不堪设想，故一些士人在救荒之余亦十分重视救荒场所的卫生清洁，

---

① 陆曾禹：《钦定康济录》，文海出版社 1989 年版，第 321 页。
② 同上书，第 401 页。
③ 俞森：《荒政全书及其他七种》，中华书局 1991 年版，第 16 页。
④ 同上书，第 18 页。

如刘世教便曾在《荒箸略》中说明了在疫区中设粥厂要小心人群聚集，易互相传染："其群聚秽恶，势不能亡熏蒸疫疠之虞。"① 而魏禧亦说明了清洁街道，以防止疾病的重要性："街道污秽，易生疾病，荒疫相因，尤不可不慎，故当修洁街道，以防其渐。"② 可见其卫生意识十分高。即使本身不是士人的普通人也尚且具备赈济贫苦人的善心，更何况是饱读圣贤书的士人呢？而《江南通志》中便记载了不少地方善人赠医施药的事迹，例如明代的陈乾："地方染疫为贫者延医，死则施棺，人诵其义。"③ 既然如此，有志于拯救灾民于水深火热之中的士人必会学习一些基本医理，以备救荒时可探用。例如宋代许叔微既通经史，亦精于医药，故在宋高宗建炎初大疫时，便能在里巷为他们诊疗，活人甚多，而他后来因善心而得官。另外，明代范廷珍本身博学多才极善于医学，遂以平生所学救济河间之人。而王宾是一个博学多才的人，亦精于医学，却不因为自己拥有高超的医术而敛财，反而只去帮助贫苦大众诊疗，更在他们痊愈后不收分文。

以上所列举的例子严格来说虽算不上士人阶层，但足以证明一点的是，有很多读书人在饱读儒家经典之余亦会研习医理，以留待日后帮助有需要的百姓。正如傅山一样，他生逢乱世，当时由于中原处于长期战乱之中，疫症流行，导致死伤无数。于是，为了拯救这些宝贵的性命，傅山便不断钻研医书，凭借他个人的努力，终渐渐发展成为一套独特的医学理论。更难得的是，他纵具有丰富的医学知识，但从不重富轻贫，相反地，对于病人无论贵贱一律一视同仁，没有厚此薄彼之分。

至于方以智，虽然没有充分的史实证明他有赠医施药的善举，但他却在《青原山志略》中表明了自己济世为怀的心志："今余欲作药肆，但

① 俞森:《荒政全书及其他七种》，中华书局1991年版，第16页。
② 同上书，第15页。
③ 黄之隽等:《江南通志》，华文书局1967年版，第2726页。

取人间急难之疾，二十许方，三四信行药童，一用圣贤方论。时节州土，无不用其物宜；炮炙生熟，无不尽其材性。取四分之息，百钱可以起一人之疾矣。今袁彬质夫言：'欲作药肆，以济人为功，以娱老为业，欣然会予宿心，故为道所以尽心于和药，而刻意于救人之说。'不多取赢，则济人博；不欺其剂，则治疾良。他日阴功隐德，当筑高门。"方以智这种欲济世为怀之决心实是受佛家思想所影响，故他所医治的不只是病者生理上的疾病，还有心灵上的疾病。有关论述将会在后面的章节中再加以讨论。

上述说明了士人致力于在地方疫灾时赠医施药的事迹，下面将讨论这种行为背后的另一因素。其实，士人这种行为的推动力固然因为他们内在的一颗济世为怀的心，另外，国家一向缺乏社会福利事业亦是造成这种现象的另一原因。根据梁其姿《施善与教化》一书的分析，中国自宋代开始有惠民药局的设立。根据《康济录》的叙述，惠民药局到了明代只成为供给军旅中贫户的福利事业，并不算得上是普及，"洪武三年，命天下府、州、县，设惠民药局，拯疗贫病军民疾患。每局选设官医提领，于医家选取内外科各一员，令府医学授正科一员掌之，县医学授副训科制药惠济，其药于各处出产并税课抽分药材给与，不足则官为买之"①。

明政府也不太重视药局的推行，而有关惠民药局的法则，最后一次的全国性颁布在宣德三年。那是因当时的药局已名存实亡了，贫民已再无药可取，连最富庶的地区江南的惠民药局亦都只是徒具虚名，缺乏其实际用途了。到了1566年时，国内二十八个县城内的药局已废，十九个则情况未明，只有八个表面上仍有施药功能。除了惠民药局的设立，北宋时尚有设置安济坊，以收容及医治贫困的难民。在崇宁大观年间，政府推行安

---

① 陆曾禹：《钦定康济录》，文海出版社1989年版，第222页。

济法，令各州县设置安济坊，以帮助一些家贫而缺钱延医的百姓。坊中设备尚算齐全，除了供应医疗设施外，还包括病人的起居饮食。但是，这项设置发展到南宋已被养济院所取代了。养济院除了收养病人外，还加强了施药的措施。可是，这类安济坊及养济院的设置却还不算得上普遍，只在宋这一朝才算是普遍实施起来。另外，宋自神宗开始亦有创立卖药所这项设施，这种设施，一直过渡到南宋政府亦有使用。根据宋代吴自牧所著的《梦粱录》的记载："民有疾病，州府设施药局于戒子桥西，委官监督，依方修制丸散咀。来者诊视，详其病源，给药医治。朝家拨钱一十万贯下局，令帅府多方措置，行以赏罚，课督医员，月以其数上于州家，备申朝省。或民以病状投局，则畀之药，必奏更生之效。"[1]

值得一提的是，《梦粱录》是一本记载整个南宋时代临安城（今杭州）的山川景物、节序风俗、公廨物产、市肆乐部的回忆录。全书的材料来自宋理宗、宋度宗的《临安志》以及吴氏本身的亲身见闻，是一部考究南宋地方民情的有用参考书。这种卖药所，发展到明代便称为"惠民药所"。但如前所述，惠民药局服务的对象只限军旅，并未能普及于全国贫苦大众。正如由英国发明的牛痘接种术在中国最初传播时若不是有赖于商人、士绅、地方官员等阶层的影响力，相信也不会那么快为地方百姓所接受及向外传播开去。值得注意的是，地方上有很多牛痘局是由地方官自发性去开办的，而设置这些组织都不属于地方官的职责范围。这点说明了中央政府一向忽略了医药卫生这项社会福利事业，很多时候必须靠地方官自发性去创办。以祁彪佳及方以智所处的江南地区为例，明末时期的江南地区聚居了各种各样的人，当中包括了乡绅、商人工匠以及各种三教九流的人，但政府方面却只加强地方的管治，而没有推行积极的社会福利，例如他们往往只推行一些消极的捕捉盗贼工作，鲜有替这个人口复杂的地区推行卫

---

[1]　吴自牧：《梦粱录》，浙江人民出版社 1984 年版，第 174 页。

生预防政策，以防止地方疫症的发生。所以，一旦有疫症发生时，便要依赖当地的地方官及士人去推行医药工作了。他们本着爱民如子的心态，积极开办地方的医药事业，以补中央政府的不足。

除了由地方官筹办医药慈善事业外，尚有一些以地方为基础的私人慈善组织出现。同善会在万历十八年（1590）于河南虞城成立，后发展至崇祯时期便形成了气候。江南地区参与同善会活动的士人包括了东林党人及他们的支持者，如钱一本、高攀龙及陈龙正等人。这些慈善组织最初只由一二百人发起，后期组织逐渐扩展至数百人。正如祁彪佳便曾在崇祯期间多次在家乡绍兴成立药局帮助贫苦之人，他的药局亦是最初由他与数位志同道合的朋友筹办的，期间他们上至筹募经费，下至药局的行政管理亦亲力亲为。另外，明末大部分士人在其罢官后便会积极投入推动地方慈善事业之中。正如傅山便曾在退出政治舞台后致力于赠医施药的事业之中，不过这只属于私人性质，并非有庞大的组织背景的。这些善会是定期性的，不像中央政府所筹办的组织一样，只属临时性质，不能长期为百姓服务。而且，这些同善会在明末时不断扩张，例如陈龙正在 1631 年所创办的嘉善同善会由最初一百名会员不到的组织，十年间已发展成有数百名会员了，可见发展之迅速。

除了一些由士人发起的慈善组织外，根据地方志的记载，亦有一些个别行善的善人，他们有很多均是进士身份。而他们行善的范围除了一般的赠医施药外，亦有赈饥及地方一般维修工作，这里只讨论他们赠医施药的善举。据《江南通志》的记载，历代有关地方个别善人赠医施药的善举亦有不少，如明代嘉靖进士周希旦言："时苦旱疫，希旦两疏请赈得发金二万赈之。"[①] 又例如清顺治辛丑年间蒋德浚便曾在康熙乙卯大饥时倾尽家财赈灾："康熙乙卯岁大饥，浚倾家赈济，全活者数千人。月给育婴堂缗

---

① 黄之隽等：《江南通志》，华文书局 1967 年版，第 2487 页。

钱为乳哺费，施絮施棺，埋瘗掩骼，每岁无算。"①一般而言，士子通常只会局限于赈济自己的乡人，像祁彪佳，便在其家乡绍兴兴办惠民药局，惠泽乡人。如张履祥在《保聚事宜》中列明了应对同乡宗族赈济的规条："一宗穷急如疾病不能医药，死丧不能殡葬，壮长不能婚，老弱不能养之类，同聚施予之。鳏寡孤独废疾之人，皆天民之穷而无告者也。他人遇此，犹将恻然动念，思有以矜恤之，况在宗族而可漠不相关？若吾族人幸而无此，固为可喜，不幸有之，自应加意。损衣衣之，捐食食之，衣食不足曲为之所。凡有可为勿惜余力，均为祖宗遗体，苦乐何忍绝异？养其肩背而断一指，能无痛乎？"②

此外，尚有明代成化丙戌进士顾福便和其兄弟赈恤其乡党人，当中赈济范围亦颇广泛。万历庚戌进士钱士贵亦在其告疾还乡时致力行善。赵廷为嘉靖年间贡士，他在回乡时推行了一系列赈济乡党的善举，当中包括了立义冢及赠医施药。又如阳曲人陈天寿便向其宗党赠医施药，更为不幸病死者殓葬。张昇，性格喜欢施予，嘉靖丙戌年大疫，他便为乡人延医施药。王光宙为人倜傥好施，他更在万历戊子大疫中设药局救济疫民，所活者甚众。值得注意的是，当时有很多地方慈善家对社会的关心程度通常只会局限于其本身的市镇上，他们所做的慈善事业往往是以市镇的居民为主。以桐乡县汪家为一例子，根据《光绪桐志》有关汪文的传记记载："家本素丰，而公尚义好施。康熙戊子、己丑年间，旱涝相继，设粥厂、立药局，全活无算。丙午水灾，复倡赈以济饥民。他若葺黉宫、置义冢、筑城垣、修桥梁、溶河捐资一无吝啬。"③

类似汪家这种情况的例子在《光绪桐乡县志》中亦有不少。我们不能抹杀他们行善的动机，也可能他们行善范围往往只局限于自己的乡镇是因

---

① 黄之隽等：《江南通志》，华文书局1967年版，第2640页。

② 张履祥：《杨园先生全集》，陈祖武点校，中华书局2002年版，第864页。

③ 严辰：《光绪桐乡县志》，上海书店出版社1993年版，第11页。

为想获得当地百姓的支持，以维持他们在地方上的影响力和名声。而无可否认及值得表扬的是，他们对维护社会医药卫生的贡献显然起着积极推动作用，而贫苦大众亦多有赖于这些地方富人的救济："今日凶处饥馁之人要须得富人缓急周恤，方得免于沟壑。"① 此外，《山西通志》中亦有不少关于医药方面的善举，例如前面所介绍过的惠民药局，亦有不少士人兴办过，如王畦在洪武年间为阳城知县，他在任期间曾兴办过惠民药局及养济院，以造福当地百姓。杨镇原在崇祯年间为阳城知县，曾行过赠医施药的善举。刘光宏清顺治七年（1650）为山西巡抚，当时山西流寇作恶，他除了严捕流寇外，还遣使赈济流离失所的百姓，设养济院供他们养病。张文明在万历辛巳年间的大疫中更为百姓延医给药，所活者甚众。段也庆生性孝友好义，曾在大疫中赈粥施药。这些士人不但在疫灾中倾囊相助，更身体力行亲身参与到慈善活动之中。如前述吴自牧《梦粱录》中亦记载了南宋杭州城一些富人行善积德的情况："数中有好善积德者，多是恤孤念苦，敬老怜贫，每见此等人买卖不利，坐困不乐，观其声色，以钱物周给，助其生理，或死无周身之具者，妻儿罔措，莫能支吾，则给散棺木，助其火葬，以终其事。或遇大雪，路无行径，长幼啼号，口无饮食，身无衣盖，冻饿于道者，富家沿门亲察其孤苦艰难，遇夜以碎金银或钱会插于门缝，以周其苦，俾侵晨展户得之，如自天降。或散以棉被絮袄与贫丐者，使暖其体。如此则饥寒得济，合家感戴无穷矣。"②

又如地方志记载了武嵩龄经常赠医施药的行为为人所称颂。明孙镇尝于漤州开办药局，以拯救身患疫疠的百姓。王继沁乐善好施，在万历年间大疫曾施药活人。可见这些非组织性的个别行善例子在当时的社会救济上占有一个十分重要的地位。正因如此，有关这些在江浙地区的慈善家行

① 张履祥：《杨园先生全集》，陈祖武点校，中华书局 2002 年版，第 722 页。
② 吴自牧：《梦粱录》，浙江人民出版社 1984 年版，第 175 页。

善的活动，便开始记录于地方志之中，如"善人"这一名词亦开始有了一个更加高层次的解释及意义。如在《扬州府志》中便说明了"善人"一词在乡里间的意义："赞曰：'布衣韦带之士，事业不显于当年而汲汲好行其德者，乡里所谓善人也。'"① 可见这些地方善人并非什么士绅，他们只是一些乐善好施的普通老百姓而已，正因他们积极行善，在一定程度上便鼓励了士人纷纷加入赠医施药的行列。这些地方善人有一些是活跃于当地的商人，他们与当地文人交往甚密。由于拥有充裕的财富，同时又兼具对地方的责任感，故往往运用经商致富的金钱赈济当地百姓。他们当中有些更曾是饱读儒家经典的读书人，如吴自亮本身曾受过儒家教育，但后因家道中落而被迫弃儒从商，在扬州当盐商，因而致富，便毅然将所赚的钱筹办慈善事业。另外，亦有一些朝廷的士人本身亦是积极行善，他们这种高尚的行为反过来影响了当地的人行善，如之前提及的高攀龙、陈龙正、祁彪佳及刘宗周等人所兴办的赈济活动深深影响了当地的士绅及商人，驱使他们一同参与慈善活动。又如张履祥便在《愿学记二》中劝喻百姓要守望相助，疾病相扶持。另外，他亦在《备忘二》中说明了自古以来圣贤所扮演的角色："自古圣贤用心只是弱者扶之，强者抑之，故经界之正只使豪强不得兼并，发政施仁必先鳏寡孤独，其于财也亦周急不继富，知天地之心亦如此。"②

所以，地方善人与士人的影响并非只是单向式的，而是互相鼓励推动的。在这种情况下，那些本身怀着济世为怀心肠的士人为了贯彻其行善助人的本色，便纷纷习医，希望在地方需要医疗救助时能尽自己的一份力量。

上述论述笔者分别讨论了有关中国在明末清初地方疫症流行及地方士

① 杨洵：《扬州府志》，书目文献出版社1988年版，第332页。
② 张履祥：《杨园先生全集》，陈祖武点校，中华书局2002年版，第699页。

人赠医施药这项善举的背景。下面将会再集中讨论一下这些士人内在的品德修养如何影响清初士人纷纷习医的风气。当时的士人深信行善积德的重要性，他们知道只有这样做才可以增加他们对社会的使命感及体现士人的高尚特质。这种思想还影响了当时的士人积极行善的心态。如斐一谏除了自己积极行善外，还劝谕百姓疗疫赈荒。而张履祥及其一些朋友即使在家境有难的情况下亦有积极参与赈济活动，造福百姓，"承兄与商隐岁致粟米兼金，疾病则加之以药物，因得稍延视息"①。他们除了一方面身体力行推行救荒事业外，另一方面还将救荒的理论收集成书，如明代的于仕廉为万历丙戌进士，亦曾修过有关救荒的书籍。秦隆庆辛未进士，他曾编修有《荒政摘要》一书。可见他们不但亲自主持赈灾活动，还要把自己的赈灾心得记录下来，以遗后世参考。他们要用自己的著作影响其他人，希望能借此令更多人投身于赈济事业之中。

另外，这些士人本身对贫富贵贱有着一套较为平等的观点，他们很多时候在赠医施药的过程中都会以一种比较亲民的姿态去进行。即是说他们通常会以一颗悲天悯人的心去对待这些贫弱病者，所以从不会害怕他们自己会感染疫症。相反地，他们甚至会亲自侍候民众服药。如《江南通志》记载了龚有成不畏疫者传染，亲自照顾他们，并独自留下来为他们医治，可见他已置生死于度外。又如陈天寿对于宗党罹患疫症的皆赠医施药，其中有张珠夫妇因染疫人皆畏其传染，独陈天寿不怕疫症，还替他们照顾两名儿子，后张一家终得以全活。士人亲自照顾疫者的事迹表现了他们不畏疫症的高尚品德，除了要有不怕死的特质外，还要具备对贫富一视同仁的优点。如王宾虽本身没什么功名，但博学多才，他精于医药，却一直只替穷人医治，而从未替富有人家治病。而贡士翟梦标精通脉理，不论富贵贫贱皆予以诊视，并活人无数。除此之外，地方志上亦有不少像傅山

---

① 张履祥：《杨园先生全集》，陈祖武点校，中华书局2002年版，第160页。

一样隐居的医生，他们义务替有需要的人诊治，往往分文不收，"温处士四川华阳人，读书尚礼，隐居不仕，业医以济人。每时有疫疠辄令家僮负药以随，日走街巷，延门疗之，不取其直，所活全无算"①。而一些医生更在其出门时携带应急药物，以备不时之需，可见他们心思缜密，事事为百姓设想，"钱太学偶于路见无衣者，悯其寒，即解一衣衣之。每出必携良药，遇病者与之"②。可见，当时习医的士人均普遍拥有着高尚的品格，他们除了对贫富一视同仁外，还对身染疫症的人加以照料，丝毫没有半点厌恶之心。

另一方面，自从宋代开始对医生这一职业重新评价亦可作为士人习医的另一原因。这是因为习医可以作为日后医治亲友之用，如张履祥便曾庆幸自己曾习医理而得以解朋友患病之苦，"仲兄之疾何以困顿及此？幸维稍解衰解，勉事药饵，平日医理深自讲求，今亦应有得力之处"③。在张氏这些士子的眼中，读圣贤书无疑十分重要，但若可以以一己所长帮助别人亦不失为一崇高理想，故当时仍有很多士人抱着这种心态去习医。可惜，中国古代读书人的心愿一向都只是学而优则仕，出仕是大多数的士子最大心愿，如金朝冯延登，其家世业医，他亦自年少便已悟医理，后他又以辞赋中进士。可见，若要在医生及出仕两种职业之中作一选择，士子通常会选择出仕这一职业。他们甚至鄙视医生这种职业，唐代有很多士人甚至将医生这工作称为君子所不为的工作。因为按照儒家的传统观念，医学与算术、律学、农学、工艺等学术一样，均是列入方技之内，而儒家的理想人格，是要让士人发展成一个修身、齐家、治国、平天下的君子，而非只是局限于一门方技的人，所以他们一般都比较不屑于从事医学这一项专门的事业。

---

① 　张履祥：《杨园先生全集》，陈祖武点校，中华书局 2002 年版，第 820 页。
② 　同上书，第 580 页。
③ 　同上书，第 212 页。

发展到明清时期，我们不难发现越来越多的士人开始学习及研究医理，当时有所谓"儒医"的提出。他们认为，医生以救人治病为宗旨，就正好与儒家讲求仁义礼智是一致的。《九灵山房集·医儒同道》便表明了医生十分切合儒道的精神，医以活人为务，与吾儒道最切近。宋代袁采在《袁氏世范》中说明了不能为儒，则可从事医生工作的理论："如不能为儒，则巫、医、僧、道、农圃、商贾、技术，凡可以养生而不至于辱先者，皆可为也。"①袁氏认为只要不从事有辱家声的工作，子孙是什么工作也可为的。很多父母都希望儿子能够学而优则仕，出仕仿佛是他们的最后目标，所以便强迫儿子诵习儒家经典。对于儒家以外的经典，往往采取一种轻视的态度。但袁采对此却有不同看法，他认为一些阴阳卜筮方技之学亦有其可取之处。

可见，宋代的士人在心态方面已较前代更为开放。此外，亦有教诲子弟倘若从事医药工作便不要做伤天害理之事，否则便会有报应："陶隐居、孙真人（孙思邈）因《本草》《千金方》济物利生，多积阴德，名在列仙。自此以来，行医货药，诚心救人，获福报者甚众。不论方册所载，只如近时此验尤多，有只卖一真药便家资巨万，或自身安荣，享高寿，或子孙及第，改换门户，如影随形，无有差错。又曾眼见货卖假药者，其初积得些小家业，自谓得计，不知冥冥之中自家合得禄料都被减克，或自身多有横祸，或子孙非理破荡，致有遭天火、被雷震者。盖缘买药之人多是疾病急切，将钱告求卖药之家，孝子顺孙只望一服见效，却被假药误赚，非惟无益，反致损伤。寻常误杀一飞禽走兽，犹有因果，况万物之中人命最重，无辜被祸，其痛何穷？"②

又如，一些曾经学习医学的士人拒绝出仕清廷，而以自己所学到的医

---

① 李邦献：《省心杂言》，商务印书馆 1975 年版，第 22 页。

② 同上书，第 16 页。

学知识转业为医，退出政坛。但为什么发展至清代有这样的态度转变呢？
首先，我们必须要承认的是医学越发展到后期便越与迷信的巫术分家，更
强调科学理论方面的发展，就儒学重人事、远鬼神思想而言，这一改进无
疑更为士子所接受。例如张履祥便认为："遇事不问义理是非与当为不当
为，而先卜筮以决其吉凶成否，此由义理之心不能胜其利害之心也。"①可
见士人开始摆脱鬼神迷信之说而倾向于更重人事。而自宋代开始，政府更
将当时的医学院——太医局列入国子监的管辖范围内，而国子监是当时掌
管教育的最高机构。即是说，在宋代开始将医学列入正式教育的范畴中，
而元、明、清三朝便是在宋的基础上发展太医局。

从明初开始人口便有激增的趋势，但进士及举人的名额却未因人口
上升而增加，所以士子中举的机会越来越少。在这种情况下，为了他们
的生计，只好退而求其次，转业从事其他谋生的行业。前面所提及过的
吴自亮便是一个被迫弃儒从商的例子，经商致富后，他便将所赚得的金
钱回馈百姓，推动慈善事业的发展。难得的是他们在发迹后并没有忘记
昔日儒家经典的教诲，反而更进一步将仁义道德付诸行动之中。虽然他
们当中没有多少人曾接受过医学训练，但当中亦有不少人对地方的医药
卫生十分重视，如他们往往会在饱受疫症威胁的地区替疫民治理。另外，
对于因疫症而死的灾民亦往往会因卫生问题而协助其亲属埋葬。可以说，
他们对地区医药卫生的推动起着一个重要的作用。连没有受过朝廷任何
功名的吴氏尚且懂得赈济百姓，并体恤百姓惨受天灾人祸之苦，更何况
是身为朝廷士人，他们一切以服务天下百姓为己任，这种儒家教育深深
影响他们向百姓赠医施药。他们赠医施药的对象，一般都以自己的家乡
为主，如祁彪佳便曾在其家乡绍兴立惠民药局。再如上面所提及的儒商
吴自亮便在地方赠医施药。但是，亦有个别的士人甚至不分地域，以一

---

① 　张履祥：《杨园先生全集》，陈祖武点校，中华书局 2002 年版，第 704 页。

颗无私的心去帮助自己家乡以外的贫苦大众。如尚惟持在世宗嘉靖年间曾在山西任地方官期间对老病赠医施药。而浙江人杜常更在地方上有疫时不避传染，亲自向病者奉医药。可以说，这些士大夫的行为已超越了一般地方的慈善家所赈济的对象及范围了。在他们的身体力行之下，地方上的医药卫生得到了进一步的发展。

清初越来越多士人习医的风气除了因为当时疫症流行外，亦因为"孝"的观念的推动。如方以智习医的原因亦有一部分是源于其父亲的经历，丁丑老父为南京玺卿，食鲐腹闷，为医所误，得金申之而解，于是学医。傅山在孝义方面的德行更屡为传记所载，有一次，其父亲身染病，傅山寝食不安，日夜为其父祷告，其诚意终于感动上天，其父的重病总算痊愈了。这件事记载在《祈药灵应记》中："甲子冬，先居士病伤寒十余日，危证皆见，呃逆直视，循衣摸床，发黄发瘢，医来莫措。或传南关文昌夫子灵异，旧人往往于庙中祈药，辄应。先兄与第止左右服事，山往祷之。"[1]眼见自己的挚亲身染重病，最痛心的是自己不能帮助其减轻病厄。所以，为人子女者，应该学习医理，好在将来能侍奉自己的父母。

例如唐代王勃曾经说过人子不可不知医。王焘亦是因为母亲染病而毅然跟随名医学习，终能成功地穷究医术并著有《外台秘要》一书。有不少孝子也是因为父母生病而知医的。另外，田舜耕因家贫，家里乏钱为母延医，他遂自学其术。郑宗周当父病留心医药，遂精岐黄家言。尝手删《本草》一书行于世。刘文试因母病习医，时调汤药。张履祥更在《经正录》中明确说明了父母患病，为人子女应尽的责任："凡父母舅姑有疾，子妇无故不离侧。亲调尝药饵而供之。父母有疾，子色不满、容不戏笑、不宴游舍，置余事，专以迎医检方、合药为务。"[2]此外，在各地方志中亦设

---

① 刘贯文等：《傅山全书》，山西人民出版社 1987 年版，第 5226 页。

② 张履祥：《杨园先生全集》，陈祖武点校，中华书局 2002 年版，第 609 页。

立了"孝义"章，以记载地方孝子的事迹，如高官荫四岁时已懂孝顺，其父患上了痢疾不能饮食，他亦陪着他不吃饭。当中亦有不少事迹是涉及医药方面的，亦有不少是关于割股疗亲的故事。例如龙景华，字宇春，上元人，少奉母教。母病危割股以疗。姚制，上元人，割股疗母疾。顾童子，建康人，割股愈母。

值得注意的是，古代这种自残身体的行为是很容易受细菌感染而死的，例如："詹侃，字时选，休宁人，选闵县尉，迎养母。母病咳，夜需汤，侃寝榻闻咳即起，尝割股沸汤以进母。卒哀毁股创，迸裂而没。"①此外，更有不少是割取身体器官以疗父母亲疾病的故事，这更要比割股疗亲的行为危险。如陆十七，吴江人，父病刳心作糜，进啖随愈；邓汝南，长洲人，力贫养母，妻以语言触母，遣之，终身不娶。母病，刳臂肉。既没，肖像视之如生存；匡国政，睢宁人，为归德判官。母病肝以进，又病剔脑和药，病即愈；贺来佐，汾阳人，8 岁丧父尽哀。每日祭墓而后食，如是者三年。母病时方九，废寝食侍奉药饵；杨佐，上元人，甫成童，母病剧剖腹取肝和粥以进母，获愈后三日佐卒。

与高官荫一样，杨佐小小年纪便已有勇气割自己的肝医治母亲的疾病。可惜，后来他因伤口受感染而死，但足以证明孝顺这一行为是与生俱来的，连一个年纪轻轻的小孩子也懂得要孝顺父母，使他们免受疾病的煎熬，更何况是一个饱读圣贤书的士人呢？所以，他们宁愿以身代替父母受疾病的痛苦。马维仁，其父患了背疽病，毒已内蚀，他便冒着生命危险为其父吮吸毒液，后竟然吸获脓液数升，而其父遂得痊。父母不幸染上疾病时，他们总会不离不弃地去照料他们，甚至希望能寻出他们患病的根由，以减轻他们的痛苦。在地方志"孝义"一部分中便记载了这些孝子亲尝父母的粪的事迹，如常泰，徐沟人。性聪敏，10 岁能文。性至孝，父病尝

---

① 黄之隽等：《江南通志》，华文书局 1967 年版，第 2695 页。

粪甘苦。

虽然这种行为以现代的眼光来看是缺乏科学理据、不合卫生的做法，但无疑是孝顺的表现，因为这些孝子要密切留意父母病情的轻重，又不方便经常向医生询问，所以便亲自尝他们的粪便，希望能从粪便的甘苦得知父母的病情。他们不惜任何代价均要减轻父母的病厄，如邢明教，长子人，家贫父老病，竭力医治。他们甚至会衣不解带地照顾年老的父母，如高可瞻，黎城诸生，嫡母王氏病，剧泻不能起，躬自涤除，昼夜侍药饵弗倦。此外，在很多读书人的心目中，出仕固然重要，但若其父母不幸染病时，他们是宁愿辞官回乡照顾他们的，如董遂便是因为母亲染疾而辞官照顾母亲，直到母亲病愈才再就任。他们这种孝的表现还影响了门人及其他家庭成员同样去实现孝。如张云龙性孝顺，其母亲染病便割股肉和药进母，他的这种行为深深影响门人。此外，这些孝子的妻子亦深受丈夫的行径影响而同样孝顺家公家婆，遂形成一股优良的风气："吴蓁南，高淳人。崇正末，父避乱，土贼入门劈父胸，蓁从楼上望见，急下楼，求代被害。妻孙氏守节割股疗姑。卢士达，字德孚，长洲人，先世于嘉靖倭乱时捐资助军旌为义门，士达有至性，父病痈，割股疗之，母失明，偕其妻，晨夕互舐，遂复；江九万，字元里，仪征人。与妻黄氏相继割股疗亲疾；韩文羿，蒙城人，母刘氏苦节抚之。母病笃，羿与妻柳氏同割股救之。"①

可见，由于孝顺的力量驱使，他们会不惜一切拯救父母亲的性命。为了能够减轻疾病带给父母亲的病厄，许多读书人会习医，希望能在其挚亲患病时能亲自侍奉在侧。值得注意的是，他们习医的目的除了是希望孝顺父母外，还因为其他亲友。如傅山的弟弟便曾患上毒疮等皮肤病，傅山对此十分关注，除悉心为其治理疾病外，还因此而推却其好友的约会，这件事在《致戴枫仲札》中有详细的记载。另外，他的孙女亦因染疾而丧失性

———

① 黄之隽等：《江南通志》，华文书局 1967 年版，第 2626、2639、2667、2722 页。

命，在《悼孙女班班》中，他便曾责怪自己虽懂医理，但仍挽救不了其孙女的性命："弱女虽非男，慰情良胜无。阿爷徒解医，不及为尔咀。遂使曾祖婆，失一娇女娱。"①此外，傅山还替许多朋友解过病厄。而方以智的父亲曾在南京为官时因鳅鲐腹闷而误服香油，后再经庸医误诊而差点儿丢了性命，故自这一件事开始方氏便矢志习医。另外，在《医学序》中方以智亦引过其祖父方学渐的教诲，认为为人子者必须习医，以表达自己的孝心。除了替父母亲治病外，方以智亦曾为其好友黄宗羲诊治把脉。张履祥伯兄的子女便曾不幸罹患痘疹，再加上受庸医所延误，最终因得不到恰当的治疗而夭折。所以，他便与其医生朋友共同研究出治痘之术，希望能造福天下贫苦百姓。与傅山及方以智一样，地方志中记载了很多孝子的事迹，当中有不少自年幼已知"孝友"的观念。可见，基于一种友爱的表现，习医无疑可助己助人。

儒家思想主张"通才"的观念，士人除了熟读四书五经外，还要学习所谓六艺等技能。正因如此，在他们眼中，由于医学是属于一项专门的技能，这与儒家这种主张通才的教诲似乎背道而驰了。所以，难怪很多士人皆轻视医学。另外，其他士人似乎又对"通才"的概念有另一番见解。正因儒家思想要求他们做到通才，令他们纷纷学习医理。因为这门技能既可充实自己，又可以帮助身边的朋友及家人，如张仲景、孙思邈、李时珍等人"勤求古训，博采众方"，亦受到这种思想的影响。而韩愈在《师说》中所引述的"巫医乐师百工之人，君子不齿，今其智乃反不能及"则是指责一些不肯广泛求学的人。在地方志中，便记载了不少曾习医的士人，如高若讷以进士身份通医书，虽太医亦屈服在其知识之下。除此之外，他亦熟读秦汉以来的传记，并对礼制货殖无一不晓；李端懿喜文学，通阴阳、医术、星经、地理之学；冯延登世业医，他本人以聪祯亦悟医，并在金章

① 刘贯文等：《傅山全书》，山西人民出版社 1987 年版，第 34 页。

宗承安二年以词赋中进士。此外，地方上亦有不少文人亦以知医见称，如王万钟，除了通经史外，亦以知医见称。梁朝柳本身好学善尺牍，更精通音乐及医理。

在儒家的观念中，这些人可谓做到"通才"的要求。另外，地方上有一些行善积福的善人，他们除了好读儒家经典外，还精通医术，更以所知医术来救济地方上有需要的人。如明代杨凤便是一个典型例子。他本身是一个爱好读书的人，精通医术，更收藏了不少良药，以备救济有需要的人。在籍居浙江桐乡的张履祥的著作中，亦记载了不少其好友精于医学的事迹。他本身亦精于医学，据其年谱记载，张氏本人经史、传记、医卜、杂家无不通晓。与祁彪佳一样，张氏便曾经参与医治好友的疾病，并给予了不少宝贵的意见："令叔先生卧疾一月有余，高年之人精神减耗固亦宜然。医经：肝主筋痛。未之已则是肝气犹未平也。用六君子药后痰势顿灭，此其效也。但已进六七剂而饮食少进，二便不利，恐是气犹逆否。大茯苓丸每进辄有痰呕出，药亦随之而出，亦未知相宜与否。"[1]

他亦经常教导朋友养生之道，病从节劳静摄尤当注意。而所认识的友人更有不少是精通医药脉理，例如他的朋友高氏便是精于切脉用药之道。此外，当他生病时亦有不少朋友向他献方，"贱疾到家起十日，日服药一剂楚老方。月初兄遣人相招，初五日至浯溪，至今日服药十剂用兄方"[2]。张氏认为身为医家必须博学，因为只有这样才可以在临床诊症上识病善药，医家固须学博理明，然必以识病善用药为急，我们学问之道亦如此。单是博学是不足够的，还必须要对事理明白透彻，才足以对不同的病症下适当的药。而身为士人，亦需诵读医书。如张氏在其《见闻录二》中引程长年的意见："医书不可不读，读则意味出，然不必成诵，但熟看而深思

---

[1]　张履祥：《杨园先生全集》，陈祖武点校，中华书局2002年版，第119页。
[2]　同上书，第129页。

之。又曰：医不可不知，但不可行，行医即近利，渐熟世法，人品心术遂坏。"①博学对一个人是很重要的，张氏亦十分强调："人不饮食则饥渴，随之不亲书册则理日远，人若不能进饮食则病已深而死期将至矣。若不喜欢书册，则本心固闭而违禽兽不远矣。"②在阅读不同种类的书籍之中，医书是不可缺少的。正如张氏在《训子语下》中教诲儿子医学在方技之中是不可缺少的学问，"方技之中惟医为不可少，要须平日择其术精而心良者，与之往还。若星命风水之徒，诞妄妖惑，空乱人意，甚者构成祸害，不可近也。子孙虽使饥寒，不可流为方技，败坏心术，卑贱人品"③。正因为在医学界中有很多害群之马，他们不学无术，只听信迷信命理之说妖惑百姓，令天下人对医生这一行业心存芥蒂，从而轻视所有医生。所以，张氏告诫子孙日后即使生活潦倒，亦千万不要学习这种迷信妖术，危害人间。除了诵读医书外，亦必须要摆脱名利的束缚，否则将会变得心术不正。

从祁彪佳、方以智及傅山三人所属的江南及山西地域而言，地域因素对于医学文化的植根确实是一项不可缺少的条件。诸如地域的经济状况、天灾横祸的频密以及政府对地方事务的介入程度都是值得研究的对象。值得注意的是，地域上灾祸的种类与医学亦不无关系。以前面所述的疾病种类为例，江南地区多瘟疫。而据《明史》统计，从明代太祖洪武六年至思宗崇祯十六年，共发生大瘟疫十九次之多，百姓死亡率难以估计。吴有性在江南地区一带行医，而就在《温疫论》成书的 1642 年前后，当地便曾发生了严重的疫症。百姓感染疫症者，生存机会将会很微茫。在这种情况下，我们便发现了当时很多士人均会在疫症流行时积极推行荒政，以补政府之不足。他们身体力行，除了贡献出自己的财富外，还亲自学习医学，希望能将赈灾活动推行得更顺利，祁彪佳便是一典型例子。而明清期间天

① 刘贯文等：《傅山全书》，山西人民出版社 1987 年版，第 34 页。

② 张履祥：《杨园先生全集》，陈祖武点校，中华书局 2002 年版，第 724 页。

③ 同上书，第 866 页。

花肆虐的情况十分严重，故亦有很多读书人学习医理，希望能医治天花。

此外，地方士人对百姓的关心与他们受儒家思想的影响程度亦有一定的关系。其实，一直以来，士人对医学的态度并非一朝一夕而形成，它有本身的历史背景。自唐代孙思邈提倡医德的观念后，便仿佛赋予医生这行业一种高尚的品德操守。再加上在医学知识不断进步的社会中，医学逐渐与迷信的巫术划清界限。在这种情况下，学习医学知识已不再是士子的耻辱了。相反地，在儒家思想的影响下，习医更能体现儒家文化中孝悌的精神。所以，撇开地域的因素不谈，这种士人阶层的习医风气无疑是与一些主观的人文因素有莫大的关系。士子对儒学的诠释便成为医生的地位高低的指标。然而，地域因素加速了这种医学文化的植根及发展。正因地方上贫富悬殊的问题严重，而国家又一向缺乏完善的福利去保障百姓的幸福，故便形成了这些具有远大抱负的士人一种崇高的心态。所谓"先天下之忧而忧，后天下之乐而乐"，尤其是对当地百姓，这种切肤之痛自然比较起其他地方来得强烈。

## 第二节　医道至善与济世为怀

祁彪佳，字弘吉，号世培，浙江山阴人，天启二年（1622）进士，授兴化府推官，并在崇祯年间累官至右佥都御史巡抚江南。后因为群小所诋，移疾去。在《督抚疏稿》中，祁彪佳恳求皇上准其回籍养病，经过三次奏请后，终获其批准放假。顺治元年（1644）五月，南都失守。为了要做一个对国家忠贞守节的臣子，对于清代的邀请出仕，祁氏宁死不从，可见其对明朝坚贞不二的决心。顺治二年六月，杭州继失，他即绝粒。而至闰六月四日，端坐池中死，终年42岁，其以死明志的决心可在《遗书》一文中看见："时事至此，论臣子大义，自应一死。……试观今日是谁家天下，尚可浪贪余生？况死生旦暮耳。贪旦暮之生，致名节扫地，何见之不广也。……若予硁硁小儒，惟知守节而已。临终有暇，再书此数语，且系以一诗，质之有道。"①

当时南明唐王朱聿键追赠少保、兵部尚书，谥忠敏，清谥忠惠。祁氏曾写作一些诗、词、散文。虽然篇幅不多，但均集中在写景方面，当中流露了失意惆怅的情怀，如《秋夜同陈自营坐月远阁》中曰："苍茫江海浮，徘徊不能寐，惧极生百忧。"② 在诗末亦寄托了"但愿享太平，饮酌长无愁"的希望。在《远阁待雪·刻烛赋诗·得开字》也曰："渔歌远浦依山断，雁叫残烟过水来。留与故人当旅夜，孤灯相对可停杯。"③字里行间流露出阵阵孤清的感觉，充分表现出对没落政权那种失落的感慨。此外，其著作有《救荒全书小序》《救荒杂议》《宜焚全稿》等，其中阐述了一些地方救荒方案及他所实行的救荒赈济活动，可作为清初士人自发性的救荒活动的个案研究。

祁氏为人处世公正严明，如《明史·祁彪佳传》中记载了他在出按苏（苏州）、松（松江）诸府时候，首辅周延儒深为人民不满，而宜兴居民更捣毁了首辅的祖墓，又破坏了翰林陈于鼎、于泰庐的祖墓。祁氏依照法律捕治了犯事的人，但亦不因为周是宰相而徇私，致为周所痛恨。《祁忠敏公日记》记载了祁彪佳从崇祯四年至南明弘光元年任官期间的生活片段，当中尤以最后几年的生活记载得较为详细。日记最初由祁氏的后人于1937年在绍兴首次刊刻披露。在日记中除记录了祁彪佳日常官场生活、朋友交往以及生活中所经历种种大大小小的事情外，还记载了祁彪佳本人及亲友患病时的情形及医师诊断的过程。作为一个清初的士人，祁氏本人亦薄具医学知识，再加上平时有阅读医书的习惯，所以在日记中，我们不难发现祁彪佳时有与一些中医朋友如张景岳、戴见龙及王施仁等人研

---

① 祁彪佳：《祁彪佳集》，中华书局1960年版，第221页。
② 同上。
③ 同上书，第227页。

究医理，斟酌医方。更难得的是，对于自己及身边的亲友患病及延医的经过，祁彪佳亦有记录在日记中。对于研究明清之际士人阶层中的医学文化，《祁忠敏公日记》无疑是提供了一个典型的例子。

以下讨论将集中研究祁彪佳著作中有关医学文化、救荒思想及赈济事业的记载。由于当中所涉及的他及亲友患病经历及延医过程资料甚多，所以我们从中可了解到当时士人的医学知识水平。另外，从祁彪佳对赈灾活动的参与，我们亦可通过这些士人的救荒思想了解医学文化在当时的兴盛原因。由于《祁忠敏公日记》中有不少关于祁彪佳本人及其亲人、朋友患病的记载，当中有风寒、痘疹、血崩、腹泻、齿疾、喉痛、痔疾、眼疾、疝气及脾疾等疾病。就这些疾病的诊治方法及过程，日记中亦有所记载，这为清初医师的诊断方法也提供了不少宝贵的资料。

根据《祁忠敏公日记》中所涉及疾病诊治方法及过程的篇幅，我们不难发现一般中医在诊治过程中离不开望、闻、问、切，合称为"四诊"。而当中最重要的莫过于"切"的步骤了。所以在日记中亦不乏有关中医诊脉的记载，如在日记中《甲申日历》第十八日条记录了祁彪佳在当天因操劳而要延医治理："以劳极心散乱，召戴见龙入署诊脉。"① 又如在《乙酉日历》中第十三日条至二十三日条中亦记录了祁彪佳的妻子在生病期间不断有中医为其把脉诊治。中医透过诊脉便可得知病人的健康状况，从而对症下药，日记中还记载了中医王施仁为其妻诊脉的情况："王施仁诊内子言有起色，不知是虚火上炎之象也。"② 即使是未至之大病，中医亦可凭着诊脉得以预知，以使病人及早得到治疗及预防，"龙且为予调治云心脉甚微，当有大病，宜善理之"③。由此可见，诊脉在中医诊断疾病的过程中占了极重要的地位。

---

① 祁彪佳：《祁忠敏公日记》，书目文献出版社 1993 年版，第 1407 页。
② 同上书，第 1425 页。
③ 同上书，第 1426 页。

其实，四诊中的望、闻、问三诊亦有十分重要的地位。中医可凭着观察病人的气息及鼻息从而对症下药，给予适当治疗。尤其是对于一些显现于身体的疾病，在日记中的五月二十日条至第二十八日条所记载的其子同孙痘疹诊治过程一事，就充分发挥及体现了望、闻、问、切的作用："二十日，晴。同郑九华至寓山，以祖儿出痘，颇为关心，即归……二十二日，……午后医者周敬兰至，言同儿痘颇难之，遂留之陪宿，次乃早别。二十三日，……予留家为同儿治药，时痘证危笃，举室惶惶，予处此坦然，无得丧之虑，不加排遣。是岂从学问得力乎？午后督园丁除竹，作《除竹》五言古诗，晚医者陶友藤生至；二十四日，医者凌友少广早至，以为症在不起，与陶藤生意合。午后周敬兰、金素行至，皆是凌说，独马性聚谓'为凉药所误，应用热剂'，与诸友争辩甚力。李明初至，则祖马，予遂从李、马二君所用方……二十五日，……同儿痘少苏，益信温补之效。午后王少石至，其说与二友合，始知凉药之真误矣……二十六日，……王少石同李、马两先生看同儿痘，言痘起而气血不足。相顾无措，顷之，相继别去，以为不可复救矣。及晚，医者朱清宇至，为之调治，又似少有起色……二十八日，同儿方用温补之剂，脾脉顿伤，泻泄骤下，共为惊愕，自是生机绝矣，医者皆谢去……二十九日，……未刻遂不起，为之含殓已。"①

由于同儿染上痘疹一症，而痘症是当时颇为严重的传染病，死亡率很高，所以祁彪佳显得十分担忧。我们在日记中的二十九日条可知道同孙最后难逃死亡的厄运。据《永乐大典·医药集》收录的《巢元方病源》的论述，若小儿不幸感染痘疹，便要小心一切所服药物，因为那些药物可能会伤害到肠胃，便致烦毒。按照日记中二十八日条的记载，可能就是因所服药物太强而被其伤害肠胃。可见，祁氏的孙子同儿可能便是在这种情况下离世。中国早在西晋已有治疗痘疹的方书，为葛洪所著的《肘后备急方》，

① 祁彪佳：《祁忠敏公日记》，书目文献出版社 1993 年版，第 1397—1423 页。

主要采用以毒攻毒的方法医治痘疮，而这些有关治疗痘疹的书籍发展至明清之际理论更趋成熟了。此外，在明代隆庆年间已有有关"痘疹"的治疗及治疗方法，但成功率不高。

由于《祁忠敏公日记》所记载关于同儿的资料不多，我们很难确定他所患的痘症是属于哪一类。但根据祁彪佳这几天的记录，我们可以推断其孙同儿所患的病应属于较严重的天花。因为若是水痘的话，病情会较轻微，甚少会有性命之虞，根本不用祁彪佳及其中医朋友那么紧张。况且"天花"在各书所称的病名不一，共有26个名称。它们分别是：天行发斑疮、疫疠、疱疮、虏疮、天疮、大痘、茱萸痘、天行痘、珍珠痘、蒸饼痘、麸痘、麻痘、圣疮、铁甲疮、鲁疮、痘疮、豌豆疮、豌豆疱疮、登豆疮、百岁疮、鬼疮、锡面、蛇皮、天花、疮疹、疮痘。但无论如何，其所描述的症状，应属天花无疑。虽然祁彪佳在日记中只以"痘"来形容孙儿的病，但几位中医参与会诊，足见其病情应该不轻，故其孙可能染上"天花"。有关这种传染病在世界的最早记载，始自埃及木乃伊身上的痘斑，法老拉美西斯五世面部的痘痕至今仍清楚可辨。在古印度亦早在公元前六世纪就出现有关于天花的记载了，古代的中国则约在东周时期。中世纪时，天花在世界广泛流行。由此可见，祁彪佳对流行传染病的警觉性颇高。盖因当时天花夺去了不少小童的性命。满清入关初期，由于地理环境、政治及社会环境种种客观因素，天花更在皇室中肆虐，几乎到了一发不可收拾的地步，清世祖亦是因为染上天花而死。据德国学者魏特所著的《汤若望传》中有如下记载："如同一切满洲人一般，顺治对于痘症有一种极大的恐惧，因为这在成人差不多也总是要伤命的。在宫中特为奉祀痘神娘娘，另设有庙坛。或许是因他对于这种病症的恐惧，而竟使他真正染上了这种病症。"[1]

---

[1]　魏特：《汤若望传》，杨炳辰译，商务印书馆1949年版，第59页。

　　从魏氏的描述中，我们可以知道当时的满洲人对于天花病的恐惧，他们甚至当天花为一个神去膜拜，希望因此而避免感染。而清圣祖能登上帝位的原因，亦多少在于他在幼年时曾患过天花。但值得注意的是，虽然天花这种传染病十分可怕，但人一生只病发一次，以后便不会再受感染，这便是人体的免疫功能。在预防天花方法的发展过程中，人们逐渐掌握到这个特性。基于上述原因，自明代开始已有医学家不断致力于天花的预防研究。他们尝试运用人体的免疫系统原理，发明了各种预防天花的方法。祁氏没有因天花的猖獗而替其孙做好预防措施，可能因为鉴于当时预防方法上仍存在一定程度上的危险及成效不大。如明初谈伦在《试验方》及郭子章在《博集稀痘》中提出以水牛虱和粉做饼或烧灰存性和粥饭服下，但这方法成效不大。此外，当时的预防方法尚有人痘接种法，江苏句容县人俞茂鲲在《痘科金镜赋集解》中记载了在明穆宗隆庆年间已盛行于世："又闻种痘法起于明朝隆庆年间宁国府太平县。姓氏失考，得之异人丹家之传，由此蔓延天下。至今种花者，宁国人居多。近日溧阳人窃而为之者亦不少。当日异传之家，至今尚留苗种，必须三金，方得一枝丹苗。买苗后医家因以获利。时当冬夏种痘者，即以亲生族党姻戚之子传种，留种谓之养苗。设如苗绝，又必至太平再买。所以相传亦无种花失事者。近来昧良利徒，往往将天行已靥之痂偷来作种，是名败苗。虽天行之气已平，而疫疠之气犹在，所以二百小儿，难免三五受害也。"①

　　当中记载的宁国府太平县，即今日的安徽省黄山市。自从俞氏介绍了"人痘接种法"后，种痘法在中国的典籍中多有记载。如明末喻昌的《寓意草》记载了顾诘明的第二子、第三子在北平种痘的医案。至于"人痘接种法"的种痘方法，根据张璐所编著的《张氏医通》卷十二记载了鼻苗法、痘衣法及旱苗法三种种痘方法："原其种痘之苗，别无他药，惟是盗取痘

―――――――――

① 马伯英：《中国医学文化史》，上海人民出版社 1994 年版，第 811 页。

儿标粒之浆，收入棉内，纳儿鼻孔，女右男左，七日其气宜通，热发点见……如痘浆不得盗，痘痂亦可发苗，痘痂无可窃，则以新出痘儿所服之衣，与他儿服之，亦能出痘。"①

鼻苗法是用棉花蘸沾天花患者的疱浆，以男左女右的方式塞入未患天花的人的鼻腔中，令其患天花而获得免疫能力；而旱苗法则是将接近痊愈的天花患者的痘痂弄细，再用银管吹入未出过天花的人的鼻孔中；痘衣法是将患者穿过的衣服给未患者穿着，令其感染天花而产生抵抗力。但是，以上三种方法可能会导致接受种痘的人患上重型天花而死亡，可说是十分危险。但是，这些种痘法仍广泛流行于民间。在《张氏医通》同卷中也记述了种痘法，始自江右，达于燕齐，近则遍行南北。可见种痘术在17世纪开始已推广至全国并为百姓所接受。尽管这些预防方法已得到一定的接受及支持，但祁彪佳仍抱审慎观望态度。在此我们可知道祁彪佳对家人的爱护，不敢贸然断送他们的性命。至于在治疗同孙诊治天花的日记记载中，亦体现出医者运用四诊中的望、闻、问三项重要诊断步骤。由于天花属于从皮肤表面发出来的传染病，所以医者们可凭着表面症状及诊断内在脉象互相配合而得出病情的严重性，从而给予适当治疗。

除了可以知道当时中医的诊断过程及方法外，我们亦可以透过《祁忠敏公日记》认知明清士人的医学水平。综合而言，我们可以根据下列事实来判断当时士人的医学知识的普及，所谓预防胜于治疗。正因如此，中国人早在远古时代已懂得很多保健及养生的方法。发展至明清阶段，养生及保健的理论及方法更成熟。日记中所记载的养生保健方法并不多，当中主要以儒家静坐及静思和佛家的坐禅为主。在和友人的交往中，彼此亦经常讨论心性之学，而在祁氏的其他著作中，亦可见其信奉佛教的意识。他经常涉足佛门，并结识寺中僧人，彼此交流处世心得。在他的好友熊佳为其

① 张璐：《张氏医通》，上海科学技术出版社1963年版，第697页。

撰写的《行实》中把祁氏描述为"暇则究性命之学，常焚香静坐"。又如在杜春生所撰写的《遗事》中说："先生少年豪士，自从刘子折节心性之学。先生执弟子之礼，而刘子则但以朋辈待之。"① 可见他经常学习明末士人刘宗周以静坐及修养心性的方法，并对刘氏以老师之礼看待，他曾辞官家居九年跟随刘氏学习。刘宗周，浙江山阴（今绍兴）人，因讲学于山阴县城北的蕺山，故被称为蕺山先生。其学说主要讲述心性修养及静坐，现有《刘子全书》及《刘子全书遗编》传世。其与祁彪佳同籍贯，并对祁氏以朋辈看待，两人同在清顺治二年绝食而死。

《明史·刘宗周传》记载："宗周受业于许孚远。已，入东林书院，与高攀龙辈讲习。冯从吾首善书院之会，宗周亦与焉。越中自王守仁后，一传为王畿，再传为周汝登、陶望龄，三传为陶奭龄，皆杂于禅。奭龄讲学白马山，为因果说，去守仁益远。宗周忧之，筑证人书院，集同志讲肄。且死，语门人曰：'学之要，诚而已，主敬其功也。敬则诚，诚则天。良知之说，鲜有不流于禅者。'"② 这里详列刘氏的学问渊源，他感慨王守仁的学说流传至今已渗入了佛教的思想，这种思想特征同样可在祁彪佳的作品中印证到。可能因当时明代政治日渐走下坡路，而他本身又被朝中小人所排斥，并以养病为理由请辞还乡。他在郁郁不得志的情况下唯有寄情于出世的佛禅，希望借此排解心中那一股闷气。例如《弃录》在己卯年写成，当中讲述祁氏自乙亥年请辞后至己卯年已有数年光景，但其间生活漫无目的，无聊度日，徒浪费宝贵光阴。故他除了向佛忏悔外，亦希望日后能以功补过。在他向佛忏悔之余，我们可以得知其生活与佛家分不开。除了成为他精神的依靠外，他的日常生活亦与佛教分不开。如他闲时会到虎角庵活动，亦会与朋友及僧人讨论佛偈。

① 祁彪佳：《祁彪佳集》，中华书局 1960 年版，第 2137 页。
② 张廷玉：《明史》，中华书局 1974 年版，第 6591 页。

关于刘氏静坐的学说及方法，根据《刘子全书·静坐说》记载："人生终日扰扰也，一着归根复命处，乃在向晦时。即天地万物不外此理。于此可悟学问宗旨，只是主静也。此处工夫最难下手，姑为学者设方便法，且教之静坐。日用之间除应事接物外，苟有余刻且静坐。坐间本无一切事，即以无事付之。既无一切事，亦无一切心。无心之心，正是本心。瞥起则放下，黏滞则扫除。只与之常惺惺可也。此时伎俩，不合眼、不掩耳、不趺跏、不数息、不参话头，只在寻常日用中。有时倦则起，有时感则应。行住坐卧，都作静观，食息起居都作静会。昔人所谓勿忘勿助间，未尝致纤毫之力，此其真消息也。故程子每见人静坐，便叹其善学。善学云者，只此是求放心亲切工夫，从此入门，即从此究竟。非徒小小方便而已。会得时，立地圣域。不会得时，终身只是狂驰了，更无别法可入。不会静坐，且学坐而已。学坐不成，更论怎学。坐如尸坐时习。学者且从整齐严肃入，渐进于自然。《诗（经）》云：'相在尔室，尚不愧于屋漏'，又曰：'神之格思，不可度思，矧可射思。'"[1] 这里说明了静坐的方法及日常生活主静的原则，他认为学问的一切基本功夫在于"静"，日常的生活均与"静"有关。读书人若能适当配合静坐，效果必会更佳："朱夫子尝言：'学者半日静坐，半日读书，如此三五年必有进步可观。'今当取以为法，然除却静坐工夫，亦无以为读书地，则其实亦非有两程候也。学者诚于静坐得力时，徐取古人书读之，便觉古人真在目前。一切引翼提撕、匡救之法，皆能一一得之于我。"[2]"学者静中既得力，又有一段读书之功，自然遇事能应。"[3]在明清期间，静坐修养在中国十分流行，特别是在士人的阶层中。他们明白要达致健康必须内外兼备。而心健康更加是身体健康的要素，这与近代西方心理学对于心理与疾病相互关系研究相似。

---

① 刘宗周：《刘子全书及遗编》，中文出版社 1981 年版，第 124 页。

② 同上书，第 3125 页。

③ 同上。

祁氏本身是明末时的士人，但他对于医理亦颇有认识。在官场生涯中，他结识了不少中医朋友，彼此共同研究医理。所以在日记中不难发现在许多疾病的诊治过程中，祁氏亦有参与其中。如在《林居适笔》一章所记载为其孙儿同儿治疗痘疹的过程中，他本人就曾积极参与用药的争论当中，并作出判断："医者凌少广早至，以为症不起，与陶藤生意合。午后周敬兰、金素行至，皆是凌说，独马性聚谓'为凉药所误，应用热剂'与诸友争辩甚力。李明初至，则祖马。予遂从李、马二君所用方。"①医师在运用凉药抑或热剂两种药物治疗痘疹分成两派，发生激烈争辩。由于祁彪佳本人略懂医理，所以在诊治过程中可以参与其中。

除此以外，对于药方拟定方面，祁氏亦有一定知识，所以日记中亦记载了他与朋友共同斟酌药方的情形："宋孔章来，谢岵云亦来，留宋饭，共酌医方。"②另外，作为一个略懂医理的清初士人，祁氏对于药物的运用亦有研究，如在《乙酉日历》一章中亦有以下记载："内子以误受药饵病甚，予以参解之。"③可见对于一些疾病的医治方法，祁氏亦略懂掌握。这可能与他平日有阅读医学书籍的习惯有关。尤其是明代李时珍所著的《本草纲目》一书，当中介绍了各种草药的特性及效用。从《祁忠敏公日记》中，我们亦不难发现他有阅读《本草纲目》的习惯："午后出寓山，披襟阅《纲目》于虎角庵。"④祁彪佳虽有阅读本草学的书籍，但作为一个士人，他的医学知识仍比不上一位受过正式训练的中医。因为在日记中所记载祁氏本人及其亲友患病的时候，都是另行延医治理："连日热极而劳亦极，体甚困惫，乃呼医予次日调治；予甥女以血病，内子留之山中就医；延张子环来诊脉，以内子昔日之病，乃其尊公景岳所保全也，然药仍用戴见

---

① 祁彪佳：《祁忠敏公日记》，书目文献出版社1993年版，第1421页。
② 同上书，第1333页。
③ 同上书，第1440页。
④ 同上书，第1160页。

龙者。"①

可见，祁彪佳本人虽具有医学知识，但对于一些较为复杂的疾病，则可能需要请医生医治："见龙且为予调治，云心脉甚微，当有大病，宜善理之。"②类似上述的记载在日记中有很多，足以证明祁彪佳本人的医学知识仍未达到正规中医的水平。但无可否认，这比较起以往的士人对于医学轻视的态度明显有了进步。值得注意的是，尽管祁彪佳在生病时会去求医，但作为一个略懂医理的士人，他亦深明不可随便易医的道理，在《林居尺牍》中，他便说明了这个道理："精于医者虽不乏人，然屡屡易医亦医家所忌。老师再决之静修上人，果真不能见效，而别觅可也。贡期尚遥，正可静揖门生。昨为比说者盖恐老师以试事烦心，则尊目愈难复光，故欲以退一步法作安心理之计耳。"③

祁彪佳在求医时通常会耐心等候疗效，倘若仍收不到预期的效果，便会考虑易医。另外，他亦懂得避免病急乱投医的忌讳，时刻提醒自己保持客观的心态，不会因患病而轻易易医，使病情难以控制。作为一个士人，他学习医理的目的主要是为兴趣，以满足将来不时之需。若本身具备医学常识，到了自己及亲友患病时不致发生"病急乱求医"的情况。如在《宜焚全稿》中便记载了祁彪佳自己不少的患病经历："即本官亦思以眚地展新猷，而无奈其病体之日深，何也？方其未任之前，三以咯血、痰喘之病，请臣等，未之敢许。督促到任不旬余，而又患痢。则以假请臣等以勘灾之后，趋之出乃本官以患痢之后。前疾益加，则又以病请臣以较武之役。又趣之出及二场，未竣，旋以呕血晕眩。扶掖登舟，则臣于是知本官病体之日深也。今又旬余矣，痊无可期，三详踵至。臣令府厅诸臣就而视之，无不以旭赢，为本官怜臣批常镇督粮两道，臣再行查议，无不以真切

---

① 祁彪佳：《祁忠敏公日记》，书目文献出版社 1993 年版，第 1161 页。
② 同上书，第 1426 页。
③ 同上书，第 2210 页。

之情状为本官。信臣于是而益知本官病体之日深也……。微臣禀质素弱，自司理关中，胃口误受冷物，以致痛楚不堪然，向犹间一举发也。去年奉命按吴患痢未痊，即扶疾入境。昼夜拮据，罔敢即安。迨镇江巡历以迄常州，或是饮食不时或是劳思过度。臣亦不知其故，惟觉胃口之痛十倍于前，而脾亦大损。按之胸次，若有物之坚而成质者。每痛辄逆拥而上，如万针之刺，延及两胁。至入暮为更甚，一发则叫号，彻夜更深之，候绝而复苏。独对一灯，泫然伤感，痛念臣父、臣兄皆以脾胃之疾不起。而臣复患，此当是宿孽相躔，命数有限耳。然臣前此稍可支持，犹强起掷沐，扪痛视事，无奈未及于午，即昏然欲睡，身如在云雾之中，阅字不能数行，对人辄忽，若失此又脾倦之剧症也。自冬及春，日尝似饥不可忍，实乃为中气虚陷之故。不得已而稍食盂粥，则痛复大作矣。臣曾多方疗治延医，如何广、钱昌、像革攻补集投，皆未有效。而近之困惫床褥，有万难即起之者。盖近则时逆拥而痛，时虚陷而痛。总此肝火为升降，昼夜无有已时，而且初止膈食不下者。今则少饮粥汤，即尽行呕吐。初止泄泻者，今则下血如注。火上炎于头面，每辄晕眩欲仆。而四肢冷蹶，两足酸肿，此又脾弱脾虚之剧症也。在人一身以脾胃为本，其病也为膈食、为翻胃、为脾泄，有其一皆无生理。而臣兼之此，岂比风寒暑湿之可以药饵调治。旦夕奏效者，臣病困之中辗转踌躇，惟有乞恩回籍，或不至毙道途耳。伏念臣虽无才建竖，亦尚有志驰驱。初意既衔命而出，必欲勉竣其差，稍竭狗马之力。故讳疾从事，以至一病若此，病势至于今日。尚敢有一字增饰，欺我皇上，以自干斧钺乎。"①

祁彪佳因劳心于政务大事上，所以每每积劳成疾。在《宜焚全稿》中，便记载了他巡按苏松时所上的奏疏。当中可以反映出他对人民的关切，及其对朝廷的忠心程度。正因如此，虽然他薄具医学常识，但经常因劳心于

---

① 祁彪佳：《祁彪佳文稿》，中华书局 1960 年版，第 92—93、272 页。

政务琐事而忽略身体健康，更因患病初期缺乏调理而导致病情恶化。与明代很多人一样，祁氏习医的目的，是为了忠和孝。纵使医学知识令他知道健康的重要及如何调理身体，但在忠君爱国的情况下，祁氏宁愿放弃拥有一个健康的身体，也不愿做一个因循苟且的官员。在病入膏肓的情况下，祁彪佳迫不得已才会恳求君主准其告病还乡。这种现象在士人阶层中普遍存在，他们具备医学常识，略懂脉理施药，但都因工作而忽略健康，操劳过度而导致身体虚弱："崇祯七年三月二十九日，据常镇带管苏松兵粮道副使徐世荫呈，蒙臣宪牌开据苏州府总捕同知王尚贤禀称职况。沉疴陡发，脏腑若焦，昼夜喘唾，痛苦几绝奄。一息势难久延，惟卧以待毙，恳速具题放归等因到院。……即查同知王尚贤是否真病，有无假托。如果病在危笃，痊可无期。速行查确，具报以便会题等。因蒙此备牌仰府即查总捕王同知是否真病，果否危笃。如或痊可有期，该府仍勉留料理。倘果病势难起，即为据实具详，听候两院酌题作速查明。限二日报道，以凭覆核转详等因。奉此随该本府署印。推官周之夔查得本官长才洁守，苦心热肠，原视职守切于身家，故致焦劳侵乎性命。盖因姑苏烦剧，奸邪伏莽督捕，业已艰辛。矧复莅任，未几，两邑乏员署符设立义田完兑漕米，皆竭尽心血，益增病苦，屡盟去志。恳留再三，但适来积成沉疴，每见呻吟，伏枕叠文。详情面之，适以滋误而无补地方。"①

此外，亦有一些士人当初习医是为了兴趣，但后来却成为谋生的工具。中国在战国时期已有救荒思想的记载，描述古代理想的官僚架构《周礼·天官》记载了医师、食医、疾医、疡医及兽医五种医务卫生职位的设置："医师：掌医之政令，聚毒药以共医事。凡邦之有疾病者、疕疡者造焉，则使医分而治之，岁终则稽其医事，以制其食。十全为上，十失一次之，十失二次之，十失三次之，十失四为下；食医：掌和王之六食、六

① 祁彪佳：《祁彪佳文稿》，中华书局 1960 年版，第 278 页。

饮、六膳、百羞、百酱、八珍之齐；疾医：掌养万民之疾病，四时皆有疠疾……凡民之有疾病者，分而治之，死终，则各书其所以，而入于医师；疡医：掌肿疡、溃疡、金疡、折疡之祝药刮杀之齐。……凡有疡者，受其药焉；兽医：掌疗兽病，疗兽疡。凡兽之有病者、有疡者，使疗之。死则计其数以进退之。"①

表面上，政府颇为重视医务卫生的管理，并以此作为医官的升黜准则。但是，从另一方面看，我们会发现当时的医疗设施多只供贵族阶层使用，甚少惠及平民百姓。在《周礼·天官》中清楚列明这些医务官员的数目："医师：上士二人，下士二人；府二人，史二人，徒二十人；食医：中士二人；疾医：中士八人；疡医：下士八人；兽医：下士四人。"②倘若医务官员仅为上述所列的人数，则按照人口比例便会不敷应用。在有限的供应下，只能为贵族阶层服务。此外，处理国家灾荒赈济的官员亦没有。既然缺乏国家中央设立的救荒组织，所以地方上的救荒工作，大部分均由民间团体自发性设立，亦有一些为士人创办，但只是属于暂时性及针对性的服务：如祁氏所设置的粥厂、药局、病坊、给米法，均为针对当时的灾荒而开设，属临时性的赈灾活动。设置的期限以善款及人手的多寡、灾情的严重程度而定。此外，他鉴于当时的救荒者多有心无术，故结合前人的赈灾心得及本身的经验，辑成《古今救荒全书》，希望能减少灾害对百姓所造成的滋扰。而有关祁氏赈济事业的记载，亦可散见于他所有书信及日记方面。如在《致郑守宪书》中，他表明了自己奋不顾身的救荒理想："此天行化灾兆祥之时，亦民瘼转危为安之日也。至于不鄙刍荛，惓切垂询，尤使治某感极忘身，不禁饶舌，窃思救荒诸务。"③

另外，他又认为赈灾者不应存在着"重城轻乡"的心理，他们往往"以

---

① 孙诒让：《周礼正义》，商务印书馆 1934 年版，第 1001 页。
② 同上书，第 999 页。
③ 祁彪佳：《祁彪佳集》，中华书局 1960 年版，第 39 页。

城市为腹心，赈施首及。而僻地远村，恒不沾暨。即或以乡济乡，又因照注未周，料理有缺，空存其名，殊鲜实惠。至于发廪给银，使其入城候领，大都困踣道路，空手言旋，少有所得。"①

由于居住在乡村的百姓必须在城市轮候救济金，一些住得偏远的村民往往因为路途遥远，导致最后空手而回，甚至赔上路费。况且一些偏僻的乡村又多盗贼，所以祁彪佳认为赈灾者应多加体恤这些乡民，使他们在灾荒时得到充分的照顾。其实，祁彪佳除了希望主持赈济活动的人能够顾及那些穷乡僻壤，而地方亦希望能够发挥守望相助的精神，在《救荒全书小序·宏济章》中他说明了家族内部在灾荒中互相帮助的重要性："官赈而分之里，简矣核矣。然犹以势相比，恐非情相联也。于是乎更有族赈之法，非其子弟，则其父兄。恤困周贫，谁忍作秦越之视。况夫常情之施济者，大都欲见德于人。欲见德于里，必更欲见德于族。动之以水源木本之思，则鼓劝尤易。且稽核之便又如是彰彰也。若夫通融其间，亦犹之乎里耳。"②

由于同族的亲人彼此拥有血缘关系，看见同族饱受灾害折磨，自会较之同里、同乡易起恻隐之心。所以祁彪佳希望赈济的工作能从基本的"族"的单位逐步推广到"里"甚至到"乡"，以发挥同胞互助合作的精神："州邑民稠地广，稽劝难周，于是有里赈之法，左垣长言之详矣。然里有大小，有贫富，画地而赈，则小者贫者，饥民其何赖焉？哀多益寡，通融搭附，要不失于从简之意而已矣。"③

正因里、乡中百姓存在着贫富悬殊的情况，所以较为富有的百姓可以在灾荒中稍尽绵力，去赈济同里、同乡中一些因灾祸而陷入困境的百姓。倘若灾民获得同族、同里或同乡接济，便不用长途跋涉走到城中和其

---

① 祁彪佳：《祁彪佳集》，中华书局 1960 年版，第 88 页。
② 同上书，第 106 页。
③ 同上。

他居民争救济物资："吾越在城中以坊赈坊，在近乡以村赈村者。盖因坊坊有殷富，村村有殷富，故可以不出坊村而挈富济贫也。"①可惜，理想归理想，地方中实在鲜有愿意慷慨解囊的殷富。他们往往只会顾及自己的安危和饱暖，对于其他百姓的苦难充耳不闻。再加上由于在灾荒中物资供应趋于紧张，故最易体现人性中自私自利的一面，如灾民争相抢掠粮食及商贩囤积粮食，以牟取暴利。以上种种情况令祁氏的救荒政策不能顺利实行，但他凭多年救荒工作经验所辑成的《救荒全书小序》及《救荒杂议》无疑可作为后世的救荒工作的一个借鉴。比较前一节所引述的救荒书籍，他对地方医学卫生方面的赈济工作无疑更为全面。现将他对筹办医学卫生方面的赈济活动的意见作一阐释。祁彪佳及其朋友均十分重视"赠医施药"。有关他"赠医施药"事迹及思想的资料，可在《施药纪事》《施药缘起》及《施药条款》中看见。而在《施药纪事》一文，祁彪佳就叙述了他在其家乡绍兴办药局的背景。因为在崇祯九年时发生了一次疫症，导致死伤枕藉，所以祁氏能发起一次赠医施药的善举："友人有言及者，共相恻恻……因忆巳、庚之间里居时，名医童君五莱及禅师麦浪咸有施药议，时同志寥寥难之。故未及举，机缘若有待也。"②

　　其实，祁彪佳在以往亦曾计划赠医施药的善举，可惜最后却因支持者寥寥可数而告吹。幸好，这次施药计划得到其友踊跃支持而得以付诸实行："金如王先生适在座，即屈指商榷，措置中款。彪于灯下草列十条，毅然以必行为念。王先生走告之同志者，人踊跃愿从事焉。"③由于得到好友王先生的大力支持，令祁氏本来胎死腹中的计划得以实行，而药局的设置地点、各人的职责及各项琐碎事务亦已初步划定："乃设局于光相禅院，以王先生主局中事，延名医十人，每日二人诣局授方。人各六日，及

----

① 祁彪佳：《祁彪佳集》，中华书局1960年版，第88页。

② 同上书，第29页。

③ 同上。

午散归，则太医姚同伯继之，已而不暇给，更延二人益之。凡十三人，其司赀、司药、司记、司客、司计，诸同志分任。各恪乃务，出入必覆，登录必详，酬对必当。治方合药，尤称烦琐，躬亲之，必慎必敬。"① 而各师亦尽力及探用不同方法去抢救患病的百姓，他们甚至不怕病菌感染，在炎热的天气下替人治病，此举为百姓所感激及称道："即人自谋其身，自理其家不啻也。问药者有过而叹曰：'嗟乎！使今天下之为民牧者，尽如药局诸友之若自谋其身、自理其家也。天下何患不治哉。'诸名医以菩萨心，现医王手，或按古法，或出新裁，宜攻宜补，若洞垣然，各以其期赴局。而童君五莱、傅君会与袁君六卿，则非其期，时亦惠然一至。虽炎暑焦灼、秽气熏蒸不避也。贫病人闻诸医名则喜，及投剂辄效则更喜。歌颂载道，彼黄发、鲐背之妪老，有作诗以志德，有尸而祝者。"②

各位参与赠医施药的士人工作态度诚恳热心，医者的仁心仁术亦得到受惠者的称道。而百姓往来求诊者亦络绎不绝，他们从四方八面前来求医。为免他们争先恐后，故有专人负责派筹，而当中又以病情严重的病者获优先诊治："初，城中暨四乡暨外邑鳞集麇至，又恐后先失序，而扶携不前。则有上人尚德，贺君璠玙持筹分给，以序而入，人人得详告以病繇，而中及膏肓，故奏效最捷。"③

由于经费有限，他们筹办的药局只能提供有限度的医疗服务，诸如药物供应亦有所限制。所以，当办局期满时祁彪佳亦有考虑解散药局。但这意念很快便被好友王先生否决了。王先生就是当初踊跃支持成立药局的热心人士王金如。虽然当时为祁氏的药局救活的百姓达三千人之多，但他认为百姓的病情并未完全受到控制，所以不可以解散药局："初约其期以匝月，迨孟秋望后之三日，期已满，活人约以三千计。金以且散局，王先生

---

① 祁彪佳：《祁彪佳集》，中华书局 1960 年版，第 29 页。
② 同上。
③ 同上书，第 30 页。

曰：'未也，病不全瘳。人方待命，而中辍之，心其忍乎。'"①虽然王先生决定延长医局的开放日期，但药局的运作需要一定的资金。况且，他们以往已因为购买药物而欠了很多钱。如果要延长药局开放的期限必须要筹集一定的资金。众人虽然面有难色，但经不起王氏的热忱，终赞成其提议："时局中告匮，无一文余，且缺药赀数十金，众更难之。王先生曰：'吾辈苟有是心，天下事尽其力可也。'若乎成毁兴废，有数存乎其间。况乎苟尽其力，天下事无不可为，同志友悚然兴起。座间即有首捐一金以倡者，友人遂多和之，顷刻便得金十计矣。翌日，告之诸太医，复鼓舞不倦。诊脉授方之外，向固有携所制丸剂并施者。兹更兼领募事，而童君五莱所募较诸友为多。因再得二旬有六日为后局。"②

经过祁氏等人的努力，药局得以延期。但他的几个参与筹办的好友因长期劳心劳力而导致体形憔悴，食之无味。王先生更因操劳过度而积劳成疾，但在病中仍竭力为药局事宜伤神而毫无倦意，足见他们的善心："王先生以劳致病，病已复劳，劳已复病，终无倦色。在事诸友，卧不贴，食不甘，体为之憔悴。"③最后，祁氏所筹办的药局终于中秋节前夕结束，可是仍有不少远道前来求医的病人。为了不令这些迟来者失望，故仍留下一些医师为他们诊症授方，并把剩余的药物分派给这些病者，"穷乡僻壤接踵来者，奈何令之泣路隅。于是复留同伯姚君，仍为授方，以所余药分给之，稍取其值资薪水。越两旬乃解，人亦罔不称便也"④。虽然药局最后在经费不足的情况下仍要曲终人散，但他们多日来的努力并没有白费。这项善举不仅令很多百姓受惠，而且还吸引了更多善长仁翁纷纷效法投入赠医施药的行列，"乃即目前之闻风继起，已有朱君仲含、吴君定宇、吴君泉

---

① 祁彪佳：《祁彪佳集》，中华书局1960年版，第30页。

② 同上。

③ 同上书，第31页。

④ 同上。

石。其他持药饵活闾闫人更不可数计。闻武林亦有欲为此举者，是吾辈只此不忍一念，倘能扩充，不特在一时，且在他日矣，不特在一方，且在四宇矣，其各勉之哉"①。

　　这种由士人自发性去筹办的赈济活动深深影响了地方上的世家大族，成为一股风气。而有关这种行为的分析，已在前面分述，这里不再赘述。虽然赠医施药的行动获得空前的成功，但祁氏却并不满足于眼前的成就。他希望能将这项善举扩展到四方八面，令更多贫苦百姓受惠。先秦圣贤孟子曾言恻隐之心，人皆有之。这与祁彪佳一班友侪办药局的心正相符合。祁氏对于百姓在疫灾中所遭受的苦难，虽非与自己有血缘关系，但却感同身受："一日，客有过予者，语及方今痫疫流传，民多夭札，而窭人子尤为可悯。盖彼日烧桂煮玉，即无事不能一果腹。一旦踣卧，那复有囊中钱。以故望一匕如九转丹不可得，头缠岑岑痛，生理便尽。或一家数口，相视须死。彪闻之，不禁蹙额，伤哉。夫人独不具耳目鼻口心知百体者哉。独非父乾母坤与吾同胞者哉。"②

　　虽然他现在赋闲在家，但面对疫症给百姓所带来的不幸，曾为朝廷命官的祁彪佳焉有不伤痛之理？所以，他不惜倾尽囊中钱，并身体力行，希望能纾解灾民的困苦："吾辈同此一世界，正恐不能自保。今尚得探囊中钱，展我四体，振救他人，固属幸事。而况此不忍死生人一念，实与上帝之大德相副。"③他深刻认识到一般百姓在贫困的家境下忽患重病无疑是雪上加霜，他们竭尽财物治病，并饱受饥饿的折磨，"乃即此贫而病者，因病而更益其贫。虽残喘获延，而典鬻已尽，一饱无时。不以病死，亦恐以饥死矣"④。故在其所著的《救荒杂议》中可以看见他的救荒思想的内容，

---

① 　祁彪佳：《祁彪佳集》，中华书局 1960 年版，第 31 页。
② 　同上。
③ 　同上书，第 32 页。
④ 　同上。

除了有病坊、药局的设置外，亦有一些解决百姓饥饿的方案，这将会在往后的章节中讨论。至于祁彪佳等人对于赠医施药的各种安排，可在《施药条款》《救荒杂议·药局议》等文书中查考。

　　祁彪佳对于设置药局的位置、交通情况、药局的财政状况、太医的人数、诊症时间及取药手续皆有详细说明，而且安排得十分妥当。各层面分述如下："处理捐款层面：置买药赀及一切杂费，每日约四五金。除彪自行捐助外，今立簿十扇。分发同志之友十人，更各遍传于诸同志者。随意捐助，多寡勿拘，但须即时交付，领簿之友陆续发至季超家兄收贮，以充诸费。募完之日，原簿并发还家兄，以便刊刻成书，布诸善信名号。人手安排层面：延请越中名医十位。彪设卮酒订约，每日烦二位至局诊视，共襄兹举，大概以一月为期。至于在局一切料理，并请太医姚同伯足以任之；交通位置层面：医局定于越王祠光相寺，其地水陆交通，便于携载诊视；祁氏此举既为了减轻病患者舟车劳顿的痛苦，以免路途还远，交通不便而延误病情。诊症时间：投药先须诊脉。凡就医者订以卯辰二时至局，太医每日早至，傍午而散。盖不特太医欲应别家延请，且恐过午则病者往返溽暑中，更益其沉困耳。重病者的安排：病者或在危急，不能扶携，须遣家属详语病縣，以便付药。诊症程序及药物安排：太医诊脉之后，止烦立方。其置办药料，或同志各自推择，或始终其事，或轮管数日。预相订约，勿致临期互诿。诊症记录：太医诊脉立方，司药诸友照方付药，旋书病者名号住址于方内，每日汇作一本，立为医案。俟再次取药，即简阅旧方，斟酌增减。这些医案除了保存对各医师的治疗心得外，亦增加了他们治疗率。轮候安排：看病取药，恐有参差混乱。今议置看病筹五十枝，取药筹百枝。俟入门之时，照其先后付筹。自第一号至某号止，诊脉付药，即照筹为序，庶免拥挤踣跌之患。祁氏明白病者心急求医的心态，为免他们争先恐后，致秩序大乱，故以公平的派筹方式先到先得。轮候地点及总务安排：寺中前殿，备设桌凳，以便病者憩息。至炊爨奔走，各须数人，烦同志之友轮日至局，或接待宾客，或分督僮仆，务使恪恭其事。"① 为病者提供一个较舒适的轮候环境，以减轻他们的不适。

另外，尚有《药局议》一文，旨在列明祁氏等人对药局中各项分工的职责及补充《施药条款》的不足。从内容中我们不难发现祁氏的安排每每都以病者为出发点。凡局中总理、司计、司药、司签均为必要的职务，以确保药局的运作顺利及杜绝欺诈的行为。药局的分工可媲美今日的医院管理局，各人各有职责而又互相监察、牵制，以避免某一方出现权力过大的情况。由于各人的职责已详列于议案当中，苟有任何错失，便可尽快找出负责人，不容他们有机会敷衍塞责。此外，尚有《又议》一章，凡医师茶点、轮候期限、诊断女病人及药物质量均有详细列明，可作为《施药条款》的补充及进一步阐释。现将《药局议》中各条叙述如下。

"其一，太医每位请诣局三日，每日二位。一期已迩，再行邀派。合照另单派定日期，逢期者必辰时初至，未时末散，勿使病人致有怅望，尤见太医普济之仁。（按：祁氏认为守时是十分重要的，病者本身已饱受病痛煎熬，若再苦等医师到临，则会令病情再加恶化。）其二，初方服药未效者，持方到局再行加减。如系前期太医之方，属后期太值日，务在审病看方，加减得法，以图奏效。（按：避免新旧医师所开的药方不能衔接，所以必须再细阅前方，然后稍加斟酌，使病者容易适应。）其三，取用之药，一照时价现发纹银。倘不用道地好料，及供用有缺，致误病人者，即呈明处治。（按：此为司药的职责，祁氏订明规矩是避免他们贪赃枉法，置病者的性命不顾。）其四，给药止疫、痢、疟、泻等时症，其余痼疾他症，止准给方，不准给药。（按：设药局的目的是防止疫、痢、疟、泻等症再蔓延。况且药局资源有限，必须有效运用。故其病症只是诊断，由患者自行从他处调配。）其五，每次止给药二帖。如服药之后，病尚未退，许持方加减

① 祁彪佳：《祁彪佳集》，中华书局 1960 年版，第 33—34 页。

再给。（按：祁氏明白并非医师所开的每一剂药均适合病人饮用的。所以，初期只发两帖，以方便日后药方的删改。）其六，病人到局，先于寺头门外领签，分东西二号，照序进入，不得混乱。（按：设"司签"一职专责此项工作。）其七，重病卧床不能扶掖诊视者，许亲属细写症候，到局领签，取方给药。（按：《施药条款》中的第5条亦有述及。）其八，看病写方既毕，病人即将原方赴给药所入簿。与药亦照方内字号，毋得掺杂。（按：为司药的职责。祁氏这样做是为了避免操守不好之徒不按方执药，致偷龙转凤，从中取利，严重影响病人痊愈的速度。故必须由司药监管属下执事，苟有任何错失，由他总其责。）其九，太医并执事每日茶饭点心，俱经各僧房另单包办。荒俭之年，不得不极意简省，但三餐二点。轮值之房，务要精洁应时。至于发银，一听司赀（按：即司计）料理。其十，妇女看病者，定于巳时在十王殿齐候。烦票局太医到殿前诊脉写方，司记随入誊写医案。（按：当时的社会风气仍十分保守，此举是避免与男患者混杂一起。）"①

　　若我们将《施药条款》及《药局议》的内容作一比较，则会发现前者内容较为笼统及概括，可作为一个设立药局的总指导纲领；后者内容则较为细致及琐碎，足可见祁彪佳心思缜密，设想周到，并不为个人沽名钓誉而行善。此外，在日记中有不少关于祁氏与其他医师朋友及其他士人在辛巳年合力兴办病坊、药局的记载："先严诞日，举祭罢，三宜师过访，季超兄设斋，并请求如先生、乃邀无量师再议救济流移。凡病不能兴者，立一病坊。早晚与粥糜，轮上人一二人看守之，俟稍能行乞，然后遣之去。柯市苦无空房，乃立坊于本村堰下。调养之责无量师慨任之，安顿病困之人……偕无量师商病坊之所；予先散钱一千二百文以为之式，令丐流点进，皆坐文昌祠中，逐一分散，无一哗乱者，困卧寺前诸病，丐先送之入病坊。吴期生昆玉以相约至，再入寺中议之，以散钱予两家共任，而

_____

① 祁彪佳：《祁彪佳集》，中华书局1960年版，第144—147页。

柯市之募，竟留为煮粥。再至岑公祠，欲为流移暂寓之所，以破漏不果，归至堰下。阅病坊中诸丐，得粥二盂，颇有起色；有夫妇病者，予留医山庄。晚间其夫病死，妻又以哭夫死，怜之甚，为买棺埋之；早与邹汝功入城，作书复道台，谢其所捐药局之资……乃请沈先生为主局，而众又推季超兄为总理。其他司计、司记、司药、经理各推其人。又择定名医十二人，与一事宜皆洋酌大概停妥；至寓山草《药局分任事宜》，作书致潘完宁。因柯山赈米，未能促齐，求宽其期。乍晴乍雨，凉气转甚，季超兄自山中归，共商药局；诸友再商药局，当以简俭为主。盖昨日会计诸费三分之中以二分作饮食赀，而给药止一分耳。岂吾辈救民之意哉，乃去经理一项，执事者亦务从其约。太医前议包饭尚太丰，今更简之；予与邹汝功并偕两儿入城。已旁午出，代郑公祖拜求诸太医。至五云门求傅翼子主局，不值。及归寓则翼子同秦履思、陆雍之待于予寓矣。愿共成其事而不欲显其名。予亦义在相成也，更定《药局事宜》及分任事宜，得郑公祖书言赈余之谷以易钱施药；秦履思、吴与参来，与定包饭食之数，且付以资并呼俞升之与寺僧同领饭资药价。得余武贞书，荐名医孙月阳。出城南，拜求诸太医昨未尽者……至五云门外求傅玉梁主局，不允，得晤翼子。又至昌安门外示太医沈敬枢。入大善寺粘示设局，且定撮药之所；早至局，诸友、诸太医以次集，共向佛前拈香祷祝。沈求如、史子复、严念图三先生跪祝甚虔诚，已拜求，诸太医东西二局以序而入，看病共百余，及午同斋于禅堂。"①

以上为祁氏与友人合力筹办病坊以收养患病流民的过程，可见当时的士人对于赠医施药十分重视。由于他尚有其他赈济事业，而且事事劳心劳力，导致他终支持不下而病倒。"赠医施药"这行为反映了当时士人的一种高尚的品格。这在中国传统儒生的社会中是普遍的。尤其是在士人的阶

---

① 祁彪佳：《祁彪佳文稿》，书目文献出版社 1991 年版，第 1233—1255 页。

层中，他们多有接受医学训练，以作为基本的家庭医学保健。另一方面，他们习医的目的亦可以说是基于一种服务社会的心态，并非是牟利的。这在前面有关地域方面的论述上已有所提及，故这里不再赘述。除了有很多医师参与赠医施药的善举外，亦有不少士人加入公益事业的行列。如苏轼在哲宗四年出任杭州时就曾为当地人民解决粮食与疫症的问题："既至杭，大旱，饥疫并作。轼请于朝，免本路上供米三之一，复得赐度僧牒，易米以救饥者。明年春，又减价粜常平米，多作饘粥药剂，遣使挟医，分坊治病，活者甚众。轼曰：'杭，水陆之会，疫死比他处常多。'乃裒羡缗得二千，复发橐中黄金五十两，以作病坊，稍蓄钱粮待之。"①

由他资助兴办的这所病坊，为北宋时期首间由官方兴办的贫苦病院。此外，苏氏在贬谪海南时期仍不断为广州的居民解决食水及防疫等问题。在给王敏仲的信中说明了当地居民所饮用的食水味道既苦且咸，极易感染疫症。只有官员能够饮用较为卫生的刘王山井水。当时罗浮山道士邓守安建议引蒲涧山滴水岩的水入城，以解决食水卫生的问题，后王敏仲采纳苏氏建议。在防疫方面，苏氏建议在州设立病坊，以收容一些不慎染病的旅客，此举亦可有隔离防疫之效。除了关注地方的医药卫生方面，祁氏还筹办粥厂、控制米价、防盗贼及澄清吏治等救荒事务，然而这些措施皆不在本书研究范围之内，故在这里不再赘述。

总括而言，祁彪佳将百姓在灾难中所遭受的伤害归咎于自己，在为人民之苦痛哭流涕之余，提出利军利民的解决方案。另外，他更在灾害发生后及时巡视各灾区，并对于灾民所遭受的苦难感到悲恸。如在崇祯七年四月初七东北一带所发生的一次冰雹中便可见到祁彪佳对百姓关怀痛惜之情："同知蔡如葵申称，本县于四月初七日申酉时候，忽然东北一带黑云弥蔽，雷电震作，狂风冰雹雾时倾下，民间惊异灾变非常。卑职即时着各

---

① 脱脱等：《宋史》，中华书局 1977 年版，第 627 页。

地方查报，随据宝池顺化等乡民邬宇、顾科等各具呈前来。职于次早亲历各被灾地方，勘验委果，在田二麦尽皆摧碎如薷，民间男妇悲啼遍野。职目击惨伤实切痛心，当青黄不接之际何堪值此异常灾变？"①

面对灾民的惨况，再加上地方官的不善赈济之道，祁氏不得不尽他一己之微力，奉献于赈灾事业之中。在其好友熊佳所撰写的《行实》中可见祁彪佳对赈济事业的热心："凡施济事，知无不为，一赈剡饥，再赈全越饥。先生力为担荷。虚礼下士，感物以诚，富家大室，闻风乐施，所全活不可计，所行和籴法、分籴法、设粥厂法、给米法，无不尽善。"②

而祁彪佳等人所行的一切善举，皆与其所受的儒家思想教育及佛教信仰有密切关系。他的著作中亦有记载一些关于他与佛门中人交往的经历，如《会稽云门麦浪怀禅师塔铭》《东山尔密渡禅师塔铭》等文章。《会稽云门麦浪怀禅师塔铭》中更引录了一些讲述佛教舍己为人的事迹，如"割肉救邻人""舍身喂虎"等。而祁彪佳在字里行间更表现出他是一个深受儒家思想熏陶的人，如《三代之得天下也以仁》中曰："得失在仁，慎所乐也，夫以仁而得，以不仁而失。"③所以在管理地方事务上，其注重士兵纪律严明及民生安定："兵气固宜振也，必须纪律申而后酬，足以资腾饱恩赏固宜薄也。必当为可继之地方。勿以生无厌之觊，开释固宜速，当有可原之条，勿紊闰贷之刑章。庶几纪纲，明法度，饬然后，以轻徭薄赋收民心，以举贤录才收士心，以信赏必罚收将卒之心。言守固言战胜矣。更有进者，殿下一心，尤为纪纲法度之本……"④

在《忠敏公安抚江南疏抄》中，他表明了自己的一套安定地方的原则，既以明法度，振纲纪约束军民，又希望以奖赏笼络他们。只有圣上能以

---

① 祁彪佳：《祁彪佳文稿》，书目文献出版社 1991 年版，第 342 页。
② 祁彪佳：《祁彪佳集》，中华书局 1960 年版，第 237 页。
③ 同上书，第 74 页。
④ 祁彪佳：《祁彪佳文稿》，书目文献出版社 1991 年版，第 796 页。

德服人，才能使民心归顺，民变平息。盖因当时江南盗贼群起，扰乱地方治安及秩序。再加上当地居民较易被煽动，若不加以控制，恐怕会引起大规模的暴乱，一发不可收拾："然三吴民情嚣嚣动，而今所借者，又忠愤义激之名，是以惆慷沸羹，不可止遏。与其震之使惧，不若感之使服。夫立国之本在人心，治人之防在国法，国法诚申人心自正；事窃震泽之区，其人多慷慨好义。然而一呼群集，向所称易动难安者也。自国家惨变惊传青衿者流，念先帝教养之德，一时痛愤，于是朝廷哀诏未须先为聚哭之举。臣子逆状未确，先为追讨之文，不知忠愤义激，稍一遇当便开小民抢攘之流弊。此吴中士习民风所以有大可忧者在也。"①可见笼络民心的重要。

　　另外，在处理国家祸乱时，祁彪佳不惜与人民共度时艰及共存亡，其无私的精神为忠臣的典范。"臣于此不敢自有其身家，惟与士民共身家。不敢自有其性命，惟与将吏共性命。夫身家敢自有，又何有于货贿？性命不敢自有，又何有于情面。此臣剖心沥血之愚诚可以矢诸曒日，以期勉副皇上之任使者也；臣顷于初六日抵镇江，目击僵尸遍野，秃砾满道，残民拥臣马首号哭震天。臣切齿痛心恨不与民俱死，正欲具疏恭奏……"②他对百姓所遭受的苦难感同身受，不仅显示其对国家的忠心，亦表现出他对人民的爱护之情。如祁彪佳曾经师从的士人，刘宗周，就曾做过类似的赈济工作，根据《明史·刘宗周传》的记载，修贾区以处贫民，为粥以养老疾。祁氏以刘宗周为师，除了学习其以静坐为主的修心养性方法外，亦培养了其乐于助人的优良品德。

　　其实，医生这一职业即使在祁氏所处的朝代仍一直屈居于入仕之下，为士人所忽略低视。但当士人成功进入官场后，在儒家思想中"孝"的

---

① 祁彪佳：《祁彪佳文稿》，书目文献出版社1991年版，第891页。
② 同上书，第800页。

观念影响及推动下开始意识到医学知识对于侍奉双亲有十分重要的作用。祁彪佳的著作记载了一些他母亲患病的经历及一些典型的历史故事，这足以触发他研习医理的动机："先媪母病危，夜祷北辰，愿以身代感格。周孝子神人降庭授以良方，母赖得生。后居母丧，事死如生，刻木肖像，尧尽温青之礼，未尝少怠。该臣齐得传应麟写行输，诚阅修敦孝为媪母延年，谢心拜斗。致神降于庭，赐方益寿。是则终身之孺慕，天已鉴之矣。况于肖形刻木，永言孝思乎？公论大符表章无愧。朱应聘系太仓州民，母毛氏患病不痊，聘遂闭室焚香告天，割肝疗母，闷绝在地。经亲兄朱应祥报州验的倩医缝纫其腹，卒延母年。该臣看得朱应聘克尽子道，可格天心。当母氏抱疴之时，梦神取肝，应聘以剐己之肝或可救母之病，身腹一剖，肺肠尽露。卒之见神所鉴，母子获全复且色养十年，后又庐居三载。此耳目所不经见者，虽割股不入典例，是则事近捐躯，可称奇孝，合与表扬。"①

从以上在《宜焚全稿》所记载的事例得知，祁氏对于其母患病一事甚为担心。所以诚心祈祷，希望上天能怜悯他那一颗孝子之心。此外，在讲述其母患病的经历同时，他又以孝子朱应聘孝母的事迹为例，希望他能如朱氏一样孝感动天，使其母之病早日痊愈。虽然当中所记载的朱氏剖腹取肝之事并不符合现代的科学理论，但可知"孝道"一直是儒家的核心思想，亦是中国古代士人所重视的观念。所以他们希望通过研习医理，为日后事亲所需。士人开始意识到医学对于侍奉双亲起着一个重要的作用。纵使他们仍不会以医生为第一志愿，但医学已不再是他们所不齿的行业。在明朝灭亡后，一些曾经习医的士人甚至隐居并以医生为职业，以逃避清政府的招揽。这将会在往后的章节中再进行详细的论述，但我们可以知道的是，"孝道"对于推动士人的医学文化起着举足轻重的

①　祁彪佳：《祁彪佳文稿》，书目文献出版社1991年版，第635—636页。

作用。对于饱读儒家圣贤书而得以进入仕途的祁彪佳而言，他深受儒家思想影响是不足以为奇的。一直以来，儒家思想中所强调的忠孝观念均被历代统治者用作维系及巩固其统治的手段，而儒家经典亦自然成为科举取士必读的书籍。

祁彪佳对于医理颇有研究。与很多士人一样，由于他本身的正职是为官，习医不过是他平时的兴趣，以备日后不时之需。而他对于那些庸医颇有批评，认为他们只顾本身利益，对病人毫无责任感可言。庸医误人这种情况，在灾荒时候尤为荼毒至深，"荒与疫相因，大荒之时，彼强壮者尚可佣工任投，聊支口腹。一旦疾疫缠绵，则有举家僵卧，莫可为计者。赈济之外，施药岂不宜亟哉。然庸医设投，有救之而适以杀之，选医办药，必起膏肓。吾越行之而有成效矣，予愿广之于海内"①。

所以，祁氏设立医局赠医施药的目的，亦在于使百姓避免在疫时受庸医所误。另外，在设立药局赠医施药之余，祁氏亦有留意医师的操守。虽然，那些医生都是由他诚意邀请而在药局工作的，"以诚意鼓动太医，以慈肠悲悯病夫，要使方必合症，药必愈疾"②。但是，若他们全属贪心敛财之辈，那对于百姓非但无利，反而更会拖垮赈灾的步伐。所以祁氏对于医生的监管不敢掉以轻心，"取用之药，一照时价发纹银，倘不用道地好料，及供用有缺，致误病人者，即呈明处治"③。祁氏提出要他们按照手续凭药取回应得的时价，是想避免当中有些害群之马舞弊营私，借此牟取暴利。另一方面，若他们为了一己的利益而向病人提供次等的药物，便会连累不少无辜的性命，故应予以严厉惩罚。此外，由于在明代男女之间的界限仍十分严格。为了免犯道德上的错误，祁氏还要求医生在诊治女病人时必须遵守一定的规则，"妇女看病者，定于巳时在十王殿齐候。烦票局太医到

---

① 祁彪佳：《祁彪佳文稿》，书目文献出版社 1991 年版，第 111 页。
② 同上书，第 144 页。
③ 同上书，第 146 页。

殿前诊脉写方，司记随入誊写医案"①。因为在诊症时医生与病人难免会有身体上的接触，故为了避嫌及顾及患者的感受，必须谨慎有加。

从祁氏的著作中，我们不难对其思想志向有一个充分的了解。由于祁彪佳是明末著名的士人，所以他习医的动机亦往往代表了当时士人的普遍心态。由于受到儒家思想的影响，所以从祁彪佳与朋友的书信中不难知道其对名利及父母两者的取舍。为了供养父母，祁彪佳不惜放弃了自己经营多年的高官厚禄，可见其孝顺之心："盖老母已逾七望八，不佞多病之躯亟图养，此较之利禄名爵缓急轻重相去天渊。不佞当不以缓易急，以轻易重？惟是名节不可不全，则恃有吾乡诸君子维护之力，万惟门下委曲转托而不佞乞身……"②尽管前述祁彪佳因受朝中小人所倾轧而告病还乡，但他亦有向友人表明他退隐的目的并非为仕途险恶，而是因为要照料年老多病的母亲："因是疏入班行便思归隐怀之者，三年而今始得，遂自此养母课子读书明农，倘此后稍于学问有窥，便可终焉已矣，此不佞进退之大关原自从母老身病起见，非弟因世局之险歼，人情之迫窄也。"③

祁彪佳最想担负的，就是要恪尽人子的责任，即使他在朝中身居要位，政务繁重，但仍锁不住他那颗思念母亲的心。而对于自己的愿望可实现，祁彪佳在信中表现出无限的欣喜，"今藉庇竣事，获奉老亲之菽水，惟自此倘遂初衣，读书养母，于愿已足"④。此外，对于母亲生病的消息，身在千里之外的祁彪佳表现得十分焦虑，但碍于政务的困身，不能赶回家亲自照料其疾病，只得透过书信向友人排遣这种忠孝两难全的情怀："迈弟以念母而益见支离，如数日间老母体中小剧，幸以日侍汤药，方稍有起

① 祁彪佳：《祁彪佳文稿》，书目文献出版社1991年版，第147页。
② 同上书，第1943页。
③ 同上书，第2074页。
④ 同上书，第2146页。

色。设使弟在千里之外，此情当复何如？以比出山之念绝不敢萌，而贱体之胃痛、血虚、心脾交病者亦复时时举发，尤忌在劳心役形。是不但有不欲出山之愿，亦有不能出山之势。"①

另一方面，他对于母亲仍然健在于世，起居饮食一切皆安十分庆幸，为此更在信中向友人提及："弟七月初抵家，颇有园居之适，至今尚未入城。所幸者老母健饭，兄弟辈俱以通义相规，德业相勉。"②在未能如愿的情况下，再加上朝政的压迫，祁氏心力交瘁，旧病随时复发，他对母亲深厚的感情可见一斑。

在祁氏的著作中，提及母亲的篇幅比较多，这是中国文化中的普遍社会现象。在传统的中国大众心目中，总会有着"慈母严父"的观念，因为父亲既要外出工作，照料子女的责任自然会落在母亲身上，造成了她们与子女的亲密关系。加上男性的感情一般会较女性含蓄，疼爱子女的心不容易流露出来。在这种情况下，大部分人对母亲的感情可能会比父亲深厚，祁彪佳亦不例外。但是，这并不代表他埋藏了对父亲的感情，在其为父亲撰写的奠文中便流露了祁彪佳对父亲的深切悼念，当中表现了其极度的悲痛。字里行间渗透了一种"树欲静而风不息，子欲养而亲不待"的惋惜之情："呜呼！儿彪佳今归矣。吾父安在哉。儿自拜辞于都中，以到任早一月不能一见吾父也。去岁行取又以到任迟一月，不能一见吾父也。儿今欲再望容颜，再睹笑语尚可得哉。不但不能望容颜睹笑语也，即想象吾父平日康宁之光景，已恍惚如隔世。又欲想象吾父病中羸瘦之光景，又恍惚如隔世也。然则儿之殇断，儿之泪枯尚可言哉。儿自服官凡有举动，即述一二于家报，吾父无不称许之也。曾云：'汝做官之事，我尽放心，所虑者汝身体耳。'每次书中皆持盈守满之道，所寄皆药饵诸物，曰：'有益

---

① 祁彪佳：《祁彪佳文稿》，书目文献出版社 1991 年版，第 2198 页。
② 同上书，第 2086 页。

儿身体也。'儿故于保身一节尤为兢，乃儿身仅存，而吾父病不能亲汤药，吾父没不能视合殓，且儿二十七年之中，衣之食之皆吾父之养儿也。儿曾有一日之养乎？儿尚可以为人子哉？儿自幼至长，吾父逐步望儿之成立。虽至于今，儿知吾父之念犹未已也。儿体吾父之念，敢不益勉益励，庶几人以吾兄弟辈，犹不玷吾父家法也。然儿则禀命于何人？受训于何地哉？呜呼！痛哉！儿在莆署每梦中见吾父，俨若奉朝夕焉。日之所为，意之所欲语者，辄缕缕言之。儿以为久不见吾父，想极成梦耳。今果在梦中乎？又安得在梦中乎？儿入仕已前竟不知致养吾父也，儿入仕已后欲致养吾父，而终不得致养吾父也。且也以五载之间隔正在极其思慕之日，悬想见吾父不知如何喜，养吾父不知如何乐。而儿竟不能早一日归，吾父竟不能迟一日待也。呜呼！痛哉！儿奉吾父润州之书，知病势甚笃，彷徨终夕，欲改教以见吾父，方在踌躇旋知疾少差矣。嗣此每有家信皆值病体旋发旋愈之后，吾父又恐儿之悬悬也，每于书中多讳言病。而八月人来言吾父已有山水之乐，从里门至者亦言吾父行且束装，儿以此，故儿心少宽。且儿窃意吾父积德已深，受福必永葆，神既圉享年必长。而亦向者优游膝下，竟不知天地间有此一种奇惨剧苦也，以致七月之后消息杳然。吾父病中日念儿之无音问也，儿罪可胜赎哉。吾父对家人言惟恨不得见两孙，不恨不得见儿也。盖以儿急未能见此，正欲急儿见也。而儿之终不能见也，儿罪可胜赎哉。儿今归矣，且携两孙归，夫一门之中无不聚首，独吾父安在哉。现肠万转不能言也，儿言万端不能笔也。爱儿知儿莫过吾父，吾父已亡儿尚何言，吾父有灵又奚俟儿言。"[1]

　　回想起自己因工作的关系未尽做人子的责任，祁彪佳想补救已来不及了。文中渗出浓烈的哀愁，表达出祁氏悲痛欲绝的心情。对于自己重视工作而忽略挚亲，祁彪佳在深深地悔恨时亦希望世人能够珍惜尚存的

---

[1]　祁彪佳：《祁彪佳文稿》，书目文献出版社 1991 年版，第 2715—2716 页。

父母在世之欢。他感慨当世之人只重视功名利禄的追求，即使妻子与自己父母的比较亦只是前者较重要："得老母欢心，此是山林实际尚何功名之足。言去夏有长豚之变，在恒情似不能堪。弟谓今人于父母之念，每患不及于妻子之念……"①祁彪佳对于孝的行为极为表扬，如在他评劾其他官员的评语中便曾赞扬一些重孝的人："对于吏事者，志隆孝养以母病告归，可以观百行之端矣。"②可见祁彪佳所看重的不只是能干的人。在品德修养上，"孝道"占了一个颇重要的地位。他不仅孝顺自己的父母，更推而及之，对于昔日提拔他的座师，他亦有念及恩情，在其身故后照料及安抚家人："敝座师王翁身后衰落，师母几无以自存，弟适其里不胜痛恻。敝师母以至亲两童为托，以弟与文宗汪三老有桑梓年谊，故俾之饶丰千之舌，而虑无以达敢祈台台。俯念敝座师曾抚吾浙，今身死家衰鼎重一言而邮致之……"③

祁彪佳明白个人的力量有限，故以书信表达其对于王氏家人的关怀。可见祁彪佳贯彻其"孝"的德行，除了孝顺本身的父母亲外，还将孝道伸延至对昔日的座师上，以报答他知遇之恩。从以上种种言行来看，我们不难对祁彪佳习医的动机有以下的推断：祁彪佳自幼受儒家思想熏陶，而儒家思想以培养读书人的忠孝为核心。在这种情况下，祁彪佳除了对朝廷忠心外，还对身边的长辈孝顺。所以，为了贯彻他们孝的宗旨，祁彪佳便以习医为务，希望作为日后侍亲的凭借。

在祁氏的著述中有不少记载了他患病的篇幅，例如在《莆阳尺牍》中记述了祁彪佳屡因操劳过度及季节性失调而导致生病："弟独恨邑篆羁身，琐屑繁冗，不能以全力为绸缪之计，且入春以来不知何故，而贱恙患脾患血，纠缠不已，县务实不能堪；卑职于延津赶回，正欲躬叩宪台。而贱

---

① 祁彪佳：《祁彪佳文稿》，书目文献出版社1991年版，第2271页。
② 同上书，第2595页。
③ 同上书，第2059页。

体以劳倦失节，饮食不时，困不能支。"①患病的结果使得祁彪佳四处求医及与药饵为伴，以期顽疾受到控制："因病思归三疏乞身，始邀圣恩允放，不意入里而抱恙转甚，吴中之夙疾因患疟而愈深，食半盂则腹胀，阅数行则心摇，步寸武则股栗。杜门卧病日寻药饵，几成废人；然疟虽愈，而夙疾转剧。今阅半行，则心摇，步寸武则股栗，僵卧一室。惟与药饵为伴，承宠召之及，只有铭戢于寸里。身敢以病苦之实状恳辞，非但因是日之抱有隐痛，茹素断腥也。"②祁彪佳向有效忠朝廷之志向，倘若经常生病，何以有健康的体魄去实现这个伟大理想呢？所以，为了保持健康的体魄，以减少疾病，祁彪佳便和其他士大夫一样研习医书，希望能从中学习到预防疾病的窍门。进可以自医，退则可以预防。

祁彪佳与众多士人一样重孝道，故他习医的动机亦与双亲体弱多病有关。父亲年老身体衰弱是可以理解的，如在《莆阳尺牍》中祁彪佳便为其父的病情恶化而担心不已："谨禀：卑职屡接家报，家父抱恙出都，痊而复剧者，再不能即赴宁泰之任。闻之方寸几乱，寝食不安。卑职于进取绝不敢有躁心，而借量移以侍养，则人子必至之情也。"③除了临床侍药外，习医亦不失为一个表现孝道的方法。在祁彪佳的私人书信中，我们发现了很多记载了他的亲友患病的篇幅，而他在面对这些事件时，表现得焦虑不已："两入城奉候尊太婆起居，月初患疟稍苦，今已渐就平复，精彩如常，老叔公不必时怀悬念；十八嫂病甚几危，而复生一切医药之需，皆取贷于弟，急望其归家矣；其后五家兄又因家婶病危，日侍汤药，皆无能以片暇领高情也。"④

从上述所引的书信内容，我们可得知除了祁彪佳及其亲人外，尚有

---

① 祁彪佳：《祁彪佳文稿》，书目文献出版社 1991 年版，第 2471 页。
② 同上书，第 2107 页。
③ 同上书，第 2477 页。
④ 同上书，第 2082 页。

其他同僚因操劳过度而导致患病。与祁彪佳一样，他的同僚、朋友均关怀民生疾苦，事事亲力亲为，希望能凭一己之微力以拯救百姓于水深火热之中。可惜，当时的士人普遍犯了一个通病，就是往往重公事而忽略了身体的调理保养，遂引起不少毛病。祁彪佳研习医书，希望可以在照料自己及家人的同时，以所学的知识帮助有需要的同僚及朋友。由于祁氏的医学知识并不丰富，所以仅可向朋友亲人提供一些保养预防方法。其实，许多文人名士及士人之所以留心医学，亦与孝道扯上关系。如与祁彪佳同朝代的便有吕复、王纶、汪机等人。他们往往为了能侍奉双亲而学习医学，希望能凭一己的知识为至亲解除痛苦及避免受庸医所误。

前面的论述已提及了祁彪佳信奉佛教，经常念佛焚香，与寺中僧人交往。可见佛家慈悲为怀的思想对于祁氏习医的动机亦有一定的影响。在《都门入里尺牍》中祁彪佳明确表达了关心人民疾苦，对他们所受到的苦难感同身受："以斯民之痛痒，作自己的休戚。此盖以菩萨心出豪杰乎……"[①] 此外，祁氏有很多作品均以佛教事物作为题材，如《明觉宝掌寺》描述自己喜爱清幽恬静的出世生活；《静者轩》写他与佛门中人的交往：《宿显寺呈石雨和尚》写他听僧人说佛偈，并因此而获指点迷津；《妙峰寺》描写佛寺及其周围的幽美景色。可以说，若他没有参与佛教活动的生活体验，没有受佛教思想的熏陶，是写不出这些充满禅味的作品的。除了祁彪佳以外，还有很多亲友均是佛教徒，例如祁氏的母亲，"乃老母近来从事佛子，欲得洋布制衣"[②]。引文述及祁氏正为其信佛的母亲张罗洋布，以缝制佛袍。又如在朋友中王金如便有研佛理："十二日雨，王金如携程自昭至，予能究心体，窃意心体同于太虚，万物不能离，宝虚岂能心？心外又岂有物？金如举磁炉曰：'此亦心乎？'予应之曰：'心。'金如曰：'香在何

---

① 祁彪佳：《祁彪佳文稿》，书目文献出版社 1991 年版，第 2051 页。

② 同上书，第 2150 页。

处?'予不能对。"① 他在信仰上除了念佛经及广结佛门中人外，亦实践了佛家济世的理想。在前述列举了不少由佛教筹办的医学慈善组织，都是非牟利的，而重要的是，祁氏习医的动机，可能多少亦受佛家思想所影响。前面所提及的"药局""粥厂"便是他为体恤地方缺乏医疗而设置的善举，在《施药纪事》中更记述了王金如因为筹办药局、病坊而操劳致病的经过。

祁彪佳的济世思想主要来自儒、佛两家的思想的熏陶。另外，由于身为父母官，所以他认为自己有责任使百姓安居乐业。他在政务繁忙之际亦不忘留意所管辖的地方的慈善事业，以令百姓有所依靠。而他亦曾向朝廷请辞九年以全心投入赈灾事业中。根据《明史》各医疗机构的编制中，只有惠民药局主管地方医疗，其他如太医院、生药库、御药局及御药库等部门皆只为特权阶级服务。一般而言，政府能够为平民百姓所提供的医疗服务十分少，故大部分为地方私人筹办。在《都门入里尺牍》中，祁彪佳希望一些地方有自己的慈善事业，以发挥同舟共济的精神："地方有当世大贤，造庐而请，此自地方自尽之职，况属同舟以济者乎。"② 他痛恨一些无耻之徒竟然利用养济院去做不法勾当，以剥夺有需要人士使用的权利。在《莆阳尺牍》中，他认为必须严惩这些不法之徒，以使真正有需要的人可以得益："古施仁政必先四民，而收养无告，务宣实惠。乃迨来养济院中多缘贿入，竟为积棍包冒把持之地。鳏寡孤独，往往以行丐，苟活，多为道上之殍，鲜能收而养之者。自今务得真正孤老癞疾、亲族无倚、年衰疾痼者取诸里邻金结，验实收养。仍禁诸甲头人等多方需索，以致身寄悲田，饥饿如故者。该承行重惩不贷，庶茕民咸获所而实惠为无壅耳。"③

祁氏既然那么重视慈善事业，自然会事事亲力亲为，以确保赈济事

①　祁彪佳：《祁彪佳文稿》，书目文献出版社 1991 年版，第 2153 页。
②　同上书，第 2088 页。
③　同上书，第 2699 页。

业进行完满。在《施药缘起》中我们不难知道上至药局的位置、太医的聘请，下至用药及诊病安排，他无不亲力亲为。他更订立了一套用药原则，表明了药局各医师非上好药物不用，以免因贪用廉价的药物而延误病人宝贵的性命。另外，祁彪佳亦有表扬一些关心民生疾苦的官员："盖今日受任一方谁肯关心民瘼？台台置念于此，即古圣己溺已饿，岂能是过？使载简书者，人人如台台，则天下治矣；恭维老姨夫以名世之才，展循良之绩。不特孚民而民怀，且御寇而寇。却真豪杰之经济，于兹大展。虽间劳苦异常，然体瘠而民则肥。老姨夫所造福于地方者甚大，恃之命自在旦暮矣。"①

　　他对于一些经常忧国忧民的同僚致以万分的敬意。至于一些因处理百姓事务而导致操劳过度的同僚，祁氏除了对他们称许外，亦劝他们以自己的身体为重。其实，与其他同僚一样，祁彪佳往往解决了民生疾苦的问题，长年劳心劳力，导致身体衰弱不堪。祁彪佳虽曾苦劝同僚爱惜身体，但对于自己的身体，不懂得去珍惜调理。这造成了他们思想上及实际行动上的一个矛盾。这种舍己为人精神成为他品评其他官员的准则。对于一些赈济灾民、安定民心的地方官，他在其品评状中给予赞许的评语："本官外以设备，内以济饥，种种善规皆出之于积虑沉思之后。而数千指待哺之饥民，数万家震惊之人情，赖以安定，其有裨于地方大矣。"②要把赈济事业做得完满，祁彪佳必须事事亲力亲为，绝不假手于人。所以，研习医理是必需的，这样可以帮助他在监察"药局"的设置及运作时更事半功倍，以防止当中一些诈骗行为。

　　其实，清初的士人习医已成为一种风气，感染了整个朝廷。以祁彪佳为例，他结交中医朋友如张景岳，凌少广及陶藤生等人，彼此讨论医

---

① 祁彪佳：《祁彪佳文稿》，书目文献出版社 1991 年版，第 2187 页。
② 同上书，第 2596 页。

理。在前面所提及的为其子同儿医治痘疹一事便是由他的中医朋友联手合作的。当时他们就医治方法产生激烈的辩论，而祁彪佳亦有参与其中。此外，在《莆阳尺牍》中便记载了其同僚章氏颇具医学知识："昨冒昧具禀章驿丞，盖以其颇知外科医理，若专精治喉之术。不特章驿丞不敢自必，即卑职亦不敢必章丞也；老大人偶患喉楚，此或台体过劳所致。有莆阳驿驿丞章有思，颇知医理，闻其外科更佳。前漳南胡老大人在府时召之诊脉，如老大人知用之，卑职给以马牌，令其暂至省下服役崇台。卑职不敢必其有效，惟是闽中无佳医。本官系越人或所用药与地土宜耳。"① 由于他的同僚患有喉疾，故祁氏有意请章氏为其治疗。基于本身客观的需要，明末朝廷中有颇多士人及地方官员均略懂医理，大家在讨论政事之余亦会交流治病及保健心得。从《祁忠敏公日记》中我们认识到医理已成祁彪佳与其同僚彼此之间的一个共同话题了，所以我们不能抹杀他习医的动机有受其他同僚感染的成分在内。这种风气很快便在士人阶层中蔓延开去。

总之，祁彪佳本身可以作为当时士人阶层从事于医学学习及研究的典型例子。所谓"不为良相，则为良医"，这种情况自宋代已日趋普遍。但是，值得注意的是，在宋以前，儒士对于医还抱有一种轻视及不屑的态度。而随着宋代的儒学正统地位日渐提高，其所提倡的伦理观及人生观促使更多儒生习医。例如明代医学家王纶，本身是进士，亦为官吏，但后来因为其父患病而习医，他精于医道，不拘泥于古训，著有《名医杂著》一书。再如唐代王焘、明代李可夫等儒士，皆是因父母生病而学医，充分发挥儒家孝的精神。

除此以外，正如前面所述，习医对于儒士而言，可作为其仕途以外的另一种事业。如北宋的苏轼亦因自己的仕途不利而寄情于行医的事业造福百姓。在《东坡全集》中收录了不少他的医学著作。而祁氏本人亦认为不

---

① 祁彪佳：《祁彪佳文稿》，书目文献出版社1991年版，第2525页。

论从事哪一种职业，只要并非游手好闲，成为社会的寄生虫便已足够了：
"重农固为务本，但今人稠地窄处，竟有无田可耕者。因其土俗，各有力
食之路，但占一艺，便非游手。"①可见他认为在以农为本的中国，即使不
以考科举及务农为生，亦可从事其他对社会有建设的工作。所以，对于祁
彪佳本人所处的清初时代，我们不难发现有不少不愿出仕清廷的明末遗臣
纷纷转行行医，他们均是曾经学医的儒士。如傅山就因其反清思想而退隐
为医师。而不论他们因何种因素而习医，我们可以得知，作为明末清初的
士人，医学文化随着儒家地位不断提高而广泛地在他们这一阶层中流行及
植根起来，并成为一个普遍现象。

## 第三节　医理融汇与中西汇通

方以智，字密之，号曼公，江南安庆府桐城县凤仪里人，崇祯庚辰进
士，授翰林简讨。由于他的祖父方大镇对《易》学颇有研究，他十分喜欢
《易传》中的"蓍圆而神，卦方以智，藏密同患，变易不易"。所以取其孙
名为"方以智"，希望他一生能够圆方以智。方以智与陈贞慧、冒襄、侯
方域合称"明季四公子"。明亡后，清兵入粤，为逃避搜捕，以智毅然出
家为僧，名弘智，字无可，别号药地和尚。他名号众多，根据任道斌所编
的《方以智年谱》记载，尚有下列外号：龙眠愚者、泽园主人、浮山愚者、
鹿起山人、宓山氏、宓山愚者、愚者密、江北读书人、愚者、昊石公、愚
道人、行远、无可、五老、药地、墨历、浮庐、五老峰无知子、鸣鸣子、
炮药者、闲翁曼、高座道人、吉支、极丸学人、廪山大智、无无关智、栾
庐之孤、浮山之孤、易贡游子、浮度愚者、浮庐散人、药游老人、无可智

---

① 祁彪佳：《祁彪佳文稿》，书目文献出版社 1991 年版，第 2571 页。

道人、木立、木大师、木公、无大帅、可大师、药公、愚公、浮山、宓山师、密翁、炮庄老、笋参老人青原尊者、合山本师、浮山先生、极丸老人、四真子、文忠。其曾祖父方学渐、祖父方大镇及父亲方孔炤，三人当中以方孔炤对方以智的影响最为深远。他在明神宗万历四十四年中进士。天启初年，官为职方员外郎，后因与宦官魏忠贤不和，遭排挤，弃官归故里，门人私谥为"贞述先生"。

方以智有三个儿子，分别为方中德，著有《古事比》；方中通，著有《数度衍》；方中履，著有《古今释疑》《汗青阁文集》。他们与黄道、方孔炤、熊明遇及方以智弟子揭暄、游艺、左锐等人形成了方氏学派，而方中德、方中通及游艺、揭暄等人皆入阮元所撰的《畴人传》。方以智则是这一学派的集大成者。至于方氏学派的主张，由于与本节所探讨的内容无关，故在这里不冗叙。不过，在《古今释疑》序中曾提出过实学的概念："实学者何？内而性命、外而经济，有典礼制度之学，有象数律历之学，有音韵六书之学，有医药物理之学，凡有资于身心家国者，举而谓之实学。"[①] 这里又一次肯定了医学的实用价值。可见在清初时期，士人已开始把医学知识当作是一种实用的学问而不再是唐宋时士人眼中的雕虫小技了。

至于方以智的著作，尚存至今的计有《东西均》《易余》上下卷、《药地炮庄》九卷并总论三卷、《冬灰表五位纲宗》《青原愚者智禅师诒录》四卷、《禅乐府》《周易时论合编（图象几表）》二十三卷、《物理小识》十二卷、《通雅》《浮山文集前编》十卷、《浮山文集后编》二卷、《浮山此藏轩别集》二卷、《膝寓信笔》《博依集》十卷、《流寓草》九卷、《痒讯》《瞻妥》《流离草》《浮山后集·无生》《浮山后集·借庐语》《浮山后集·鸟道吟》《浮山后集·建初集》《一贯问答》《信叶》《性故》《合山峦庐占》《五老约》《正叶》《药集》《四定本》《医学会通》《明堂图说》《内经经络》《青原（山）志略》

---

① 方中履：《古今释疑》，上海古籍出版社1996年版，第86页。

十三卷、《庐墓考》《印章考》等，而本部分将会集中介绍他在科学方面的著作。由于有关方以智的科学书籍尚未完全整理公开，故这里只能就《内经经脉》《通雅》《物理小识》等科学著作并辅以其他资料来探讨他习医的原因及医学观两方面。

根据方以智在《浮山文集前编》卷三以及《稽古堂二集·医学序》的自述，他的曾祖父方学渐精于医学，并以此作为每一个儿子应该学习的知识，"先曾祖父本庵公精医学，以为人子须知"①。另外，即使他的祖父方大镇未如其曾祖父一样精医，却有阅读医学经典《灵枢》《素问》的习惯，并视医者为三才之一，有建天立地之功，"先王父廷尉公曰：'三才之故，身建天地，《灵素》不可不学也'"②。传到其父亲方孔炤亦对医学有研究，他遇到一些验方便立即把它抄下来，更经常向医生询问他们的学习心得，并研习《易经》的象数之学，可谓与医生的关系十分密切："中丞公遇经验方则抄之，遇医辄问其所得，又研易象数，医切此身，其确征也。"③而方以智本身幼承庭训，故对科学知识甚为有兴趣，并好穷事物的道理，其中对于医学方面的知识的兴趣叙述如下："小子以智少承家训，躬循而已，塾中诵读之余，好穷物理，故汇医为一编。"④他在《物理小识》中设医药类及医要类两门，而在《通雅》中亦设《脉考》及《古方解》两篇章。另外，尚有一些专门论述医学的著作如《医学会通》《明堂图说》《内经经脉》《医集》等。有关方以智对于医学的贡献，将会在稍后的篇幅中加以叙述。

根据《桐城桂林方氏家谱》的记载，恪守孝道是每一位方家子孙必须遵守的家训。而方以智亦曾自称浮山固以孝闻天下。事实上，有不少历史资料记载了方以智尽孝道的事迹。如在崇祯十三年（1640）正月，方孔炤

---

① 方以智：《通雅》，中国书店 1990 年版，第 103 页。
② 同上书，第 105 页。
③ 同上书，第 112 页。
④ 同上书，第 140 页。

因受杨嗣昌陷害而被捕下狱，方以智写成血疏《请代父罪疏》，并跪在朝门外向所经过的百官叩头号呼，希望以己身代父，"小臣冒昧上控，愿以身代父刑"。这事令明思宗大为感动，后来其父亦获释放。所以，我们不难推断他习医的原因与孝道不无关系。而他在《医学序》及《物理小识》卷五《医药类》中表明了自己习医的其中一个原因是为了侍奉父亲，使他不再为庸医所误："丁丑老父为南尚玺卿，因食鲦鲐腹闷，为医所误，得金申之而解，于是学医。"① 当中以《物理小识》的记录较为详尽："崇祯丁丑，老父为南京玺卿时，宴集散，疑鲦鲐腹闷，误服香油，遂痛而呕。医家以为阴病服药不效，因而下闭，一医以万应丸三服而不下，迷急几死。金申之来视之：'此药祸也，当服黄连、延胡索。'诸医曰：'服凉药则不救。'智卜于天，服申之药而愈，……以智于是学医。北齐李元忠，隋许道幼，唐王勃、王焘，宋高若纳皆因亲病通医书，人子须知，不可不勉。"②

由于方以智的父亲在进食鲦鲐后误服香油，导致大吐。可惜当时负责诊治的庸医未能适当地对症下药，故令其有性命之危。幸好他最后吉人天相，得特效药而愈。但这次老父从鬼门关逃出来的经过深深令方以智感受到学习医理的重要性，这令他下决心习医，并写作了几部医学著作。他认为为人子者必须习医，故方以智学习医理的原因亦在于侍奉双亲，以表达孝道。

除了表达孝道外，方以智的医学知识更可以帮助别人，而自己亦可以学习养生之道，以延年益寿。方以智便曾凭借他所学到的医学知识，去帮助一些患有疾病的朋友，如黄宗羲便曾接受过方氏的诊脉。黄宗羲所著的《思旧录》一书，便记载了方以智曾替黄氏把脉诊治："己卯，余病疟。子远拜求茅山道士，得药一丸致余，余知其为绝疟丹也。念朋友之真切，不

---

① 方以智：《物理小识》，商务印书馆1937年版，第25页。
② 同上书，第114—115页。

忍虚其来意，些少服之，而委顿异常，密之为我切脉，其尺脉去关下一尺取之，亦好奇之过也。"①引文中所提及的子远为吴子远，为方以智的舅父，当他知道黄宗羲染上疟疾后便向茅山道士求一些丹药，希望可以为朋友解除病厄，而其略懂医理的外甥方以智便替他把脉，以给予他一些医学意见。黄宗羲遂在《翰林院庶居士子一魏先生墓铭》中这样表扬他："余束发交游，所见天下士，才分与余不甚悬绝，而为余之所畏者，桐城方密之，秋浦沈昆铜，余弟泽望及子一四人。"②可见习医的作用除了侍奉挚亲外，亦可替周边的朋友解除病厄。现今所流传有关方以智的著作中未有记载他曾与朋友共研医理，故我们只能从其本人著作中窥见他在清初士人医学文化传承中所占的地位。

　　另一方面，在1645—1650年，方以智在逃难至广州时亦曾经历过一段坎坷日子，为了逃避阮大铖的迫害而过着流徙的生活。当时应值满清入关不久，而南明政府则割据一方，阮拜为兵部右侍郎，伺机报复东林、复社等的抨击。方以智与阮氏素有嫌隙，为逃避其迫害，阮氏便只身逃难到广州一带，并以卖药、卖画及卖卜为生。虽然生活总算有了依靠，但却仍说不上饱足。后来，由于当时兵荒马乱，方以智只好与家人分离，并辗转流寓至沅州。在沅州中，方氏生计困顿，其生计仅足以糊口，当时方氏正值染病。在方以智的著作中亦记录了他患病的经过，如《方以智密之诗抄·流离草·天雷苗夜病中作》便记载了他在1647年3月迁往新宁莲潭刹后患病的经历："五岳看久起寒尘，向禽岂谓病兼贫。曲肱茅屋鸡同宿，举火荒村鬼作邻。愁是三更风雨夜，梦回九死乱离人。呻吟达旦谁怜者，惟有寒螿助苦辛。"③由于家道中落，在这种衣食均不饱足的情况下，更遑论有钱延医治理其日渐严重的疾病了。幸好他平素对医学有所研究，所以

① 周骏富：《清代传记丛刊》，明文书局1985年版，第44页。
② 黄宗羲：《南雷文定》，商务印书馆1937年版，第91页。
③ 蒋国保：《方以智哲学思想研究》，安徽人民出版社1987年版，第62页。

可在这段艰苦的日子中替自己解除病痛。

方以智的医学知识，除了受传统医学经典《黄帝内经》启发外，亦有受西方传教士的影响。在明万历四十七年（1619），当时方以智9岁，他在福宁住了近三年，他将大部分时间放在钻研学问方面。他所学习的内容除了是一般士人弟子的传统学问外，还问学于熊明遇，当时他正热衷于传播西学，方以智便是从他那里认识到西学。这在他的著作《物理小识》中亦曾提及过："万历己未，余在长溪，亲炙坛石先生，喜其精论，故识所折衷如此。"[1] 另外，他在《膝寓信笔》中亦有记载了他们讨论西方传教士利玛窦著作《天学初函》："西儒利玛窦泛重溟入中国，读中国之书，最服孔子。其国有六种学，事天主，通历算，多奇器，智巧过人。著书曰《天学初函》，余读之，多所不解。幼随家君长溪，见熊公，则草谈此事。"[2] 可以说，方以智的父亲方孔炤对他学习西学的历程亦起了不少作用，熊明遇与方以智的父亲方孔炤可谓交往甚为密切，在《物理小识》卷一《声异》中记载了方孔炤向熊氏询问一些有关回音的原理："太姥有空谷传声处，每呼一名，凡七声和之。老父以问坛石熊公，公曰：'峡石七曲也。人在雪洞，其声即有余响，若作夹墙连开小牖，则一声亦有数声之应。'"[3]

在方孔炤的介绍下，方以智便开始问学于熊明遇。熊氏精于西学，他生于明清鼎革之际，其主要著作《格致草》广被时人及明末遗民所读诵，他对耶稣会士抱开明的态度，并与西方传教士交往甚密，在他的启发下，方以智开始接触西学。在明思宗崇祯三年至九年这段时间，方以智开始正式与西方的传教士来往，并从中学习到西方知识。与他交往过的传教士分别有毕方济、汤若望、金泥阁等人，并从中接触西方医学理论，这在他的著作中亦曾采录。例如在《物理小识》卷五《医药类·辟瘟》：

---

① 方以智：《物理小识》，商务印书馆1937年版，第3页。
② 罗炽：《中国思想家评传丛书》，南京大学出版社2011年版，第185页。
③ 方以智：《物理小识》，商务印书馆1937年版，第6页。

"《外纪》哥阿岛患疫，有名医卜加得，令城内外，遍举大火，烧一昼夜，火息而病亦愈。盖疫为邪就所侵，火气猛烈，能荡涤诸邪，邪尽而病愈，至理也。"① 当中引录了《职方外纪》的辟瘟知识。另外，在卷二《地类·脂流》中转载了传教士金泥阁对温泉治病的见解："金泥阁曰：'西国有七十余汤，各标主治。'"② 以上例子皆可证明西方医学知识对方以智有过一些影响。在《物理小识》中所采录的各条有关医学的资料虽然大部分均引用中国古代各医籍，但当中仍有小部分的材料是取自西方传教士的著作，可见方以智十分注重中西知识的融合，取长补短，并不一味盲目采用本土资料。

在前面的篇幅中，我们知道了方以智与西方传教士有密切的交往，而他在科学方面的著作亦在一定程度上采取了某些西方的理论。但是，方以智是否真的毫无保留地接受西方传教士带入中国的一切事物呢？根据《物理小识·自序》的记载，有"质测"及"通几"两个概念："盈天地间皆物也……器固物也，心一物也……性命一物也。通观天地，天地一物也。推而至于不可知，转以可知者摄之以费知隐，重玄一实，是物物神神之深几也。寂感之蕴，深究其所自来，是曰通几。物有其故，实考究之，大而元会，小而草木蠹蠕，类其性情，征其好恶，推其常变，是曰质测。质测即藏通几者也。"③

根据方以智的阐释，"质测"的内涵可谓十分广阔，当中包括了"通几"，它要求必须探求每一样事物的物理、变化、表征，可以说是"实测"。至于"通几"则是指一种"究天人之际"的学问，亦是一种求理于内心的学问。而方以智对于两者的态度也各有不同，在《物理小识·自序》中曾这样批评西方传教士对于通几及质测的认识："万历年间，远西学入，详

---

① 方以智：《物理小识》，商务印书馆1937年版，第123页。
② 同上书，第58页。
③ 同上书，第1页。

于质测而拙于言通几。然智士推之，彼之质测，犹未备也。"[1] 这里"质测"指西方科学的地位，而"通几"则主要指西方的宗教，有贯通与先识的作用。方以智虽然接受西方传教士传入中国的科学知识，但对于西方的宗教精神仍抱有抗拒的态度，如在《物理小识》中曾这样说过："所谓静天，以定算而名，所谓大造之主，则于穆不已之天乎？彼详于质测而不善言通己，往往意以语阂，愚者断之如此。"[2] 可见方以智并不承认西方宗教中上帝的存在的观念。另外，方氏亦认为西方传教士在科学知识上的发展中亦有一些未完的地方，并不时加以批判："三际者近地为温际，近日为热际，空中为冷际也……日所到则暖，日去则冷。"[3] 文中对于西方学术中的"三际说"加以批评，认为其不合理。又方氏学派中的弟子揭暄亦在注文内容中批评了西方传教士所提倡的"三际说"不够全面。另外，对于传教士介绍西学常有矛盾之处，他有以下看法："皆因西学不一家，各以术取捷算，于理尚膜，讵可据乎？"[4] 虽然方以智对于西方传教士所传入的科学知识有批判，但亦能以平等的态度对待他们。在《物理小识》卷一《天类·天象原理》中便清楚道出了他对西方人的观感："若西方人所处北极出地与中国同纬度者，其人亦无不喜读书，知历理，不同纬度，便为回回诸国，忿鸷好杀，此又一端也。"[5]

虽然这种看法未免流于狭隘的民族观念，但它却能以一种地理学的角度分析西洋人的本质实与中国人无异，关键只在其所处的地理环境而已。总括而言，方以智能以一种客观的态度去对待西方传教士。根据冯锦荣先生《明末方氏学派之成立及其主张》的分析，在清初时，当时正值西学传

---

① 方以智：《物理小识》，商务印书馆 1937 年版，第 1 页。

② 同上书，第 19 页。

③ 同上书，第 20—21 页。

④ 同上书，第 25 页。

⑤ 同上书，第 2—3 页。

入中国之际，中国的士人对待这些传教士有三种截然不同的态度，"一种，以李贽为代表，对其传教士保持一定的距离；一种以李之藻、徐光、杨廷筠为代表，信奉其教以为可以'补儒易佛'，并热切追求西洋科学技术；一种以杨光先为代表，对其教以至科学皆完全否定。"① 与这三种态度相对的是较为客观地对待传教士，而以博采众长的态度跟他们交往，以方氏学派为代表。以方以智为首的方氏学派处于这三种态度的调和之处，可以说是一种较为客观的态度。他一方面接受他们学说中的一些先进的思想，另一方面却对一些有缺陷的理论加以批判否定，这种态度广泛地应用在科学的各方面上。

方以智年少时曾在稽古堂读书，这在其子方中通的《陪集》中有所记载："稽古曾开万卷余"②，他曾在稽古堂博览群书，这有助他写成《物理小识》《通雅》等博物学百科全书。他治学范围十分广泛，诸如哲学、物理、声乐、文字、天文、地理，医学及占卜，皆有涉猎："固有性命之学，有象数之学，有考究之学，有经济之学，有三才物理之学，有五医卜之学，有声音之学，有六书之学。"③ 他一向抱着兼取百家所长的态度治学，故他在学习医学知识上主张扫除门户之见，并专心向各家的长处学习。如他提出了"我得以坐集千古之智，折中其间，岂不幸乎？"④ 引申而言，方以智在研究学问上希望能做到博古通今："天生才不易，以吾所见，妙年博洽，深通古今者，未有也。今见皖江方密之是其人矣。余所读著作诗古文辞已累数百万言；天生密之兼才博学，岂寻常哉？自角草能古文诗赋，其著于时者不待言，独笥中所存亦不下数千万言。"⑤

---

① 山田庆儿：《中国古代科学史论》，京都大学人文科学研究所1989年版，第139页。
② 方以智：《东西均》，中华书局1962年版，第45页。
③ 同上书，第51页。
④ 任道斌：《方以智年谱》，安徽教育出版社1983年版，第16页。
⑤ 同上书，第60、93页。

· 205 ·

　　而方以智本人亦曾这样说过："朝廷取士得人，而天下皆愿为恶之人，能不悲与？能不悲与？比无他，皆不肯读书，知原本，敦礼乐之实也。"① 可见他十分重视读书，并视之为士子必须谨守的规条。在《药地炮庄·总论下》中说道："人生此世，贵不虚生，士不读书，而免虚生乎？寓而不居，即有而无，用光得薪，莫若书。伐毛洗髓，莫若书。士一日不读书，犹一日不食也。书独简册也乎哉？上古以来，乃读混沌天地之书者也。"②

　　正因如此，方以智便经常阅读各式各样的书籍，希望能做到治学不只拘泥于一家的说法。方以智在甲申之乱后仍继续其著作生涯，如《通雅》博物学巨著便是在这时写成的："从刀箭之隙，伏穷谷之中，偷朝不及夕之阴，以誓一旦之鼎镬，随笔杂记，作挂一漏万之小说家言，岂不悲哉！"③ 而《物理小识》及《通雅》二书便是综合各家各派的理论而写成的："凡天地、人物、象数、历律、医卜之学，类皆神解默识，遇事成书。"有关方氏的治学方法，一曰尊疑，二曰尊证，三曰尊今，虽极博古，而不贱今，亦不肯盲从古人。方以智在研究百科全书的资料上可谓博古通今，绝不厚此薄彼。他在《通雅序》中便曾说明了他编撰《通雅》的严谨过程："今以经史为概，遍览所及，辄为要删，古今聚讼，为征考而决之，期于通达，免徇拘鄙之误，又免为奇僻所惑，不揣愚琐，名曰《通雅》。"④

　　为了能令内容更为全面完备，他不惜博览所有有关书籍，希望能够做到通达及不为讹言所误。又例如在《物理小识》卷七《金石类·锡》便引录了《星槎胜览》："《星槎胜览》言有不假煎炼之锡，曰'斗锡'。"⑤ 在卷六《饮食类·姜》便征引了贾思勰的《齐民要术》："贾思勰《齐民要术》曰：

---

① 任道斌：《方以智年谱》，安徽教育出版社 1983 年版，第 80 页。
② 方以智：《药地炮庄》，华夏出版社 2011 年版，第 83 页。
③ 方以智：《通雅》，中国书店 1990 年版，第 49 页。
④ 同上书，第 5 页。
⑤ 方以智：《物理小识》，商务印书馆 1937 年版，第 168 页。

'种姜宜白沙地，少与粪和，熟耕如麻地，纵横七遍尤善。三月种之。'"①
在卷四《医要类》及卷五《医药类》中方氏亦征引了不少前人的书籍："读
伤寒书而不读东垣书，则内伤不明。读东垣书而不读丹溪书，则阴虚不
明。读丹溪书而不读薛立斋书，则真阴真阳不明。"②这里表明了研究医药
必须博览群书，否则便只会略懂片面的知识而不深入。同样地，在《通
雅·古方解》中亦征引了不少医学典籍里所载的古方，如《神农本草经》、
明代李时珍的《本草纲目》、宋代沈括的《续笔谈》等，皆古今并用，绝
不厚此薄彼。从《神农本草经》发展到《本草纲目》，当中已有不少新的
药方被发现，纵使世上的名医也只探用二百多种而已，但他认为研究医理
是需要了解这些古方的物理。虽然有时一些不经正统经论教育而侥幸能够
治好疾病，但成效却始终不及饱读医书的医者那么肯定、安全："譬如俚
俗医师，不由经论，直授方药，以之疗病，非不或中，至于遇病辄应，悬
断生死，则与知经学古者不可同日语矣。"③

　　方氏研究医学的治学心得，多受其曾祖父方学渐、祖父方大镇及父亲
方孔炤的影响。又如前所述，方以智先祖三世皆精于医学，这在《物理小
识》中也有所提及："先曾祖本庵公知医具三才之故，延尉公、中丞公皆
留心纪验，不肖以智有穷理极物之僻，间尝约之。补泻也，对治从治也，
寒热温凉而平统之，五味归于甘苦，而淡统之，皆概也。而好恶最微，因
地因时相制而变，久习而转，皆有其端。圣人举一二以通类，特常人信不
及耳。"④引文从方以智的先祖口中清楚说明了要成为一位成功的医师光是
靠博览群书还是不足够的，必须不断验证，并因时因地制宜，才能成为医
治病人的灵丹妙药，否则，只会变成毒害世人的毒药。方以智一向有穷究

---

① 方以智：《物理小识》，商务印书馆 1937 年版，第 152 页。
② 同上书，第 90 页。
③ 方以智：《药地炮庄》，华夏出版社 2011 年版，第 159 页。
④ 《物理小识》，第 108 页。

物理的癖好，故他在《物理小识》中便补充了其他典籍所载资料的谬误及缺漏。有关《物理小识》的成书缘起，与方氏儿时的启蒙老师不无关系。方以智在年少时曾受业于王宣，九岁后随父在福建长溪听熊明遇讲论物理、西学，故很早已养成其"即物穷理"的性格。所以，在其大约二三十岁仕宦北京时，其《物理小识》已差不多完成了。

要研究医理，便必须抱着济世为怀的心态，不应心存敛财之歪念。正如方以智在《药地炮庄》中曾经说过："圣人不从事于务，不就利，不违害，不喜求，不缘道。"①这里说明了圣人的特质："文人才士，正当以怀旷达之意。可引之澹然于利禄。澹然于利禄，圣人许之矣。澹泊者，学之舆也。功名之士，恒谓为小节。穷理之士，又以为粗略，宜乎其自便耳。士诚能以澹泊为本，则旷达与廉谨，不相悖也。"②

即使只是一个普通的文人才士，亦必须要淡泊名利，以旷达的心情去对待天下事。而作为一个医生，更必须要像圣人一样，不能贪恋世间的一切财富，应抱着淡泊名利的心去行医。只有这样，才能成为一个济世为怀的好医生。在《药室说》中，他痛斥世上一些借行医为名而敛财的医生："然市中人治药以丁代丙，甚贵又不中用，积其诬，子孙冻馁者多矣。"药物在治疗过程中占有一个十分重要的地位，可惜有很多人往往只懂存心敛财，故在开药时会以一些便宜的药物取代贵价的特效药，以赚取病者的金钱。所以，他希望能成为一个真正可以帮助贫苦大众解除病厄的医生。

上面的引文提及方以智除了希望能借着赠医施药的行动去救治贫苦大众肉体上的疾病外，还希望能解除他们心灵上的痛苦，故文德翼在《药地炮庄·补堂炮庄序》中曾这样说过："古人之病病道少，今人之病病道

---

① 方以智：《药地炮庄》，华夏出版社 2011 年版，第 143 页。

② 方以智：《浮山文集》，中国书店 1990 年版，第 129 页。

多也，须炮却始得。盖医能医病，药地能医医，是曰医王。"① 正所谓"能医不自医"，医师本身亦会因工作压力而产生很多心灵上的问题。可以说，具备医学常识的方以智不只能医治别人的病，更能治疗世人的心灵，所以可堪称为"药王"。在《药室说》中他表明了救治心灵的重要性，他认为一个人会在遭遇病痛时顿悟真理，同时认为若能救治天下患病的僧人，则便变相救治了天下百姓的心灵了。这是因为一个人在经历过苦难后会更容易觉悟真理的："夫如是能以法药二施，则疗一僧之身病，即可疗尽天下生之心病也。续一日之危命，即可续万世不绝之慧命也。"作为一个略懂医理的士人，方以智的志向并不在于敛财，而是在于济世。他希望他的医学知识不只可以帮助天下的患病朋友，亦可以救助他们的心灵。

学习之道除了要博古通今外，亦在于学者需懂得变通，不可拘泥于古书理论中。在《药地炮庄》中便清楚说明了这个道理："古今以智相积，而我生其后。考古所以决今，然不可泥古也。"② 虽然考究古代的学问可启导现今的学术研究，但我们决不可因此而拘泥于古学而不知变通。方以智编撰《通雅》的准绳便是尽量不拘泥于古代学说，而以一个折中的取舍方法对待古今资料："悟古人因沿之故，方与诸千年博考者，参校古今，集成《通雅》，苦不能竟业，则山川诗酒放浪之累也。"③ 他知道世人一向抱着"贵古贱今"的谬误态度，而古人的看法亦未必完全正确，例如他有《通雅》中提及过文字、字音及字义的例子："故上下古今数千年，文字屡变，音亦屡变，学者相沿，不考所称，音义传讹而已。"④ 所以，他在编撰《通雅》的过程中力矫前人的弊病。而医学研究之道亦是这样，在《药地炮

---

① 方以智：《药地炮庄》，华夏出版社 2011 年版，第 4 页。
② 方以智：《通雅》，中国书店 1990 年版，第 20 页。
③ 方以智：《浮山文集》，中国书店 1990 年版，第 144 页。
④ 方以智：《通雅》，中国书店 1990 年版，"序"第 6 页。

庄》中亦曾说过："当汗下，当扶阳，则麻黄、大黄、硫黄任之。而世执甘草、陈皮为平稳，则因循病死而已。一种以轻粉收恶疮，可以立愈，而轻粉毒发，遂不可救。嗟乎！世不肯明运气、经脉、病症、药性之常变，而但执海外单方，自夸应病予药，可乎哉？"① 这便说明了不应固执于运用古方。又如在《物理小识·总论》里亦说明了不能尽信医书的道理："空药对治徇物之病，而妙药更消执空之病。折中适得，事所当事，乃不为逃雨所累，而遂赘守此树前之核，不复学问，彭蒙、田骈，是虚生浪死之人牛也。"②

　　治学之道忌拘泥而不晓变通。正如医生不能盲目相信一些治疗疾病的方法，必须探索其中的原因："近有人善炙人影治病者，愚者按：《南史·张邵传》后，徐文伯祖秋夫为刍人以针鬼。又有薛伯宗徙痈疽，为气封之，徙置柳树上。《异苑》载王仆以水浇枯树，而郑鲜之女挛遂愈。近日针炙人影者，乃先以指藏毒药，向人痛处按之，然后炙影，则人肤上痛耳。"③ 这里指出人们盲目迷信一种缺乏科学根据的治疗方法，从来不曾考究当中的真伪。为了解释当中的疑团，方以智不断去寻求答案。他认为纵有最好的医书，但若医者不晓其中变化的话，亦会弄巧反拙的。如在《通雅·脉考》中方氏便指出一些人拘泥于古法而产生的弊病："《脉诀》，至朱子始议之，李时珍编而论之。《内经》之附上，至李士材始明之。然天下皆用滑氏之诀治病，各依所传之方，尝试而已。宓山曰：'天地推移，其中细变难明。'《灵》《素》残书，亦有后人发明，得其证佐者。五运六气，岂天下同时犯此客疾乎？故当论其变也。张鹤腾明伤暑之科，与伤寒同重，足补岐黄仲景之所未发。盖前此多在北方，未至天南察其风土耳。两粤之人，素服槟榔，病则不可专以承气大黄荡涤，有一下而不可救者，

---

① 方以智：《药地炮庄》，华夏出版社 2011 年版，第 73 页。
② 方以智：《物理小识》，商务印书馆 1937 年版，第 2 页。
③ 同上书，第 83—84 页。

故《粤志》著熊胆之方，此不必泥前人之常法也。泥常法而不知变，则河间之清火，丹溪之滋阴，东垣之补阳，皆适足以为病。"① 当中说明了假若医家不窥探各类疾病在不同的地理环境、民生风俗的变化，即使有古代上乘的医方，亦无补于事。尤其是现今的疾病，变症颇多，不是单能靠古代医书的方法就能治疗好的，必须要依赖医家博学，并通晓当中变化，才能战胜病魔："故末世之病，变症益多，非古法所得而拘者。当有博物之君子出，为之推明其故，以广世之守残业、恃见闻者，可也。"② 另外，一些方书所载之药，未必如其所载之特性一样，亦必须要靠医者懂得运用其博学的知识加以判断，才能使病人得到适当的治疗："以今《本草》，注引如林，然尚有出处异同，寒热互载。粳米全甘而反著其苦，山楂甘酸而或未之载，牵牛嚼之辛辣泄气，而止言其苦寒，粉霜再经火煅而谓之无毒。凡属方书之药，动称延年轻身，其间岂可尽信乎？又在乎博物者自考耳。"③

方氏在药物学上的贡献，在于能够博采群书，收录不同古籍所记载的药物名称及其疗效，以解用家之惑，如他在有关于"雀芋"一条中征引了这种玉药的不同名称："按雀芋之类，正与鬼臼、独脚莲、西番莲相似，叶更大耳。鬼臼亦有毒，山谷所云唐婆镜，宋祁所云羞天花，东坡所云璚田草，渔仲所云八角盘也。隔河仙、可变金，即观音莲，一名海芋、羞天草，《纲目》未敢决耳。海芋、雀芋、鬼芋、鬼臼、蚤休，盖一类也。"④ 他能够罗列这种药物在各种典籍的不同名称，足见他博古通今的治学态度。此外，他也强调医生临症变通的道理："汤者荡也，荡涤病之锐锋，急则治其标也，亟欲取效，则用汤液。大抵散利之剂宜生，

---

①　方以智：《通雅》，中国书店 1990 年版，第 625 页。

②　同上书，第 626 页。

③　同上书，第 627 页。

④　同上书，第 506 页。

补养之剂宜熟。学者临症，变通可耳。"① 医生要做到临症变通，便必须要通晓各种各样药方的变化，故他便在《古方解》中详列四十八条汤方，医生可充分利用这些汤方加以应用，并从中变化，以切合不同疾病的需要。

方以智在《通雅·古方解》中收录了不少古代的药方，当中有些资料更补充了前人的不足，如在"十全大补汤"一条中，所引用的资料明显与傅山有所不同："（人参二钱，去芦。茯苓、一钱，去皮。白术、二钱，土炒。甘草、八分炙。当归、一钱五分。熟地黄、二钱，酒炒。白芍药、八分，炒。川芎、八分。肉桂、五分，去皮。黄芪，三钱，蜜炙。水煎服。②）"以傅山在其医学著作中所征引的"十全大补方"成分及功效比较，可以知道方氏对于药方的研究较为完备，可补充前人的不足，现将傅山在《产后编（下）》所记载的"十全大补汤"如下："人参白术黄芪熟地各三钱，茯苓八分甘草五分川芎八分金银花三钱。泻加黄连、肉果；渴加麦冬、五味子；寒热往来，用马蹄香捣散。"③

基本上，傅山所记载的十全大补汤成分皆是采用人参、白术、茯苓、甘草这四种称为"四子"的药物。人参有补五脏元气之作用；白术可以补充五脏的五气；而茯苓可以令五脏产生清气；甘草则可以调五脏之乖气。总括而言，这四种药物之药性皆甘温，"甘"得中之味，"温"得中之气，犹如不偏不倚之君子一般，故曰"四君子"。方以智的十全大补汤在成分上加入了当归、肉桂及白芍药三种药物。肉桂的作用在于可以"导火归元"，而当归这种药物则可以改善"心神昏乱，眩晕眼花"的毛病。在方以智的改良下，"十全大补汤"所主治的对象由一般产后的妇人扩大至所有患有劳伤疲倦的病患者，应用范围广泛了，亦使更多

---

① 方以智：《通雅》，中国书店 1990 年版，第 627 页。
② 同上书，第 628 页。
③ 刘贯文等：《傅山全书》，山西人民出版社 1987 年版，第 4700 页。

人受惠。

对于好穷物理的方以智而言，搜集各典籍所记载的资料并非是他编撰《物理小识》及《通雅》等书籍的唯一目的。他希望能借着一些整理功夫而纠正前人及后人对于某些药物了解上的谬误。例如他在《通雅》中便指出了古人误以茱萸为椒的谬误："智按今椒皆成树，古人将以萸茱为椒耶？"① 又如他又指出苏东坡误以卢橘为枇杷的谬误："东坡误以卢橘为枇杷，而陶九成始疑之，以广州之壶橘为卢橘。"② 另外，他又指出"橐吾"这种药物其实并非"款冬"，此乃《本草纲目》一大谬误。明代医学家李时珍所编撰的《本草纲目》实为当时本草学上的一大巨著，后世医家亦多采用其本草学说，深信不疑，而方氏则勇于指出其谬误，可见他在草药研究上并不拘泥于前人说法，凡事寻根究底。又如他指出世人对于《文选注》中有关"芍药"读音的误解："智按《文选注》言芍药之和，乃鱼肉等物为醢，故音酌略，岂可咏花而读酌略乎？"③ 可见他不仅留心各种药物名称的正误，还认真考究其读音。

根据《桐城桂林方氏家谱》的记载，方家的子孙除了要做到无条件的尽孝外，亦必须要做到绝对的忠君："子居官宜守官箴，竭忠尽，其有法获谴者，合族议贺；廉公致贫者，合族议助；以贿者不许迎候，愧之也。"④ 家规上清楚说明各为官的子孙必须做到廉洁清明，公正严明。除此之外，方氏子孙中亦有勇于为国殉难者，例如方以智的大姑妈方孟式，就因为其夫婿张秉文在济南失守殉职，偕同妾陈氏投进大明湖自尽。而方以智的妹妹方子跃亦在其夫孙临殉国后，三次寻死希望跟随亡夫的志向。而方以智则在与明季四公子等人合办复社，时常倡议时政得失。在甲申之变

---

① 方以智：《通雅》，中国书店1990年版，第518页。
② 同上书，第521页。
③ 同上书，第509页。
④ 方传理：《桐城桂林方氏家谱》，安徽师范大学出版社2016年版，第279页。

时，方氏曾上《请缨疏》，力图报国仇家恨。另外，在清入关后弘光帝曾一度下令逮捕复社诸成员，刚巧方以智与当时出任兵部右侍郎的阮大铖有私怨，于是阮氏便大兴党祸。方以智只好易名吴秀才奔走，并曾经与家人分散，并一度流寓岭南。当时为了免于家人受政治迫害，他更将儿子中通交托于别人照顾。而自己则在五岭以卖卜卖药为生，希望借此逃避阮的迫害："当甲申之变，方死南还，为仇者所媒蘖，乃变姓名，由闽入粤，卖药市中。粤人物色久，乃得之。"①

　　方以智后做过明桂王的东阁大学士礼部尚书。就在清顺治七年（1650）十一月十六日，由于南明所统治的地方相继失守，故方以智为了表示自己不愿受满清政府的统治及连累亲友而剃度出家。可以说，方以智研究医学的原因实与傅山有共通之处，皆是为了逃避出仕而转业医学界。他们均是基于生活上的需要，才贸然以行医为生。研究资料显示了方氏的医学知识只是停留在博览群书的阶段，未像傅山一样建立一套完整的医学理论。而事实上，方以智在明亡后只在广州一带当过一段短时间的卖药郎，并不具有高深的医学常识，他亦靠卖画及占卜为生。总括而言，方以智年轻时代研究医学可能是一种纯科学知识的探求，未曾想到自己在明亡之后能利用自己的医学知识谋生，这与同属明遗民的傅山也有共通之处。

## 第四节　医志风骨与家国情怀

　　傅山，字青主，山西阳曲人，明清之际著名的思想家、书画家及医学家。他博通经、史、子、佛、道、书法、诗文、绘画、音乐、训诂、考据

---

① 　任道斌：《方以智年谱》，安徽教育出版社 1983 年版，第 130 页。

及医学。特别在医学方面，更成为他在明亡后拒绝出仕清廷的谋生工具。傅山精通医术，特别是妇科及外科，无论远近病者求诊，他都不辞劳苦地前去替他治病。遇有贫穷的病者，他更不计较酬劳地去替他们义诊，而出诊的地区，更远至二三百里之遥。关于傅山的生平，根据《明遗民录》卷五的记载如下："傅山，字青主，太原人。一字公之它，家永祚寺双下松庄。后隐居著书，贞不绝俗。工分隶，善医，时人罕睹其面。年八十，征至都，坚卧城西古寺中，辞归。子眉，字寿髦，博雅能为古赋。卖药四方，其子鞔车行，暮宿逆旅，辄课读九经三史庄骚诸书，诘旦成诵适行，否即予杖。"①

　　当中记载了傅山在明亡后隐居于崛围山中著书及奉母，矢志不出仕清朝，对故朝坚贞不二。在《青羊庵》一诗中，清楚记载了他在隐居西山后以著述医书济世的日常："紫云青树石庸麻，花插牵牛小胆觚。一缕沈烟萦白牖，先生正著养生书。"②当时中原经过长期战乱，疫症流行，死伤无数。为了拯救这些宝贵的性命，他不断钻研医书，凭借他个人的医学根基及努力，渐渐发展一套独特的医学理论，成为一名出色的医家。《傅山全书》曾言："昔范文正公少时尝曰：'吾不能为良相，必为良医。'诚以良医之医人与良相之医国同，均之能济人利物而已。我乡傅青主先生，高才亮节，不克竟其大用，而托于医以自晦。"③可见，傅青主弃仕从医亦正是基于这理念。既然天下无道，他便退下来，以另一方式去救国："尝论先生孤忠亮节，值革命之世，道既不显，则晦于医。当时赖之，故其方流传于今，与其人共不朽。"④在他74岁年，被康熙征博学鸿词，但他宁愿七日不食，称病卧床不应试，最后清廷唯有就范，不再强迫他出仕。《傅山全

---

① 谢正光、范金民：《明遗民录汇辑》，南京大学出版社1995年版，第798页。
② 侯文正等：《傅山诗文选注》，山西人民出版社1985年版，第266页。
③ 刘贯文等：《傅山全书》，山西人民出版社1987年版，第5110页。
④ 同上书，第5108页。

书》曾载："以七十四岁老病将死之人，谬充博学之荐，而地方官府即莳起解，篮舆就道，出乖弄丑，累经部验，今幸放免，复卧板舁归。"①除了拒绝出仕清廷外，他更积极组织起义军，以"反清复明"为号召，可起义行动屡遭失败。清顺治六年（1649）正月，前明总兵姜瓖在大同起义，兵至太原，汾阳、交城等地亦起义响应。而傅山与其好友亦主张起姜瓖义军应该乘虚攻占太原，但未被起义军所用。最后，起义军错失良机，为清兵所败。"错把英雄听彼其，才知时命谬吾曹。不值一钱盅上事，谁服万民谦三劳。"②则展现了他对这次起义失败的反省，可见他对亡明的忠心以及他一生的心愿：反清复明。

此外，傅山对于子孙的管教亦十分严格。他的儿子傅眉是众多儿子中深得父志的一位。每当他与傅山出游时，傅山必要求其诵读经史庄骚等典籍，若表现不佳的话便会施以杖刑。而根据《明遗民录》的记载："或出，眉与子共车，暮宿逆旅，仍篝灯课读经史骚选诸书。诘旦必成诵始行，否则予杖，故其家学为大河以北所莫能及"③，可见傅山对儿子的管教甚为严苛。

至于傅山的字及外号，在《明遗民录》中有如下记载："先生名山，字青竹，改字青主，别号公之它，亦曰朱衣道人（一号石道人），又字啬庐，山西阳曲人也。"④傅山其名号有如下："先生初名鼎臣，后改山，字青竹，易青主，一字仁仲，或别署曰公之他，一作公他。又号石头，亦曰石道人，石老人，曰啬庐、曰随厉、曰六持、曰丹崖子、曰丹崖翁、曰浊堂老人、曰青羊庵主、曰不夜庵老人、曰傅侨山、侨山、侨黄山、侨黄老人、侨黄之人、曰朱衣道人、酒肉道人。或径称傅居士、傅道士、傅道

---

① 刘贯文等：《傅山全书》，山西人民出版社 1987 年版，第 495 页。

② 侯文正等：《傅山诗文选注》，山西人民出版社 1985 年版，第 186 页。

③ 谢正光、范金民：《明遗民录汇辑》，南京大学出版社 1995 年版，第 803 页。

④ 同上书，第 799 页。

人、传子。素喜苦酒，又称老蘖禅。又以受道法于雨师还阳真人，故一名真山，或署侨黄真山。又曰五峰道人、曰龙池道人、曰龙池闻道下士、曰观化翁、观花翁。曰橘翁、曰大笑下士、西北之西北老人等凡四十一。近见谷思慎先生所藏先生墨迹册，章太炎先生题签，内记先生亦字子通，则共四十有三矣。"① 傅山共有四十余个称号，而其中"青主"一名的含义乃有"为愿青山作主人"的意思，而朱衣、丹崖、不夜、橘翁等，皆有隐喻亡明之义。后世亦多乐称其为"征君"，意思为受清廷恩宠，并非傅山自己所命名。

　　有关傅山的医术，在其著作中多有记载。如在储方庆《与傅青主书》中说明了他的才能："即询先生之为人，俱云先生隐君子也，通六书，晓算数，善医药，官于并州者莫不知先生之名，先生夷然不屑也。"② 又如张廷鉴《霜红龛手迹帽例言》中引徐轩的话："征君诗文而外，书法、画法、医药之属，皆造神品。他人绝技，技进乎道，征君则由道以及于技，故其所论技艺之言，动关道妙。"③ 可见他在医学方面的技术不下于书法、画。在王晋荣《咳唾珠玉跋》中尝曰："先生以医传，以字传，以诗画传者，已三百年。闻其名者，虽妇孺亦知景仰，况粗识几字者乎。"④ 可见傅山的医术之高深为人熟悉。在《医药杂稿》中记载了傅山行医时的宣传单张："三世通医，卫生傅氏，专治一切寒热虚实，心痛头风……世传儒医，西村傅氏，善疗男女杂症，兼理外感内伤，专去眼疾头风，能止心痛寒嗽，除年深坚固之沉积，日久闭结之滞瘀。不妊者亦胎，难生者易产，顿起沉疴，永消烦苦。滋补元气，益寿延年。诸疮内脱，尤愚所长，不发空言，见诸实效。令人三十年安稳无恙，所谓无病第一利益也。凡欲诊脉调治

---

① 刘贯文等：《傅山全书》，山西人民出版社 1987 年版，第 117 页。
② 同上书，第 5006 页。
③ 同上书，第 5080 页。
④ 同上书，第 5093 页。

者，向省南门铁匠巷元通观阁东问之。"①

而事实上，经过傅山的医治而得以起死回生的病人亦有不少。另外，他流传后世的著作亦不少，当中包括《傅青主女科》《牵后编》《傅青主男科》《傅青主小儿科》等，可谓造福男女老幼。值得注意的是傅山并非将全部精力放在医学研究方面，这在其他人所撰写传记中已有记载："又以余力学岐黄术，擅医之名遍山右，罔弗知者；先生以余事及之，遽通乎神。"②但他拥有的卓越成就却不下于朱震亨及张仲景等人："若医者，先生之所以晦迹而逃名者也。而名即随之，抑可奇矣。……余读《兼济堂文集》并《觚膡》诸书，记先生轶事，其诊疾也微而臧，其用方也奇而法，有非东园、丹溪诸人所能及者。昔人称张仲景有神思而乏高韵，故以方术名。先生既擅高韵，又饶精思，贤者不可测如是耶？"③

傅山对医学的高深造诣，多少与他本身的资质有关。在稽曾筠《明生员傅先生山传》及《家训·训子侄》中分别记载了他天生聪颖："山生而颖异，读书十行并下，过目辄能成诵；戊辰会卷出，子由先生为我点定五十三篇。吾与西席马生较记性，日能多少。马生亦自负高资，穷日之力，四五篇耳。吾栉沐毕诵起，至早饭成唤食，则五十三篇上口，不爽一字。马生惊异，叹服如神。自后凡书，无论今古，皆不经吾一目。然如此能记时，亦不过五六年耳。"④可见，傅山的医术精湛除了靠他本人努力学习及研究外，亦与其过目不忘的资质有关。

在现存有关傅山的著作中，记载了他不少诊治病人成功的个案，这些成功的个案充分体现他心思缜密的精神。至于有关傅山替人治病的事迹，可见徐昆所撰的《青主先生》。个案一："先生精医，晚年以医见者见，不

---

① 刘贯文等：《傅山全书》，山西人民出版社1987年版，第4987—4988页。
② 同上书，第5103页。
③ 同上。
④ 同上书，第507页。

以医见者不见也。……一日，抚军太夫人得疾，抚军嘱阳曲令邀先生。先生曰：'看疾可，吾不见贵人。'阳曲令曰：'诺。'抚军敬避，嘱令陪焉。诊脉毕，怒曰：'如此年纪，何得如此病！'不立方，拂衣将去，令强留而婉叩之。初不言，继曰：'相思病也，得诸昨日午间。'先生出，抚军来叩令，令无以答。太夫人微闻，自叹曰：'神医也！吾昨午翻箱笼，偶见若父履，遂得疾耳，当以实告。'令转语先生，一帖而愈。"①个案二："又一民妇，因夫好赌，相诟谇，夫掌击之，遂成气鼓。询先生，先生偶将草十余把，谓民曰：'子持归，在妇前慢火煎之，颜必和，声必下。饮食亲奉外，即煎药是务，日须十数次。不三日而愈。'或问故，先生曰：'所得者浅，勿须药饵。以草为媒，平其心而和其气足矣。'"②个案三："一妇妒，恶夫有所昵，忽患腹痛，辗转地上，不可忍。其夫求先生，令持敝瓦釜，置妇床前，捣千杵，服之立止。"③个案四："又少年辈方土筑，见先生过，曰：'盍妆病试之？'一少年跃而下取大笑，群遮先生曰：'此病人，请视。'先生一望，曰：'死人也。'众大笑。先生曰：'肠断矣。'举至家而死。"④个案五："一老人痰涌喉间，气不得出入，其家具棺待殁，先生诊之曰不死，令捣蒜汁灌之，吐痰数升而苏。"⑤

从以上的事例当中，我们可以知道傅山的医术不只局限于医治一般头痛腹泻等较轻微的病症。诸如病者的心理状况（如个案一、个案二及个案三），他掌握了因病者相思和嫉妒而发作的心理病，从而适当地对症下药，往往令病人药到病除。此外，一些不轻易察觉的内伤（如个案四），傅山均能了如指掌，对症下药，令患者得到适当的治疗，甚至起死

---

① 刘贯文等：《傅山全书》，山西人民出版社 1987 年版，第 5036 页。
② 同上书，第 5037 页。
③ 同上书，第 5033 页。
④ 同上书，第 5037 页。
⑤ 同上书，第 5033 页。

回生（如个案五）。另外，根据蔡冠洛所撰的《傅山》，便记载了傅山有祖传药方一事及其在医学方面的造诣："既绝世事，家传故有禁万，遂精其术，而不拘囿于叔和、丹溪之言。踵门求医者户常满，贵贱一以视之。"①可见，傅山善于采用多家的医学理论。一个成功的医学家并非在于能精通某一家的学说，而是在于他能采各家所长。若医家只拘泥于温补学派或丹溪学派的医学理论而不晓得加以临床变通的话，便会大大地减少病人的痊愈机会了。另外，他高深的医学造诣大部分是来自他的祖传秘方。在武承谟《丁亥南安江上偶怀青主先生作》及他自己所写的《千金方》中亦分别指出了青主的医学技术有受《黄帝内经》、葛洪的《肘后备急方》及孙思邈的《备急千金要方》《千金翼方》等著作所影响："幽居想活人，《肘后》《千金》备。神奇到处传，扁鹊、苍公至。《素》《难》以来书，精妙穷厥秘。医圣至今称，孰窥其心事？《千金方》细读之，知不为真人全书，后人夹杂于中者不少，然妙处实多，不胜引申触长也。"②

可见他在医学方面有如此超卓的成就，殊非侥幸。而他本人亦不会太过拘泥于王叔和及朱震亨等医学家的学说。而且傅山用药亦往往不拘于方书，多凭一己之直觉及不断的临床试验："用药不依方书，多意为之。每以一二味取验。"③此外，由于他本身通晓儒术，所以更将之融入医学理论中："精岐黄术，邃于脉理，而时通以儒义，不拘拘于叔和、丹溪之言。"④正因傅山医术高明，故为他所救活的生命不少。更难得的是，即使他具有高深的医学知识，但他未因此而敛财。

在傅山的医学著作中，可以看见他对前代的医书作出了改良及修补，后人多有所不及。如在妇科中有关于治疗"血崩"一条中，他道明了发病

① 刘贯文等：《傅山全书》，山西人民出版社 1987 年版，第 5057 页。
② 同上书，第 868、5105、868 页。
③ 同上书，第 5036 页。
④ 同上书，第 5030 页。

的原因："妇人有一时血崩，两目黑暗，昏晕在地，不省人事者，人莫不谓火盛动血也。然此火非实火，乃虚火耳。"①此外，他更说明了治疗妇女血崩的药方，现引录如下："大熟地一两，九蒸白术一两，土炒焦黄芪三钱，生用当归五钱，酒洗黑姜二钱人参三钱。水煎服。一剂而崩止，十剂不再发。倘畏药味之重而减半，则力薄而不能止。"②与张洁所编撰的《仁术便览》比较，张氏一书亦有关于治疗妇女"崩漏"一条，其对血崩的解释似乎未及傅山那样详细："皆由伤损冲任二脉，血气俱虚，不能约制其经血，故忽然暴下。"③张洁将血崩产生的原因解释为血气虚弱，不能阻止经血暴下，针对这种情况，张氏治疗血崩的药方较为单纯："当归川芎芍药生地艾叶阿胶黄芩"。④这与傅山所认为血崩因虚火所引起的原因似乎有所不同。另外，傅山又指出止血药不能单独采用，必须要与补阴互相配合，才能见效。这比起张氏所开出的《奇效四物汤》只一味强调止血更为进步。因为医者只重视止血而不注重补阴，便会令血崩的情况持续，以致经年累月不能痊愈。

　　傅山在医学上的成就，主要在妇科方面，故观其某些药方的成分，未必如妇产科般分析详尽，如他对伤寒的医治的药方中，便远不如张洁所引用的药方详细："凡病伤寒初起，鼻塞目痛，项强头痛。切其脉必浮紧。方用：桂枝、干葛、陈皮、甘草，各等分。水煎服。一剂即愈。"⑤就他所建议的桂枝汤的成分来看可能过于笼统，未完全切合不同时令对症下药，这似乎又比张洁逊色。张洁虽在方中详细列明了不同季节、症状的分量及增减。相比之下，傅山所述似乎未如张洁般完备。这是因为傅山对于妇科

---

① 刘贯文等：《傅山全书》，山西人民出版社 1987 年版，第 4583 页。

② 同上。

③ 张洁：《仁术便览》，人民卫生出版社 1985 年版，第 247 页。

④ 同上。

⑤ 刘贯文等：《傅山全书》，山西人民出版社 1987 年版，第 4705—4706 页。

的研究较为全面，诸如女性妊娠期的诸种疾病及产后身体的调理皆论析甚详，反之，他对于儿科及男科方面的医学理论则似乎只是述其要点，当中较少详细地分析，唯当中所列举的条目亦算齐备。

　　傅山曾在其所作的对联中表明了他对医学的态度："以学为医学，物我一体；借市居作山居，动静常贞。"① 可见他将自己所学到的儒学知识融合到医学当中。在《题幼科证治准绳》中，他借对想学习儿科的外甥的教诲，说明了学医不能讲求快速，必须要不断用心钻研，才能成功："姚甥特此，令老夫稍为点定一二方，欲习之为糊口资。既习此，实无省事之术，但细细读诸论，再从老医口授，自当明解。扁鹊以秦人之爱小儿，即为小儿医。慈和恺悌，便入药王之室。慎无流于恶姿，如李谥也。"② 除了用心研究外，还要虚心向老一辈的医师请教，以取得临床经验。虽然医学在清初仍被一般士人认为是雕虫小技，但若非具有恒心及丰富见识的人必不能胜任："医小技也，然非具大知识大愿力者，不能窥其微。"③ 而傅山便正拥有一位成功医生的特质："青主先生负绝人之姿，晚季尤耽养生术，所谓具大知识大愿力者也。"④ 而《傅山全书》中亦尝曰："世传先生字不如诗，诗不如画，画不如医，医不如人，先生之高远，固不可以区区之医见也。"⑤ 可见傅山的过人之处，并非在其拥有高深的医学造诣，而是其对医德的重视及对事物所包容的态度。

　　此外，他亦要求医生必须具有"慈和恺悌"之心及济世为怀的精神。时人曾这样称读他："傅青主先生，具悲天悯人之怀，抱仁民爱物之念，生当丧乱，笃志隐沦，徒以医传于世，先生之遇，亦可悲矣！然先生兼善

---

① 刘贯文等：《傅山全书》，山西人民出版社1987年版，第326页。
② 同上书，第412页。
③ 同上书，第5105页。
④ 同上。
⑤ 同上书，第5106页。

天下之志更可见矣。"①我们不难发现傅山虽然以医术高明见称，但却并不因此而四处招摇。相反，除了行医外，他谢绝一切无谓应酬。在王士禛的《池北偶谈》中曰："医术入神，有司以医见则见，不然不见也。"②虽然傅山平时处事低调，不喜四处张扬，但他的威名亦不胫而走："而世之称者，乃盛传其字学与医术，不已细哉！字为六艺之一，先生固尝究心，若医者，先生所以晦迹而逃名者也。而名即随之，抑可奇矣。"③

至于医生用药之道，在《医药论略》中有所提及："且一药而名医争论。往往矛盾。故凡歪好胡混文章，子从他妄行，不过出丑惹笑。若医药之道，偶尔撞着一遭，即得意以为圣人复出，不易吾言。留其说于人间，为害不小。"④医药之道在于医师不断小心去求证，若偶有一二成功事例便沾沾自喜、自鸣得意，则只会对百姓有百害而无一利。吴经采曾提及："习其业者，于茫茫渊海中，剽窃疑似，持以索症。偶合，辄自诩谓卢、扁可再世也。迨服其剂而加剧且危甚，或阻遏生机，误人宗嗣，则犹坚持所奉书，嚣嚣白众，以为命实难为，匪医之咎。"⑤上面的论述正符合傅山所提倡的用药之道。此外，医生更不能盲从附会："处一得意之方，亦须一味味千锤百炼。'文章千古事，得失寸心知。'此道亦尔。鲁莽应接，正非医王救济本旨。"⑥这是因为每种药的药性对于不同的病人有不同的效果："奴人害奴病，自有奴医与奴药，高爽者不能治。胡人害胡病，自有胡医与胡药，正经者不能治。妙人害妙病，自有妙医与妙药，粗俗者不能治。"⑦

---

① 刘贯文等：《傅山全书》，山西人民出版社 1987 年版，第 5109 页。
② 王士禛：《池北偶谈》，中华书局 1982 年版，第 150 页。
③ 刘贯文等：《傅山全书》，山西人民出版社 1987 年版，第 5103 页。
④ 同上书，第 553 页。
⑤ 同上书，第 5105 页。
⑥ 同上书，第 553 页。
⑦ 同上。

　　总而言之，医生必须对病人有全面、深入的了解，再加上彼此的默契及互相信赖，才能有效对抗病魔。在《医犹兵》中，傅山将医生比喻作用兵："医犹兵也。古兵法陈图，无不当究，亦无不当变。运用之妙，在乎一心。妙于兵者，即妙于医矣。总之，非不学问人所可妄谈。日日临之，岂欺我哉！"①他将医生比喻为士兵的目的在于医生治疗病人的方法好像士兵运用兵法一样，要不断根据实际情况作出变化。对于疾病，医生就像士兵一样如临大敌。最值得注意的是，身为一位出色的医生，傅山竟然平等对待富贵及贫穷的病人。而这一点将会在稍后的章节中加以论述。

　　可惜的是，他仍旧迷信于鬼神之说当中，在他的医学著作中，不时与鬼神作祟扯上关系："妇人怀子在身，痰多吐涎，偶遇鬼神祟恶，忽然腹中疼痛，胎向上顶，人疑为子悬之病也，谁知是中恶而胎不安乎？大凡不正之气，最易伤胎，故有孕之妇，断不宜入庙烧香与僻静阴寒之地，如古洞幽岩，皆不可登。盖邪祟多在神宇潜踪，幽阴岩洞，亦其往来游戏之所，触之最易相犯，不可不深戒也；妇人有腹似怀妊，终年不产，甚至二三年不生者，此鬼胎也。其人必面色黄瘦，肌肤消削，腹大如斗。厥所由来，必素与鬼交或入神庙而兴云雨之思，或游山林而起交感之念，皆能召祟成胎。"②由此可见，他仍未能完全摆脱缺乏科学根据的鬼神观念。幸好类似以上与鬼神扯上关系的论述并不多，大多数在妇科的医学著作中出现。可能由于在当时社会中男女授受不亲的道德观念仍很强烈，导致傅山在研究妇科方面有所避忌，故对于一些妇科疾病仍以鬼神之说去概括论述。

　　傅山自从明亡后便退隐政治舞台，转行以行医为生，并成为出色的医学家。后世多以为傅山转行行医纯粹是为谋生而已。但是，除了维持生

---

① 刘贯文等：《傅山全书》，山西人民出版社 1987 年版，第 867 页。

② 同上书，第 4589、4642 页。

计外，傅山行医的目的亦有其他方面的因素。根据傅山所作的《仕训》一
文，抒发了他对出仕的看法："仕不惟非其时不得轻出，即其时亦不得轻
出。君臣僚友，那得皆其人也！仕本凭一'志'字，志不得行，身随以苟，
苟岂可暂处哉！"① 他认为身仕一定要立志，而这个"志"，便是不随便侍
奉异主，一定要小心谨慎地选择适当的君主去辅助。赵戴文在《书傅青主
李史暨汾二子传后》中就曾如此表扬他："而在满清初代，文臣如洪承畴，
武将如关三桂等，皆改节事异姓，弋取人间富贵以苟图衣食，且可获短期
之虚荣。然李、倪、马、孟、曹、黄、金、袁诸公俱不忍偷生苟活，其中
为明高官者死之固当，而不出乡党之端人正士亦多侃侃不屈死，斯其标榜
正义，扶持公道，与伯夷、柳下惠之足为人师又何异哉？呜呼！噫嘻！有
诸公之死可以彰人道，有青主之文可以树风声，其信矣。"②

　　傅山因明亡而与家人四处流徙，在顺治十一年（1654），当时傅山48
岁，他不幸被"叛案"牵连，下狱太原。虽然他受了不少皮肉之苦，但仍
抗志不屈，并绝食九日，几乎因此而殉节。在其他人为他所撰写的传记中
便曾记载了这件事："以连染遭刑戮，抗词不屈，绝粒九日，几死，门人
有以奇计救之者，始得免。自恨以为不如速死之为愈，戚戚于故国，思有
为者凡二十年。"③ 在狱中他绝粒九日几乎就此而死，其间幸得陈谧替其治
疗，才得以保命。在《与右玄》一诗中，便是他对曾治好其病的陈氏的一
番表扬："客岁吾离难，自信明夷贞……愁我一朝溢，奇方检秘经。君以
香附子，三奈佐南星。庸医不解旨，难其非参苓。惯械独微喻，精制而深
登。药香满蒿籍，沉睡俄晨醒。"④

　　据《宋谦案题本》及《朱衣道人案题本》的记载，这件事是由于河南

---

宋谦反清起义之事而致，是历史上有名的"朱衣道人案"。在《始衰示眉人》中亦有道出对这起事件的感受："甲午朱衣案，自分处士殂，死之有余恨，不死亦羞涩"。另外，在《祠树》中亦表现出傅山的坚贞气节："崴中无乐意，鸟雀难一来。即此老桩树，亦如生铁材。高枝丽云日，瘦干能风霾。深夜鸣金石，坚贞似有侪。"表面上这是一首咏物诗，实际上是傅山在狱中以老桩树自况，以表明自己对清统治者不屈的气节。类似这样表明自己忠贞的作品尚有很多，这里只列举其中一二以作论证。幸好当时傅山编造了一套假口供，认定了与宋谦未曾会过面。再加上布政司肯替他作证，官府找不到其他证据，便把他放了。在出狱不久，傅山写作了《不死》一诗，当中表现了其抗清的坚定意志及视死之心："不死良无耻，还争魑魅光。有情谁见识，无语独肝肠。内典极知妙，诸心不可当。烧春掀孟盏，病叶入连邦。"虽然在今次事件中能侥幸保存性命，但面对如此严峻的考验，勇气及毅力是极为重要的，由此表现了傅山忠贞不二的决心。傅山在出狱后写成《山寺病中望村侨作》便表达了自己有愧于祖国及已为国牺牲的义士："病还山寺可，生出狱门羞。便见从今日，知能度几秋？有头朝老母，无面对神州。冉冉真将老，残编胭再抽。"他虽然没有在狱中投降清政府，但没有为明朝壮烈牺牲，实在有愧于君主及一些已为国牺牲的义士。另外，在康熙十七年，他被招揽为博学鸿词科，但以病危为借口，拒绝参加考试。在《病极待死》中，他表明了宁可死，亦不愿奉二主："生既须笃挚，死亦要精神。性种带至明，阴阳随屈伸。誓以此愿力，而不坏此身。世世生膝下，今生之二亲。莫谓恩爱假，父母爱我真。佛谓恩难报，不必问诸人。"[①]

为了保持自己忠孝之身，他不惜以死反抗。但忠贞归忠贞，不能在未到最后关头就白白牺牲性命，所以他在秘密抗清的同时，便以行医作为维

---

① 刘贯文等：《傅山全书》，山西人民出版社 1987 年版，第 74 页。

生的工具。在《感知二首》中，他便表明了这个心愿："江外一函到，汾隔满纸真。英雄不爱命，丧乱莫轻身。此际为人子，惟宜养老亲。捧书须日月，不敢为他人。"他身为人子，尚有父母需要供养，故未到最后关头是不会轻易殉国的。行医虽赚钱不多，但却不失为一糊口方法，既可造福百姓，亦可供养父母，真是一举两得。在《清史列传·傅山》中曾记载其精医，晚年颇资以自给。可见，行医这工作足够他自给自足，而除了替人治病外，一律谢绝约见其他人。

另外，在《儿辈卖药城市诽谐杜工部诗五字起得十有三章》及《卖药》中便是描述了傅山卖药为生的情况："生理何颜面，柴胡骨相寒。为人储好药，如我病差安。裹叠行云过，浮沉走水看。下帘还自笑，诗兴未须阑。只益丹心苦，黄连自蜀中。昔年腾附子，今日贱芎䓖穹。霸略无昭烈，奴才但李雄。药材还地道，天府遂成空。"①"雁门惊仲极，七日达河荥。药铺闻鸡打，人蔉（同参）勒马鞍为兄难对尔，至性苦相形。老弟常贫病，能无怨鹈鹕。衡尹传汤液，畴箕不见书。想来明晦际，亦事鬼臾区。所以长沙老，相承《金匮》俱。既无尝药圣，谁是折肱儒？即不千缗也，其能一视钦？真人十六字，一半老夫除。"②第一首诗描述傅山晚年时居太原东松庄行医，而其儿子及侄儿则在这里设局卖药。可以说，诗中流露了作者淡泊名利，不以行医卖药牟利，只为济世为怀。后两首虽然亦描述了其卖药的情况，但均是以卖药为比喻，借意抨击清政府的腐败，纵有好药亦难治好。在最后一首诗中傅山表明了自己能卖药救人，即使是名不见经传亦不失为一神圣的工作。

虽然傅山以行医避世及卖药为生，其医术渐渐闻名于民间，但在他其中一些作品中仍表现了他对故朝的念念不忘及亡国后的失落："崇祯四

---

① 刘贯文等：《傅山全书》，山西人民出版社1987年版，第177页。

② 同上书，第200页。

如昔，低头四十年，苍髯坐劳疾。新衣诚难穿，新人亦难见。"①"群蜂失共主，浩荡往来飞。苦螫撩人打，甘心得死归。穿花红乍落，入树绿全腓。烧睫君臣泪，无从湿道衣。"②诗中借一群失去共主的蜜蜂化悲愤为力量，视死如归的决心。这反映了在清初顺治年间山西曾爆发了两次大规模的起义，他赞扬义军勇敢的表现。在《庚申六七月之间即目》中，他道出了在满清政府统治下的困难局面，"皇天岂不仁，此流仁亦怨，先皇四事征，较无今之半。盗贼未来时，终日云霓盼。至今彻骨穷，额外何滕算。"另外，在《寄示周程先生》中，他对满清政府大兴文字狱压迫汉人作出强烈的控诉，三年中集有小诗百诗，急欲倾囊求救。拙口不能娴、妙语动忌讳，不便邮寄。当时应在顺治统治期间，由于各地乱事仍未平息，再加上国家处于长期战乱，故民生疲敝。但是，这种情况理应比明代末年的情况好一些，况且文字狱在明朝亦常发生，甚至比清朝严重，可能基于民族意识，傅山主观认为满清政府怎样也比不上明朝。他宁愿捱苦亦不愿出仕清政府，所以选择了行医作为谋生方法："六极列贫弱，救贫还得强。世乱习气贱，多令本业荒。日锄一亩暇，晚饭六碗香。天与此骨力，岂是窊劣郎？顾彼骄强者，气皆奴婢扬。一仆怨主贫，此亦小人常。憧憧书夜计，若或登华堂。……每见老及耄，亦多苟且望。胺臜置从来，喜胜园之唐。公侯略小节，皆岂法秦房？老杜赠人言，读之不能忘。一请甘饥寒，不愿饱暖伤。误失将帅意，深虑投人伱。极知贫难忍，忍即医贫方。翁健知天意，儿强且地僵。薄薄旧田圃，耕耘真道场。"③

除了行医外，他亦以耕种来维持生计，希望能自食其力，充分表现了其不随波逐流、苟且偷生的高尚情操。在《扶病归里喜老友玄锡口腹数种惠顾即目乱拈三韵》中亦表现了其安贫乐道的决心："此儿自足贵，扪腹

---

① 刘贯文等：《傅山全书》，山西人民出版社 1987 年版，第 91 页。
② 同上书，第 117 页。
③ 同上书，第 97 页。

休侘傺。不欲移此志，苟图粱肉臕。我见富家狗，粱肉满糟㿩。非分恣世乱，逸德待天讨。柴门穷父子，坚筑塞翁堡。"①即便他的生计仅仅足以糊口，但他已十分满足，并不欲放弃自己的志向。所以，我们不难理解他转行行医的目的不全在于逃避出仕及维持生计，而是在于服务百姓，这将在后续篇幅详加论述。

虽然有人认为傅山行医的目的是维持生计，但其实他行医的目的是服务百姓。早在明末时期，他已开始其行医生涯。时为崇祯九年，袁继咸复修三立书院，以傅山为祭酒："公遂请修复，因为从祀诸贤各系一传，取髦士三百余人聚居课读，饔飧供给，疾病医药，皆公躬为料理，师弟问蔼蔼如父子……不时至崇善寺讲艺，有病者亲至其寓所，与药饵调养之。"②可见傅山早在明末时期已有替人治病。另外，在崇祯十年二月，他曾拿粮食至狱中救济受袁继咸案牵连的百余人，根据《因人私记》有以下记载："二月中挈孙振到，下刑部。时孙振参疏干连山西通省百余人，散寄刑部及五城兵马司监，有瘦死者、病者、乞食于监中者，山等稍稍义分米面供给之，而刑部不问。"③可见他对百姓关怀之情。

清初时期，由于中原地区经历过长期战乱，疫症流行，有不少缺乏治疗的贫苦大众因此而病死，所以本着一颗爱人之心他便开始研究医书，替人治病。他不辞劳苦，每逢远近病家求诊，他均悉心治理，绝对没有厚此薄彼。遇有家境贫困的病人，他更不惜义诊，不收分文，充分表现其济世为怀的伟大品格。为了拯救百姓的宝贵性命，就算多辛苦他仍觉得十分值得。他之所以有如此伟大的思想正是因为他曾身受疾病的折磨，在《无题》中，他道出："老夫嗔久病，愤懑不能平。少睡看窗月，多愁听鼓更。心烦翻倒极，肠断暗悲鸣。昕得疴除日，羊醪庆再生。生怕妻孥觉，伤心

---

① 刘贯文等：《傅山全书》，山西人民出版社1987年版，第96—97页。
② 同上书，第5235页。
③ 同上书，575—576页。

永别离。恨奴十四月，怨鬼暮春时。隐泣那能歇，深忧孰得知。如兹苦楚病，焉用此生为……"①

他深知患病之苦，所谓己所不欲、勿施于人，故他不想其他贫苦百姓深受其害，便尽心尽力去救治病人。在《无聊杂诗》中，正是一幅替农民治病的写照图："药岭负秋色，石楼登告劳。黄冠非独懒，白秃亦孤骚。豆秸偎烟尽，柴门闭日高。村翁问寒药，茶果致胡桃。""火齐何曾解，冰台偶尔藏。西邻分米白，东舍馈梨黄。食乞眼前足，医无《肘后方》。果然私捧腹，笑倒鹊山堂。"②上引一首诗的末两句描写了傅山为农民治病的情况。农民上门找他来治病，傅山用茶果来款待他，而农民则以胡桃来回报他。第二首诗则描写了他在山村的行医生涯，当中表现了他与农民的密切关系。他自嘲并无什么建树，只是略懂医术以谋生，这其实只是他自谦之辞。

傅山不但有时为贫苦的百姓义诊，更会千里迢迢出门为行动不便的病人出诊，有时更险些因路途遥远而赔上宝贵的性命。幸好这次最终能化险为夷，而他亦意外发现了一些佛教古迹。在嵇曾筠《明生员傅先生山传》及刘绍放《傅青主先生传》中有云："家故饶，至是渐益窭，安贫乐道，泊如也。屋舍田园多为细人窃据，概置不问。"③"李自成乱，遁走山林，及贼平而明亡，遂谢人事，坐一室，左右图书，徜徉其中，终年不出，亦不事生产。家素饶，以此中落。四方贤士大夫，足相错于其门，或遗之钱，则怫然怒，必力绝之。虽疏水不继，而啸咏自如。"④

可见，傅山淡泊名利，甘于食贫，他本来生于一个富裕的家境，可惜家道中落，但他不介意，表现了他安贫乐道的优点。另外，傅山著有《忍饥》三首，皆表明了自己能够忍受饥饿之苦，并宁可挨饿亦不想违背自己

---

①　刘贯文等：《傅山全书》，山西人民出版社 1987 年版，第 4926—4927 页。

②　同上书，第 138—139 页。

③　同上书，第 5030 页。

④　同上书，第 5032 页。

的志向："拔剑亦云快，出门未必强。人情苟不合，草木备荒凉。口腹安其节，饥寒习为常。粗人饿不惯，醉饱意飞扬。专专得上策，只是闭柴门。忍饿宁为腹，惩羹不负言。甘肥戕口入，鄙倍向人喷。仁义骄羞语，吾为达者论。贫也原非病，谁何不曰迂。须眉生济物，忠信措吾躯。此岂易衣食，还当饱饿夫。四豪门下客，那得不皆奴！"①字里行间流露出他高尚的情操。正因他能够安贫乐道，淡泊名利，所以对于自己拥有高明医术并不视为敛财的工具。相反，他以此来服务贫苦大众，故甚得百姓拥戴。我们不难从史书中的种种记载知道傅山习医的目的不纯为逃避出仕，而是为了服务百姓，以解除他们的病厄。虽然与作者相比，傅山对于公规医药服务的贡献实在是微不足道，但傅山多年来行医受惠者亦为数不少，当中包括贫苦大众及其好友。

和很多明代的士人一样，傅山习医的目的与孝心亦有密切的关系。在《莲苏（甦）病好作此示之》中，他便忆述起自己在年幼时患病的情景："乳母与吾母，东楼共披围。吾幼好腹痛，平时易犯些。一番发几死，半夜症犹加。祖母床前守，吾翁不在家。过来灯火亮，医药已纷拏。爷爷因汝病，几日甚仓皇。久已睡难着，加之饭不香。从今节饮食，慎莫犯阴阳。天地恩无限，儿孙何以尝？"②这首诗其实是因其孙儿傅莲苏病时所作，诗中史忆述自己在生病时家人如何劳心劳力、衣不解带地去照顾他。为了答长辈的恩德，他便努力习医，希望能以此孝敬他们。在《题慈乌反哺图》中便歌颂了反哺的德行："乌哺乌哺，慈孝天府。虑儿中枵，鸽啄米取。乌哺虫豸，人哺经史。虫豸润毛羽，经史果性始。反哺何须五鼎俎，忠孝文章报老腐。儿多识字老人颉，儿有奇文臭厥古。断不果肉责朝夕，反哺无过此美炙。"③

---

① 刘贯文等：《傅山全书》，山西人民出版社 1987 年版，第 4850 页。
② 同上书，第 4828 页。
③ 同上书，第 4829 页。

　　他曾立愿希望父母能长生不死，若他得到长生不死药，定当先拿去奉献双亲："父母鞠养，辛苦劬劳。而我长成，学术不深，无奇方异法，令父母长生不死，同得神仙。……山未读《云笈》时，每作此念：觉得一种服食草木，可以延年，先奉老亲。"①另外，他进一步认为若是孝子必是忠臣："求忠臣于孝子之门，语自深婉。与人言依于忠孝，谋事要于诚义。"②忠、孝两者终不能分开，所以既然傅山是一位为国忠贞的臣子，亦必然是一位孝顺的儿子。在其他人为其所撰写的传记中便充分表扬了他这项优点："山性至孝，父之谟病笃，朝夕稽颡于神，愿以身代，旬日父愈，人谓孝通神明，不异黔娄云。执亲丧哀毁蒋甚，苦块米饭，不茹蔬果；征君性至孝，天启甲子，父离垢先生病剧，医药罔效，征君躬祷顺城关文昌庙。蒙帝君赐药，红黑十粒，灌之即愈。载征君《祈药灵应记》，仇犹史生绍唐梓行。顺治辛丑，居母贞髦君丧，卧苦寝块，饮粥不茹蔬者百日……及葬，四方来会送数千余人；山居母丧，卧苦枕块，食粥不茹蔬者百日。"③上载有关傅山为其病危的父亲求灵药一事，也可见于《祈药灵应记》："甲子冬，先居士病伤寒十余日，危证皆见，呃逆直视，循衣摸床，发黄发癍，医来莫措。或传南关文昌夫子灵异，旧人往往于庙中祈药，辄应。先兄与弟止左右服事，山往祷之。"④虽然这则故事有迷信色彩，但从中可知傅山对父母的孝心实在日月可彰。傅山的母亲贞髦在顺治十七年去世，享年84岁。在她死去后的两年，傅山依然对她念念不忘，这在其著作中有迹可循。在康熙元年六月，他曾作《与居实书》，字里行间流露出对逝世母亲的怀念，如果父母死了，他直觉上觉得人生不再有意义，做人不知方向，

①　刘贯文等：《傅山全书》，山西人民出版社1987年版，第534页。
②　同上书，第5028页。
③　同上书，第5051页。
④　同上书，第5226页。

所以，我们可以断定他习医的目的是想医治父母的疾病，好令他们能延年益寿。

除了孝顺父母外，傅山对兄弟亦表现了充分的关怀。他曾经说过："舍兄弟不亲，天下其谁亲之？谁知天下即有不欲其兄弟相亲之人。贾诩，乱人也，而寄语袁氏兄弟曰：'兄弟不能相容，而能容国士乎！'且看诩何如人，乃知以此等语揶揄不肖。有兄弟者念之！"① 在《老僧衣社疏》及《壬午六月十五日至十九日即事成吟二十一首》中，他抒发了丧兄之痛："壬午夏四月，离先兄变，山不能即死，日夜共老母哭泣。老母慰山，山慰老母，随复涕出，不能仰视。自此不敢出门，直怕见人家有兄弟偕行者；三十六未老，一兄不肯长。时尝家哭泣，生日野傍皇。日下吉祥寺，风凄艾纳香。瞿昙能救苦，苦断蘗禅肠。"②

他的兄长名傅庚，字子由，比青主早逝，而青主与其感情甚笃。在崇祯十四年（1641），当时傅山35岁，曾患上严重的疾病，几乎死去，而其兄庚经常在左右照料。最后，傅山得以痊，但其兄因此而忧虑成疾："念去年春，离天行几死，赖仁兄左右调护，得复苟延。弟病起，而兄病，以忧瘁渐深矣。"③ 另外，我们也能感受到他对患病的弟弟关怀之情："舍弟疮甫有收长意，似可无虑。而暴一加寒证甚剧，日日为理之，甚焦愁人，不知当如何也？草草附闻。月半之约，且当衍期，须弟病渐有起色，始得遄赴，目下危疑之急。"④ 对于其弟患有毒疮等皮肤病，傅山悉心为其治理，更因为要亲自照顾弟弟而推其好友的约会。更难得的是，他一点也没有嫌弃这位弟弟曾散尽其家业，反而更加以德报怨，这件事在傅山的传记中多有提及："先人遗产为其弟荡费殆尽，无怨色。及弟殁，遗孤尚幼，山抚

---

① 刘贯文等：《傅山全书》，山西人民出版社1987年版，第893页。
② 同上书，第454、169页。
③ 同上书，第5250页。
④ 同上书，第5307页。

之不訾己出，其天性如此。"①他不但没有责怪其弟弟，反而更在其死后替其照顾遗孤，直到他们长大成人为止。另外，在《悼孙女班班》一诗中，我们可知道傅山曾尽力挽救过其性命，可惜徒劳无功，他认为纵使自己懂得医理，但仍救不了爱孙之性命，因此他觉得很无奈。虽然如此，但我们仍不难理解古人学医，救治亲人为一大因素。

傅山自己也经常患病，需要小心治理。如在其写给朋友的书信中便经常提及自己患病的情况："此事当弟亲语之，奈病不堪入城也；弟病暗剧，生平所期，都打灺心火矣。一息尚存，山林丘壑，迁延待终而已。苦无伴侣，独我彷徨劳劳，奈何！弟以水泻三四日，便不能弄笔墨。今始少停；弟自疮发来，两手两臂肿痛，于已九十日许不见消散；弟老病，日就委顿，强支大难，日夕想见吾党英妙快事而不可得，当奈何？便寄此声；老人扶病抵里，疾不退，日衰一日矣。目下不待食，似泻非泻，甚苦。暑倦，步履不能五六十跬连抍也；秋后虽病剧，似尚有两三月人世之分。吾病略退，大抵老惫之极，药饵正在毫厘间作效耳。"②

正因为傅山与身边的朋友皆常患病，基于一种友爱的表现，习医无疑可以助己助人。在一些与朋友往来的书信中，我们不难发现傅山经常会替朋友解答医学上的问题："每小饥即口流白沫，此是胃虚火动，不关甚病，亦当用白术二两、黄连姜炒一两，共为细末，用乌梅肉三四个、好开口花椒一大撮，熬浓汤，和作小丸子，朱砂为衣，每服三、四十丸，食稍远，白水下，可除此症；医本不济，而加以老懒昏昧，实不能精心事此。老嫂样，既无国医审其寒热，但用饮食消息静摄，行当平复也。撒涂两方，塞来责耳。可笑，可笑。"③与明代很多士人一样，傅山习医的动机是为了使身边的亲友受惠，他希望能以一己所学来表达自己对他们的关怀顾念

① 刘贯文等：《傅山全书》，山西人民出版社 1987 年版，第 5050 页。
② 同上书，第 503 页。
③ 同上书，第 501—502 页。

之情。

傅山对前朝的忠贞及对百姓的关怀，得到其后人继承。虽然傅山的后代以务农为主，未必能像傅山一样转行行医济世，但终清之世，皆坚持他的志向，未有出仕清廷。当中最能继承傅山的遗志，以济世为己任的要数其儿子傅眉及侄儿傅仁二人。这一切，皆因傅山平时对其子侄的严家训。傅山对于其子侄的管教十分严谨，他以抛开功名富贵为家训，以此训勉子孙要过恬静归隐的生活，千万不要追名逐利。另外，在《训子侄》中，他分别训诲了儿子傅眉及侄儿傅仁："眉、仁素日读书，吾每嫌其驽钝，无超越兼人之敏。间观人有子弟读书者，复驽钝于尔眉、仁，吾乃复少恕尔。两儿以中上之资，尚可与言读书者。此时正是精神健旺之会，当不得专心致志三四年?"①

他训勉眉、仁读书要专心致志，千万不要浪费自己的资质。他以自己的标准来要求两位子侄读书应有的效率："记吾当二十上下时，读《文选》京、都诸赋，先辨字，再点读，三试上口，则略能成诵矣。"② 他认为，20岁时的记性应是最好，不消一会定能把艰深的课文背诵好，因此一定要尽量背诵多一些著名的篇章，这样便会获益终身。"尔辈努力，自爱其资，读书尚友。以待笔性老成，见识坚定之时，成吾著述之志不难也。"③ 只要假以时日，必能继承傅山读书的志向。此外，傅山除了教导子侄们读书的方法，亦借元代刘元被荐于朝，后以母疾归隐一事自比。他认为自己与刘元不相同，因为刘元曾出仕异朝，所以只能算是一个隐士。相比之下，傅山则认为自己是一个彻彻底底的反清志士，因为他坚拒清朝的邀请，借病逃应考博学鸿词科。傅山曾作诗《生日示儿侄》，以表达他对明朝的怀念：往昔虞生短，如今觉命长。杯盘听朋友，虫鼠不家乡。老母朝南拜，方将

---

① 刘贯文等：《傅山全书》，山西人民出版社 1987 年版，第 507 页。

② 同上。

③ 同上书，第 508 页。

愧北强。两儿休寿我，天地泪茫茫。诗中强烈表现了傅山的民族气节。他除了对明将作出严峻的谴责外，还对清廷表现出憎恨的态度。可见傅山除了希望子侄能继承自己的读书方法外，亦希望他们继承自己的反清大业。

傅眉，字寿毛，5 岁丧母，由其祖母抚养，并随父亲读书，7 岁已能作小诗小赋。17 岁遭甲申之变，从父逃难，父亲对于他的管教甚严："暮宿逆旅，辄课读九经三史庄骚诸书，诘旦成诵乃行，否即予杖。"① 眉资质聪颖，才 7 岁已懂作小诗小赋，15 岁已能通经史，而眉对儿子的管教方法皆从其父："眉与子共挽车，暮宿逆旅，仍篝灯课读经史骚选诸书。诘旦必成诵始行，否则予杖，故其家学为大河以北所莫能及。"② 相关传记中记载了他继续父亲的志趣的事迹："遍历九边，览其形胜，以所如不合归，沉沦卑贱，卖药太原市，代父治家，养祖母以天年终；十七岁，值甲申之变，征君冠黄冠，称道人，弃诸生业，业医，卖药市上，转徙无常家。先生随侍，承父志，日提药囊，出入闤阓，中夜则父子讲诵达旦，以为常；眉，字寿髦。每日出樵，置书担上，休则把读。山常卖药四方，与眉共挽一车，暮抵逆旅，篝灯课经，力学，继父志。与客谈中州文献，滔滔不尽，山喜苦酒，自称老蘖禅，眉乃称小蘖禅。"③ 可见他继承了其父卖药的职业及代替其父肩负起养家的责任，以供养其祖母终老。除了卖药外，他亦继承了父亲勤学的优点，往往与其父讲诵课本至通宵达旦："子曰眉，字寿髦，能养志。每日樵山中，置书担上，休担，则取书读之；祖讳之谟，明经，博学能文，乐善好施。"④

他秉承了父亲的志向以救治百姓为己任，其性情忠厚严谨，他曾在重修三皇药王庙时写文章以作纪念，当中表达了他对医学的看法："众生病

---

① 谢正光、范金民：《明遗民录汇辑》，南京大学出版社 1995 年版，第 793 页。
② 同上书，第 815 页。
③ 刘贯文等：《傅山全书》，山西人民出版社 1987 年版，第 5054 页。
④ 同上书，第 5061 页。

者，病习方术者，药者，药即差病者，不问方术者，奚自授方术者，亦不究吾所本始，以为吾自可医人。奚必名医，奚必神农、黄帝医，日益不攻术，日益穷，而黄帝、神农之心日益伤，众生之苦日多日偷，奚况其土木之祠？吾侪橛樕之侣，某以为水源木本而不知报，遂于习方伎家、传道地家募而新之，而不及他人知恩报恩。即此一念，何莫非药？读《药王药上品》，知众之苦即药王之苦。问大药王何所用，亦是众工所用者。若有余资，再买《素问》、《难经》、《脉经》、《本草》、历代诸名医著述而置之厨，使攻伎术者习其论，走道地者按其图，其利益众生福德更不可思议矣。"①他认为每一位从事医药事业的人必须不断进修，充实自己，不能单单读两本医书便故步自封，不再求上进。与前人的见解相同，他认为每一位学医者必须阅读《素问》《难经》等医学经典，以巩固自己的医学知识。学习医学必须先究其本源，否则医学只会沦为方术，缺乏传承作用。在戴廷栻所撰写的《高士傅寿毛行状》中曾引了傅眉所说过的"我若当国时，当考此等医"。可见，他对医学的严谨。所以，傅眉读书的方法贯彻了其父傅山的志向，不断学习，没有一刻停顿下来。眼见儿子胸怀大志，傅山老怀安慰："朔气健游子，新诗动乃翁。悲歌犹赵燕，闻见不雕虫。"②

　　另外，他与其父亲一样同仇敌忾，对于亡国之痛，不敢忘记。可惜他比其父亲傅山早逝，在临终之时，他写了《临终口号二首》，字里行间流露出对亲恩未报的歉疚："父子艰难六十年，天恩未报复何言？忽然支段浑无用，世报生生乌哺缘。西方不往不生天，愿在吾翁矍膝前，我若再来应有验，血经手泽定新鲜！"③傅山对儿子的逝世，感到十分悲伤，根据瞿源珠《傅寿毛先生传》：征君哭之恸，作诗数十首哀之。未几，征君亦卒。他作了《哭子诗》十六首，以悼念其亡子。当中包括了《父哭子常事》《哭

---

① 刘贯文等：《傅山全书》，山西人民出版社 1987 年版，第 4899—4900 页。

② 同上书，第 147 页。

③ 同上书，第 4882 页。

忠二》《哭孝三》《哭才四》《哭志五》《哭经济六》《哭胆识七》《哭干力八》《哭文九》《哭赋十》《哭诗十一》《哭书十二》《哭字十三》《哭画十四》《吾诗惟尔解》《情多不知道》。《父哭子常事》为哭子诗的序曲：父哭子常事，奈兹八十身。吾犹迟浸假，尔遂反其真。患难频频共，沈绵暗暗因。颠顶都不诀，俯仰怕为神。慧业资粮往，瑜珈梵天行。若言恩爱末，痛失此词人。傅眉卒于康熙二十三年，终年五十七岁，比傅山先死四个月，当时傅山已七十九岁了，以近八十高龄丧子，其悲痛之情实在难以想象。傅山与儿子互相了解、患难与共，与父亲一样，傅眉醉心佛学，过着清静沉寂的生活。一直以来，傅山都认为他的作品只有其儿子才可理解及欣赏，这在《吾诗惟尔解》中亦有表明：吾诗惟尔解，尔句得吾怜。俯仰双词客，乾坤两蘖禅。终年闻法佛，片刻死情缘。痛绝仁哥罢，于今刚十年。他们可以在诗歌上互相交流、共鸣。如前所述，傅山与儿子同样涉猎佛法，他自称为"老蘖禅"，而眉则称为"小蘖禅"。在末后两句，他表达了自己未放下痛失侄儿傅仁之痛，便又要再接受丧子之痛了。更重要的是，傅眉与傅山的共同志趣不仅表现在佛教信仰方面，还表现在忠心亡明方面。在明朝灭亡后，他们一起为复明大计而秘密组织起义，更不幸地一起陷入朱衣道人案受尽折磨，这在《哭忠》一诗中已有说明："元年戊辰降，十七丁甲申。縻他四十年，矢死崇祯人。闲关相老夫，书史挟黄尘。侮辱兼恫胁，杂还无疏亲。死忍当排解，寝食安胆薪。患难饱茶蓼，艰贞抱精神。筋力外不惜，冰炭中含嗔。农圃食惟旧，花柳眼不新。冰天漫吟咏，热泪撮笑嚬。人闲何容易，培此草莽臣。呜呼尺蠖屈，何处求其信？"①

在朱衣道人案中，傅眉与傅山一同入冤狱中，受尽折磨，虽然傅眉被连累下狱，但他没有因此而怪责父亲，反而仍十分怀念父亲："自两道老爷会审之后，父子不见面者又六十余日矣。皇天皇天，热泪烧心，但昭

---

① 刘贯文等：《傅山全书》，山西人民出版社 1987 年版，第 303 页。

雪有日，父子见面不难。"①傅眉首先获得释放，为免祖母担心，他即赶回家中。在赶赴回家途中，他几乎死在固碾沟："尔能饱暖我，我不饥寒忧。自叹于老母，负米未仲由。乱离动转徙，亏尔升斗谋。祖母不至饿，我每暗点头。伤心甲午除，尔始解拘因。黄昏奔西村，几死固碾沟。敲门祖母见，不信是尔不。稍焉倾少米，菜问邻家求。明日是年下，稀粥寒灯檠。老母举一匙，如我进庶羞。相守又六年，祖母将弥留。扶抱至揩拭，一切代我周。径以孙为子，竭力无豫犹。追忆我若死，尔实令伯流。吾行八十矣，哭泣早晚休。老骨本恃尔，尔乃不及收。"②

之后傅眉在家中担起照顾祖母的责任，甚至在祖母临死前陪伴着她，给予她安慰及支持。当时祖母已年纪老迈，为了傅山两父子的事，食不下咽："近者舍弟从西村来，道家祖母饮食稀少，泪眼肿痛，念儿忆孙，不少绝口。"③在孙奇逢《贞髦君墓志铭》中有言："甲午，山以飞语下狱，祸且不测，从山者游者，佥议申救。贞髦君要众语之云：'道人儿自然当有今日事，即死亦分，不必也。但吾儿只有一子眉，若果相念，眉得不死，以存傅氏之祀足矣。'"④另外，在《与古度》中曰："舍弟又道，家祖母道：'你二大爷我已是舍了他了，但得见你二大哥一面足矣。'"⑤可见其祖母对眉的疼爱。而傅眉亦十分敬爱其祖母，例如他曾在狱中梦见自己回到西村看祖母："山以飞语缧太原府狱，眉羁阳曲仓。仓中修定业，闻祖母病，飞神自仓门上，棂中倒下。至西村，看祖母毕，仍飞还附形。遂梦铁藕开莲花一枝，行事解。"⑥可见祖孙的关系十分密切。另一方面，傅眉在狱中时亦积极计划营救父亲，反而却将自己生死置之度外。如在《与古度》中：

① 刘贯文等：《傅山全书》，山西人民出版社1987年版，第4900页。
② 同上书，第303页。
③ 同上书，第4900页。
④ 同上书，第5215页。
⑤ 同上书，第4901页。
⑥ 同上书，第307页。

"不得以，囚眉一生再无宛转之愚见，商之先生，然亦不期于必行。囚眉愚见，以为恳边老爷作一申文至都老爷处，将囚眉及叔暂保在外。若不能如此，或囚眉，或家叔，放假三日，令人押上，与家祖母见面后即回……此囚眉不得已之愚见。"① 为了心爱的父亲能重获自由，他不惜拼命为他周旋。父子俩除了一起实现抗清大计外，还一同读书、研究医药，感情可谓十分要好："风雨老父子，滋味相渴饥。典灶妙芍药，一箸新鲜豉。小酒按糟醢，蜜果佐茶匙。恬淡道书理，旦暮言且卮。"他们的关系既像父子，也像挚友一样密切。他们不但志趣相投，连嗜好、口味亦相同，如今晚年痛失这位知己，怎教他不伤心呢？

除了儿子傅眉外，他的侄儿傅仁亦是另一位继承了其志趣的后辈。傅仁是傅山兄长傅庚的次子，其兄早逝，五岁便成为孤儿，傅山便肩负起养育其子的责任："寿元，明茂才傅庚字子由之中子也。子由先娶于韩，生襄，才而蚤夭。又娶于李，生仁，骨干修削，黄发火色，性僻洁，五岁而孤。公他先生怜其幼，使就外傅，不甚督责，然所授书，一再过辄上口。"② 傅山对自己的儿子傅眉比较严谨，但对于寿元却较为宽松，这是因他的兄长只遗下一个儿子，他不忍对他过于严厉："先生白贞髦君曰：'吾兄止此一儿，但调护以延宗祀，不忍过严也。'遂任其骄懒。"③ 但是，在兄弟辈中，傅仁在傅家子孙当中却又算是踏实的一位，除了资质聪颖外，性格更如傅眉一样忠厚。他时常协助其兄傅眉卖药。傅山把傅仁视如己出，可惜，最后他亦像其从兄傅眉一样因病英年早逝，傅仁死时遗下两女一子，这在傅山《六十八岁生日避客土堂哭仁追痛往事》中曾提及过："一子痛失性，二女尚无主。无可奈何事，世间不胜数。"与哀悼傅眉一样，傅山写作了一组悼亡诗以抒发其丧侄之痛。悼亡诗共有六首，分别是：

---

① 刘贯文等：《傅山全书》，山西人民出版社 1987 年版，第 4901 页。

② 同上书，第 5065 页。

③ 同上。

《不敢见群从》《芍药花开了》《癸卯百泉上》《卅年风雨共》《自喜学吾字》《忆尔明妃曲》。其中《不敢见群从》一诗，表现了他对其兄傅庚无子嗣感到惋惜："不敢见群从，寻时少一人。孩心易喜怒，别慧隐天真。何事先兄子，都无长命因？"傅庚本身生有二子，长子襄幼年夭折，遗下元一子，但可惜仍保不住，只能活到三十七岁，所以傅山感到十分愧疚。而傅眉与其从弟傅仁的感情甚笃，如今傅仁的逝世对他来说是一大打击："芍药花开了，仁哥不见来。从兄红泪湿，名士紫荆才。"① 傅山在《芍药花开了》一诗中借个人对傅仁逝世的哀痛来衬托出自己的沉重心情："爱女茶供拜，悍儿病怨哀。龙钟老叔叔，抚此奈安排。"想起自己看着傅仁长大，两叔侄互相扶持，就像父子一样，如今痛失爱侄，怎教他不伤痛："溺爱抚孤情。老马知能学，伤哉不少停。"② "卅年风雨共，此侄比人亲。父母先双背，流连傍老身。忘吾粗饭尽，慰尔满壶频。"③ 由于傅仁自幼失去父爱，所以傅山对他加倍溺爱，但他却未因此而恃宠而骄，反而更加勤奋读书，他好学不倦的精神深为傅山所欣赏。傅仁生前喜爱学习傅山的书法，而且领悟力极高，由于他天资聪颖，所以进步神速："寿元喜为书，才习公他先生真行，便得其形似。尤长于作鲁公体，间为先生代作，外人莫能辨也。"④ 想起傅仁过去的种种优点，更教傅山伤感："自喜学吾字，人看乱老苍。临池天性好，把酒醉歌强。长处从何忆，俄然触著伤。"⑤ 即使是傅仁逝世已有一年，但傅山仍淡忘不了丧侄的伤痛："三二年来，代吾笔者，实多出侄仁，人辄云真我书。人但知子，不知侄，往往为吾省劳。悲哉！仁径舍我去一年矣。每受属抚笔，酸然痛心，如何赎此小阮也？乙卯五月

---

① 刘贯文等：《傅山全书》，山西人民出版社 1987 年版，第 182 页。

② 同上。

③ 同上。

④ 同上书，第 5065 页。

⑤ 同上书，第 182 页。

偶记。"①

　　另外，傅仁与傅眉平日感情甚笃，所以在傅仁死后，傅眉亦怀着哀痛的心情写作了一组悼亡诗，共有十三首，分别是《伯母弃汝早》《长安郊郭外》《以汝之子论》《小楷爱逋媚》《忽忽于今在》《曲先六月六》《顾盼接娇女》《四月天初热》《古有再生者》《失母吾怜子》《晋祠悲往日》《坐吾未修福》《不敢开门看》，诗中道出了傅眉对傅仁的逝世寄以沉重的哀痛："不敢开门看，青青见紫荆。空庭人不在，几日草齐生。政可乾坤活，而先性命倾。伤心无过此，隐痛更难明。"②傅眉与傅仁的身世共通之处就是在于两者都是早年丧母，两者都是由祖母贞髦君养育成人，两人因此而培养了因同病相怜而产生的深厚感情。在明亡后二人一同过着艰苦的逃难生活："伯母弃汝早，吾母亦遗余。祖母齐抬缀，慈恩费拮据。乱离同被卧，嬉戏十年余。"③在傅眉的眼中，傅仁是一个才识渊博的人："以汝之才论，其何减惠连。通篇有不觳，几句尽堪传。门第生矜贵，壶觞量独偏。近年书更好，不料绝今年。"④他认为其从弟的学问知识不断进步，大可继承其父傅山的学问研究，可惜却因早逝而难有更进一步的发展。另一方面，傅仁虽未如傅眉一样秘密组织起义军，但他对其叔傅山此举行动却大力支持。例如傅山与傅眉因受朱衣道人案牵连下狱，傅仁在家代叔父照顾祖母，并早晚皆至狱中探望叔父："甲午先生中飞语下狱，并系寿毛，寿元内则宽慰大母，外则朝夕入狱，问讯阿叔，且薪水无缺。"⑤更重要的是，他亦有像他的从兄一样从事卖药救人的工作："先生侨松庄，寿元聊复卖药城市，暇则赋诗临帖。"⑥寿元平时辅助其从兄傅眉卖药，空闲时间则赋

---

① 　刘贯文等：《傅山全书》，山西人民出版社 1987 年版，第 864 页。
② 　同上书，第 4841 页。
③ 　同上书，第 4839 页。
④ 　同上书，第 4840 页。
⑤ 　同上书，第 5065 页。
⑥ 　同上书，第 5065—5066 页。

诗临帖以自遣，可见亦有承傅山不仕清廷及服务百姓的志向。

　　总之，傅山在拒绝出仕清廷的同时，专心以行医为生，并在其行医的生涯中，努力研习医理，希望能利用一己的微力贡献社会。一方面，傅山如若成为清官，无疑可以造福百姓，为民喉舌，但倘若天下无道的时候，转业为医也不失另一服务社会的途径，这并非消极避世的做法。傅山虽然在救荒方面的贡献不及祁彪佳，这是因为当时祁氏仍然为官，可利用其在官场的影响力及一班士人朋友的协助下进行救荒工作。相反，傅山当时已退出官场了，所以只能依靠自己个人的能力去帮助百姓。另一方面，他在医学著作方面却不比祁氏逊色，他著的医学著作流传后世，所提出的理论能够突破前人的说法，并加以补充其不足。傅山积极培育后辈，好让他的志向得到传承，其中最能得其所传的有儿子傅眉及侄儿傅仁。虽然傅家子嗣不多，但能坚守傅家的遗训，终清之世不出仕清廷。

# 第九章　儒学义理与医学典籍
## 的互涉致用发微

## 第一节　儒医文脉的观念延展与交融向度

形塑传统医学的思想力量十分多元，然近代以来，若论比重，当推儒学为主流。先秦时期，儒学创于百家之先，学术流播后世，地位虽代有变迁，仍稳为中国文化的主轴之一。谢观于《中国医学源流论》开篇即言："诸学之中，儒学最显。"[①]实为借儒学升降来比喻医学变迁，医儒学术的交会是否如上述契合比附，尚有疑义，但儒学对近世传统医学影响颇深，确为事实。如宋明之际渐渐增多的儒医群体，便是最佳明证。

宋代的儒医并无法律与制度加以规范框定其身份边界，但大体是用来指称"通黄素、明诊疗"的习儒之人，或有"儒行担当"的医者，总之，不外乎是能关联起医、儒于一体的人。不过，"儒医"一词虽以"医"为主词，重点实在"儒"字之上，时人普遍相信，"儒"的身份与修养乃为医德、医术的凭资。两宋时期，儒医得以一跃而为医疗市场的新贵，垄断了医学的正统性与发言权，此源于当时的精英阶层"医不儒、非良医"的

---

① 谢观：《中国医学源流论》，余永燕点校，福建科学技术出版社 2003 年版，第 10 页。

信念而来。儒医群体的生成与其概念发展，不但表明儒流、儒学的范围扩大，更昭示医学传承因子的转变。医者不仅在仪表风度、行事风格上表现得与儒者别无二致，在问题意识、学术风尚、研究方法、知识体系等方向上也开始日渐与儒学趋同。此一过程，可将其称之为"医心儒意化"，其中发展的细节，既是探寻中国医史全貌的重要线索，亦是本论问题意识的发显。

接续宋代风尚，元代的医者除了深谙医术之外，更须精晓儒家典籍，具有儒学修养的医者在医疗市场上更加如鱼得水。正与此时，医界迎来了系统撷取儒家思想并将其医术理论化的医者，即元代名医朱丹溪。朱氏为名儒许谦之徒，得金华理学正传，其后挟儒入医，不仅改变了医学师徒的授受模式，使医者师生之礼犹如儒者，更融儒于医，借儒学经典、宋儒义理重新诠释医学命题，医、儒两大学术传统因之结合益深，为二者的互摄致用带来重大突破。只是朱氏本为儒者出身，笃守儒道，终生无忒，其传承儒学的使命之深切，远非一般医者可比，其对医学的诠释，并非医家常情，乃医林异数。然而，凭借自身杰出的医学成就与身后庞大的传人群体，朱氏最终从一介地方医者跃居为明代儒医偶像，成为后进医者的重要典范，流风所及，异数亦渐成常态，医学与儒学的交会终于在明代渐次成熟，朱氏开拓的学术图景，实为一大助力。

明代医儒交会的成熟脉络自医学入门书籍就可窥见端倪。彼时的入门书籍撰写者无不刻意仿效儒家教育模式来编写教程，甚至要求学子先习儒典，后进医学，学子若无儒学的基础训练，便难以入其堂奥。在这样的学术养成脉络下，医者一旦提笔阐扬学理，自然会将儒学哲理之思融入医学主治之意，如晚明医家张景岳医学典籍，即是此一层面的范例。透析其医道之路，起始便以程朱理学的方法论"穷理尽性、格物致知"为唯一门径，此论虽是当时所有研究方技和数术者的惯用口实，但从张氏的整体论述来看，此处已透露其将医学视为一种建基于"理"的思想端倪。因此，当前人反复申论"医者意也"，主张医学为一种具有"可以意会、难以言传"的灵巧神韵学问，张氏即提出了"医者理也"的他向论述："昔人云：医者意也，意思精详则得之。余曰：医者理也，理透心明斯至矣。夫扁鹊之目洞垣者，亦窥窍于理耳。故欲希扁鹊之神，必须明理；欲明于理，必须求经；经理明而后博采名家，广资意见，其有不通神入圣者，未之有也。"① 传说扁鹊有洞垣之术，可隔墙窥人、彻见五脏，乃得长桑君秘传所致。然张氏一反史籍之说，认为扁鹊神术实是"窥窍于理"的结果，后人只要"明理"亦可希其医术。这就把医学知识的本质，从秘传的神秘经验转为四海无别的宇宙原则，而此明显是挪用宋儒"理"学观念于医学而得的结果。既然医学亦是儒者所言之理，莫怪其《景岳全书》分诸的二十四集都配有字号，尤其是前六集的字号联结诵读便是"入道须从性理"。以性理之学为入医道之门，则其通儒学于医学之意，至此一览可知。当然，张氏通贯医、儒的努力，不仅止于转换医学知识的性质，就医学知识内部细节而言，其于诠释原则、诠释取径、诠释内容三个面向上皆明显带有儒学化的特质，此种情形实为医学与儒学交会的渐次成熟。

医、儒各为一套专门的知识体系，医家可能常论述于医道通儒道、医理通儒理，然要真正深入其中，抟儒于医，迥非易事。但此时的医家即使没有朱丹溪发扬儒学的使命感，也会尝试融合医儒二者，不得不说这是学术风尚的使然。所以，透过中医典籍，我们一方面可以分析儒学学术思想对医学问题意识、学术偏好、研究方法、知识体系的具体影响；另一方面亦可考察医学在儒学的强势影响下，如何化用其学，保有自身的主体性，为医儒互动下的医学学术发展提供一个内在的理解向度。

---

① 张景岳：《类经图翼》，人民卫生出版社 1965 年版，第 5—6 页。

## 第二节　儒浮于医：儒学义理的医学致用与单向困境

借路他学的利处颇彰，可惜弊处亦有所显，一套知识系统有其独特的目标追求、是非裁定标准、思考模式以及专业术语，不可随意与他学通约。当医者借由他学诠释医学时，如何调谐两方，使每一种诠释至少能够清楚传达原始知识的真值，已是一大难处。再加上传统医学并不是一个严格分化的知识体系，其中涵融部分不同领域的思想资源，如何保持自主显现，在遇见他学与医学表面相似的概念时，不轻易并论或径作等同，这又是一大难处。二难当前，轻则比拟失当、偏离原意，重则首尾矛盾，难圆其说，故清代学者凌廷堪曾曰："甚矣！读书会通者之难矣！"[①] 借路不易，可见一斑。

### 一、术学相兼与失却其要

"古义中的中医初指中等水平的医生或医术；今义的中医则相对于西医而言，指称从事中国原有医学工作的专业群体。"[②] 中医之要在于透析人体，因病施治用药，"以起百病之本，死生之分"的终极目标在《汉书》之中早有所论。然而，唐代以后，儒学对医学影响渐增，医学中的学者传统日趋强势，甚至不谙医技的儒者亦敢于执笔论医，有学无术的现象便如丘濬所言："陷入皆博而寡要，泛而无实的窘境，不独无益于世，更恐贻误于人。"[③] 至若医儒两通的张景岳，虽保有医经倡导的"生全民命"的自觉，诠释医学知识时较儒者更在状况之中，但当其援用儒学的诠释方法于

① 凌廷堪：《礼经释例》，黄山书社 2009 年版，第 186 页。
② 朱建平：《"中医"名实源流考略》，《中华中医药杂志》2017 年第 7 期。
③ 丘濬：《重编琼台会稿》，雁峰书院 1879 年版，第 34 页。

医学时，仍不免于学与术之间错失分寸，致使部分诠释过于偏重学理，忽略医学司命的重要目标，不仅重蹈前人博而寡要、泛而无实的弊端，有时更使医学知识陷入抽象空疏的难解障碍。

义理治学可使医学的问题、概念得到详尽精微的诠解，但详尽精微走至极端便成了烦冗空疏，除了隐晦原义之外，还令医学知识难以落于实际。如《素问》言："少阳、太阴从本，少阴、太阳从本从标，阳明、厥阴不从标本从乎中也"，谈标本中气的理论问题，若纯就经文而论只需解释少阳、太阴从本之因，少阴、太阳从本从标之因，阳明、厥阴不从标本而从中气之因。然而，儒家释义却不止此，除经文本身提及的问题，又从五行、六气化生的角度说明明少阳、太阴、少阴、太阳亦有中气却不从中气的原因，如张景岳便在《类经图翼》卷四的《标本中气从化解》一节中做了详细阐释。纯就学术知识讨论的角度来看，张氏的说解当然是精心思考的结果，才能超越经文框架，做出完整细腻的深入剖析。但于经文外横添他论，又略谈具体的六经脏腑，专从抽象的五行六气生克从化立论，遂使诠释落入繁琐义深之境，莫怪民国初年医者彭承中初读其论，便评价"深入玄妙，把握全无"[1]。

考据治学亦复如是。博物精神能够帮助诠释者开阔眼界，然钻研太过，必失于琐细，反而难以回应原初的医学议题，大悖医理的初衷。如《灵枢》言："内有五藏，以应五音"，张景岳乃于《类经图翼》卷二中特开《律原》一节，广引群籍以明律吕声音、度量权衡之事。然而，《律原》录文二十九篇，过半既与医学知识没有直接关联，亦没有间接解决、澄清任何医学问题。如《候气辨疑》一篇，累牍千言，引王廷相、刘濂、何瑭、朱载堉四儒之论，以证古无十二律管吹灰候气之事，详博有据，但没有一处可与医学知识对话的接点，考证虽详，也只是舍本逐末，徒费笔墨。张

---

① 彭承中：《张景岳标本中气图书后》，《医界春秋》1935 年第 104 期。

景岳曾自言其著"辞多烦赘",若就此处所论而言,其自谦之语恐怕亦有几分自知之明。

梁漱溟先生曾言,医学学术之误时常在于"往往拿这抽象玄学的推理应用到属经验知识的具体问题"①。以致讲病理药性,其方法殆不多合。其实,抽象的推理应用不是不行,毕竟学者传统本来就是传统医学发展的重要动力。唯医本司命,抽象的推理应用不可伤害医学实用的终极目标,应是诠释时必须谨守的底线,故清人许天霖读张氏医著而叹其空殊,有"满纸之论阴论阳"②之评,仅因部分论述背于实际,便招致如此严厉的批评,术之于医,有不可轻忽若此。

## 二、旁通失和与诠解难通

儒与医相兼,系属"旁通"的诠释关系,最理想的状态是本学科与他学科在会通处的思想结构、义理表现完全相同,如若不然,至少也需相似、相融,这一点对诠释者"和"的功力要求极高,稍有差错,轻则造成诠释与本学科思想不协调、模糊原义,重则两相扞格、排挤原义。举例而言,这两种程度的失误在张景岳的医学著作中皆有例可见,为儒学义理的医学致用又添一难讳瑕疵。

先论其诠释思想不协调,模糊原义之处。如《灵枢》言:"阴阳和平之人,居处安静,……尊则谦谦",此中秉气阴阳相偕者的性格表现为"尊则谦谦"一句,张景岳在《类经》卷四中做了如下阐释:"位尊而志谦也。……《易》曰:谦尊而光,卑而不可逾,君子之终也。"③ 其所引《易》理意在发挥天道好谦、君子当谦之理,但《黄帝内经》经文原义则是以"尊

---

① 梁漱溟:《东西文化及其哲学》,商务印书馆 1999 年版,第 122 页。
② 陈修园:《陈修园医学全书》,中国中医药出版社 1999 年版,第 963 页。
③ 张景岳:《类经》,人民卫生出版社 1965 年版,第 96—97 页。

则谦谦"为"阴阳和平之人"的外在表现之一，并没有以此为众人应当具备的德性。两者同谈"谦虚"，但原始语境可大不相同，以此释彼，又无更进步的说解，难免有偷梁换柱、模糊原文焦点之嫌。

又如《景岳全书》以《易》义参论耳鸣之证，其曰："耳为肾窍，乃宗脉之所聚，若精气调和，肾气充足，则耳目聪明……又以《易》义参之，其象尤切。《易》曰：坎为耳。盖坎之阳居中，耳之聪在内，此其所以相应也。"[①] 于医理，耳鸣乃中年阴气半衰所致；于《易》理，理坎象为耳，阳爻在内，耳鸣乃阳气涣散所致。前者阴衰，后者阳衰，虽最后皆同指肾元之失，但重心全然有异，说以《易》理相为补充则可，但其却言以《易》义参之，其象由切，未免有硬为比附、穿凿义理之嫌。

以上二例，医、儒的原始义理皆有一段落差，当后者对前者处在支配性的诠释地位又无适切的说明时机，这将为医学知识的发展带来极大的局限性，使原义屈居儒理之后，难以彰显。不过，屈就、模糊原义，并未对医学知识体系造成不可排解的矛盾，病尚轻浅，对医、儒旁通之和的伤害远不及其诠释两相扞格、排挤原义者。《黄帝内经》建构的生成论，纯以"气"来综摄天人，故其"气"的意义包罗甚广，不仅具有具体的、形而下的物质意义，亦有抽象的、形而上的"所以然"，如此一来，"形之上气"的概念显然并不合法，儒门诠释与医家本宗在此便形成一极大的义理裂隙，使医学"形上之气"的意义无处安放。

旁通是一不断追寻相异领域间相似性的历程，其间若无一融合法则以分判、拣选思想资源，往往会使诠释者忽略本学科规范的制约效用。如明末致力于会通三教的儒者之中便有见其流弊，从而致力于找寻界限之人。然而，明末致力于会通医、儒的医者，全无一人虑及思想底线的"医距"问题。寻其缘由，或因诸医者本就以为医、儒同道，不必划分界域，抑或

① 张景岳：《景岳全书》，赵立勋校，人民卫生出版社1991年版，第605页。

因宋代以来医、儒同道甚至医附于儒的思考模式过于强势，医者欲挺立医学地位与主体性已颇费心力，更无余力再立"医距"。

### 三、创构有时与求经为难

明代的中医典籍常以"必须求经"的诠释原则统贯其中，甚至以"惟引经释经，不敢杜撰一言"的坚定立场自为标榜，其意在所为之的医学诠释乃是对《黄帝内经》的"拟构"，能够完全模拟、重现经典蕴涵的思想体系。可惜的是，"必须求经"的原则终究未能贯彻部分中医典籍的诠释活动。部分诠释不仅不能紧贴经典、拟构原义，甚而溢出原文边际使经文成为其创建新说的附加文本。如《素问》言："胃之大络，名曰虚里，贯鬲络肺，出于左乳下，其动应衣，脉宗气也。……乳之下，其动应衣，宗气泄也"，明指虚里跳动乃宗气失藏外泄之病，但《类经》卷五却反从"真阴之虚"的角度诠释经文，明显欲强调经文以就其构思的疾病纲领。张景岳自知"真阴之虑"的解释与经文"宗气之泄"的原意不合，故又另费一番笔墨申说"气水同类、当求相济"之理，勉强接合个人创发与经典原旨。在此，"必须求经"的原则于表面上毫发无损，然实质根基已然动摇，默默形成虽宗依经指，而实自有创发的诡异局面。

通过上述分析，即便是将"必须求经"置于首位的张景岳，在其诠释医学的过程中有时也需要抛开求经原则，承认儒学经典对医学知识并不具备百分之百的指导意义。一边是"欲明于理、必须求经"的儒门理想，一边是"以愚见及察之证验"的医学治验，本来冰炭有异，不可同炉，却因张景岳个人主观意念而归于一途，使其医著在诠释者的自我宣示与实际诠释之间两两相异，只得在经文可依时坚持求经原则，乃至引经释经、严格拟构，经文不可依时则退原则为虚文，按所见、所验创构，此间矛盾，诠释者不可能全无所察。不过，部分中医典籍对诠释原则持守不坚、忽略文献的本来意义而创构新解，虽使"必须求经"原则与医学知识之间产生些许断裂，但其新解还能包装于"必须求经"的原则之下，冲突尚属隐晦。造成二者之间弥缝的原因在于医学本身的知识属性。儒学可以单凭理断，立定一至尊的"经典"，使之成为诠释活动必当仰赖的"背景信仰"，而医学理论却有临床场域可供相验，落于实际之时，若"经典"有误，无论如何也难以强词回护。十全十美、毫无差误的医典极少数，挪用儒学经典，尊经概念于医学之举，注定为医学诠释招致表里不一的矛盾窘境。

## 第三节　援儒入医：中医典籍的儒学诠释与反向创获

### 一、引经释经与深化医境

"引经释经"是一种内向的诠释原则，其益处在于开创一系以《黄帝内经》为主、向内返求经典的研究路径，帮助医家突破历代传、注、论的重围，直接思考原典，保持经典释义的纯粹，不过，自宋代儒医崛起，诸医论学莫不以《黄帝内经》为渊源，亦莫不创此路径、得此增益。"方法论的内容有鲜明的主体性与规律性"①，引经释经不在于提出"必须求经"，而在于立定"必须求经"的诠释原则后，能以前人失误为鉴，进而激发出以"引经释经"的自觉，并替过往医家袭用不察的方法正式定名、明标其收效，为医学领域带入新的方法命题。

为明医道阴阳变化之奥、亢害承制之机，金元名医刘完素曾取《素问》经文二百七十七字以为纲领，申论两万余言而成《素问玄机原病式》。就轩岐之典以论轩岐，其诠释原则与张景岳全无二致，然张景岳卒读其

---

① 　孟庆云：《〈黄帝内经〉的方法论》，《中医杂志》2011 年第 2 期。

书，却报以严词批评，其理何由？原因在于刘完素生于北地，其人禀赋刚强，多生热病，治用寒凉为主，所以其《素问玄机原病式》虽归本《黄帝内经》，但所求经文主要在火热致病者，以便合其风土证治。如此有选择地求经，虽为因事制宜，终为求经不全，难免使医者本人蔽于一曲，不见"先圣心传精妙所在"，亦恐误导后人，以为经典只此一隅。为了避免重蹈前人覆辙，真正求得经文全义，张景岳提出了"引经释经"的诠释方法，其言："观内经《至真要大论》所列病机，凡言火者五，言热者四，似皆谓之火也。然诸病之见于诸篇者，复有此言热而彼言寒，此言实而彼言虚者，岂果本经之自为矛盾耶？……余以刘河间《原病式》之谬，故于《类经》惟引经释经，不敢杜撰一言，冀在解人之惑，以救将来之误耳。"① 从引文来看，所谓"引经释经"，即不掺入个人主观见解，单纯将典诸篇谈及相关议题的经文统合而观，以见经义全貌，是一种利用书本内容自相释证的方法。此法极为平常，在景岳之前，医家诠释《黄帝内经》就时时可见纯以经文自相论证者，如王冰解《素问》中的"失之则内闭九窍，外壅肌肉，卫气解散"，主要引《四气调神大论》与《本脏篇》谈"阳气""卫气"功能的经文以申明本段大义，"卫气者，合天之阳气也……故失其度则内闭九窍，外壅肌肉，以卫不营运，故言散解也。"② 又如马莳解《素问》中的"天有八风，经有五风"一文，"八风者，按《灵枢·九宫八风篇》，有大弱风、谋风……殊不知五风者，即八风之所伤也，特所伤异脏而名亦殊耳。"③ 此中同样将诸篇谈及"八风""五风"的经文作为引证，并设法调和其义，使之并论不悖。只是王、马二人以及历来使用此法的医者皆是无

---

① 张景岳：《景岳全书》，赵立勋校，人民卫生出版社 1991 年版，第 306 页。
② 王冰：《重广补注黄帝内经素问》，孙国中、方向红点校，学苑出版社 2004 年版，第 21 页。
③ 马莳：《黄帝内经素问注证发微》，孙国中、方向红点校，学苑出版社 2003 年版，第 36—37 页。

意偶及，并不觉得这是一种独立的方法，亦不期待此法对经典释义有超乎他法的特殊效果，直至张景岳冠以"引经释经"之名的出现，并以此为求经明道的重要方法，方能借此解人之惑，明经大义。

自此，医学领域便正式拥有一种诠释的方式，能够帮助医者联系经文整体，利用经典本身框架来推衍经义，以达求经的初衷，甚至清初士人陈昌图研读《黄帝内经》，也因景岳此论而质疑时人改经之说，尝试从各篇经文中寻找支持原文的理据。"引经释经"的自觉，不仅能增善己学，更能兼益来者，使后出的医学诠释能与经文更为切近，形成一个紧密联结的整体。

## 二、医纲考据与引介新知

义理治学，务在发明大义、敷畅条理，施此于医，即可于医理深邃处尽意推阐，一扫前人"义未阐明""逢疑则默"等诠释未足之弊。如张景岳于《类经》卷一中诠解《素问》的"呼吸精气、独立守神"，便特别看重其中精、气、神三个抽象概念，"按此节所重者，在精、气、神三字……三者合一，可言道矣"①。为之剖析微蕴，串联其义，彰显医理的精彩。这种对思想观念深入而详尽的考察，仅为义理之法最表层、最显而易见的收效，儒者以义理治学，目的可不仅在任意思辨、泛论心得，而是欲由多至一，从具体殊相走向共相，寻出一个贯穿个别的最高纲领，可谓"一气化生而为精，气聚形立而生神"②。张景岳挪用儒者义理之法于医，显然亦明悟此层意蕴，故其面对医学纷杂的病症与治法时，除尽意阐释，更尝试建立一个可包罗医道的纲领原则，即所谓的"阴阳"二纲。以阴阳

---

① 张景岳：《类经》，人民卫生出版社 1965 年版，第 4—5 页。
② 王永炎等：《读〈素问·气交变大论篇〉领悟学科始源是创新的动力》，《北京中医药大学学报》2020 年第 1 期。

为病证、脉法、药性种种样态的统摄，医者便能执简驭繁、由博返约。而病证因变化更为庞杂，故于二纲下又立"六变"，以把握病证诸方面的特性。以阴阳为纲，辅以表里、寒热、虚实，不仅为医学的辨证论治建立一全面的理论框架，亦使张景岳个人在面对形态百变的疾病时，能洞彻疾病的根本，循本施治。如 1605 年京城大疫，其中有因年衰、内伤不足而得瘟疫者，时医以伤寒攻法施治，唯有张景岳直面病本，活用医道纲领，不泥常法，虚则以补，对疫病进行了精准判断。又如张景岳从未亲至岭南，然凭借二纲六变的医道纲领，竟也可以勾勒出岭南瘴疫的大概，提挈纲领，言之凿凿，定见自有。若从医学理论体系看来，唯有从形而下的纷杂殊相中提炼出形而上的统一共相，医学理论才能超越陈义粗浅的胚基样态，拥有臻于完美的可能性，而传统医学之所以能在坐拥丰富治疗经验的同时，又能建构出完整的理论体系，大部分也须归功于像张景岳此类儒医的思考与创构。虽理论与实际的权衡有失，但儒家的义理之学还是为医学带来了正向影响，至少传统医学的理论体因之而愈丰。

考据之法，重在辨名当物、考订核实，故以此治学，势必不能囿限于自家门径，必须广搜群籍，以便求得说解问题的适当材料，这就提供一个将其他知识视域引入医学体系的极佳契机，使作者与读者对医学文本的理解广度可以获得一定程度的开展与纵放。如《黄帝内经》的《六元正纪大论》谈到五运太过导致的天地异象，张景岳在《类经》第二十六卷说解经文本义后，又附论风云雷雨等气象之说，将触角延伸至医学领域之外。论天地异象的生成，《黄帝内经》专主五行，而张载、邵雍、蔡渊等儒者则独重阴阳，双方唯一的交集之处，仅在讨论目标同为天象而已，故张景岳直言儒者所论"非本篇之意"，但是基于"格致之理有不可不知者"的博物精神，其仍广采儒者天象之论以资博雅，补充医学在此议题上疏于讨论的面向。如此一来，医外新知便一变而为医内当知，由于多种视域的带入与补充，医学遂能开拓出更为多元广阔的知识范畴。

不过，必须说明的是，考据的博物精神虽启发了张景岳一类儒医拓展治学与医学范畴的契机，但细观张景岳的医学著作，施用范围并不如义理之学广泛，施用态度亦不及尚医儒者的细密深思，气候终究未成。如张景岳与晚清学者俞樾在论述《黄帝内经》"其气九州九窍"时各有不同。同样都是广引群籍来考辨医学，景岳所思只在名物的表层，未曾深入考虑引证内容与原来知识的相偕程度，故整体论述远不及俞氏精准妥当。吕思勉先生曾言："考据之学，于医家虽有萌蘖，未能形成也。"①回思张、俞二者之论，前者明显仅得儒者考据的皮相，未能发其神韵，稍失浅显。然得则得矣，后代学人仍应肯定其为医学知识版图拓土开疆的冥索苦求。

## 三、本证为主与拓宽医域

医学为技艺性知识，主要目标乃强身益寿，观察重心在实然物象的生化活动，而儒学则为德性知识，务在天道与性命，终极关怀落于生命本源的本体，二者擅长各不相同。因此，当医学知识的诠释方向为儒学义理所主导时，就有机会借其视野向上一线，触及医学未曾注目的理境，在抽象的思辨中创造一个更具深度的意义世界。

最显著的例证就是儒医张景岳诠释创构的《内经》与《周易》二者相融的理论。《内经》表述的是阴阳消长的"人生之理"，《易经》表述的则是阴阳动静的"天地之道"，《易》理精义一旦与医学融通，医学则可由人道企及天道，证成现实世界形态为天道价值的映现，甚至参悟天道的变化。如《黄帝内经》的"人始生，先成精"一文，张景岳解之为："精者，人之水也，万物之生，其初皆水。故《易》曰：天一生水。"②"人始生，先

---

① 吕思勉：《先秦学术概论》，上海书店出版社 1992 年版，第 147 页。
② 张景岳：《类经》，人民卫生出版社 1965 年版，第 198 页。

成精"之义在此含有人体有形物质形成顺序的单纯面向，同时又有增进天数、五行生成次序的形上内涵；当然，随着时代的变迁，"天地的精气原型为云气与水，人之自身的精气原型则是呼吸之气与生殖之精"①，此种远取诸物、近取诸身的理念逐渐被学者所认知。再如"脾咳之状，咳则右胠下痛，阴阴引肩背"一文，张景岳在解释时于末尾增附案语，暗用八卦方位与人体部位相配——以脾土之气与坤卦之土相合为接点，因坤卦出乎西南，故人体疼痛的部位也应在西南方向，天道与人事再度因易学而交会贯通，在这样的诠释角度下，形下世界的病证讨论也能再进一步，逼显人事与天道相应的深层理境。

比如儒学"心"的道德功能，并不像《易》学一样被刻意应用联结于医，但当其偶然被用以主导医学知识的诠释方向时，仍为医学"心"的概念带来不同以往的意涵。在《黄帝内经》中的《论勇篇》里黄帝与少俞讨论人的勇怯，并以肝胆之气充实与否解释勇怯的来由。张景岳则于《类经》卷四中做了解释并增入了儒学"礼仪之勇"的追求，并以后者为尚。如此，"勇"在此处就不仅止于一种人格特质（性格），更是一种人格价值（德目）。再者，"礼义之勇"涉及德性价值、精神存养，在《黄帝内经》原有的脉络中没有任何一个脏腑能够承担这样的职责，即便是作为人身君官的"心"，也只有调控血气思虑的机能，其并不具备德性价值判断的能力。其以心为"礼义之勇"的生发之地，等于将儒家之"心"的功能增附于医家之"心"，开辟了道德哲学在医学系统的讨论场域，赋予医学身体更具形上精神的理解线索。透过儒学义理的贯通叠加，"明理养性"才能成为医学论题的组成元素，所谓"须知医学通儒学，两字功夫养性难"的理念才有开展契机，成为后人建构医理的重要环节。

---

① 贾春华：《一气能变谓之精》，《北京中医药大学学报》2019 年第 10 期。

# 结语：儒医群体的多元和合及时代的意义

　　20 世纪以来，医学作为一门典型的学科，特色之一便是医者群体与科学知识的紧密相连。回顾历史长河，中国传统医学的历史文脉有其自身特色，医家本为先秦百家之一，创设之初，即承袭当时具有浓厚人文关怀的思想传统，虽为方技之流，其中却也寄托着图书编写者、技术操作者对社会规范的期待。在其后漫长的发展历程中，科技数术与诸子国学等思想力量也曾先后影响其知识体系的建构与开展。要言之，传统医学从来不仅只是起病回春的生生之具，更是中国精粹文化思想的重要载体。

　　"儒医"在中医学发展史上有着极大的影响力，其身为医者又同时拥有儒学与医学的素养并具有浓厚的儒者特质。就中医学发展过程而言，"儒医"融通儒学与中医学的意义，就在实践"成德"与"保身"合一及追求身心一致的"和谐"状态。"儒医"融通儒学的"中和思想"与中医学的"阴阳调和"思维，强调"身心修养"与"身心调养"要先"反求诸己"再"推己及人"，重视"持敬"与"治未病"的工夫，时时自律警醒，保持在"不偏不倚、无过不及"的"中和状态"，一旦发觉有所偏离，即尽快回复"中和"状态，以使言行心态能"中节"，身心能"阴阳调和"，此种敏于"中和状态"不使之偏离，并注意征兆、防患于未然的自我完善工夫，虽与现代医疗预防胜于治疗的概念相似，惟"儒医"融通"身心修养"与"身心调养"的观点，可提供现代医学与更深一层次的省思。

"儒医"因兼具儒者与医者的角色，具有"爱人如己"与"视病如亲"的"仁爱"德行，又能将儒学的德行修养功夫与中医学的医理运用相互融通，强调人的道德主体性，认为人可透过道德的自律"成德保身"，自我要求重视养生，而达到身心合一与"阴阳调和"的"和谐"境界，除可减少医疗资源的浪费，还能健康长寿，对现代医学发展，过度强调依靠医疗体系与药物滥用的情形，及医德沦丧的医病关系，实具有启发性的意义。综合儒者与医者角色的"儒医"，具有"知识追求""德行实践"的特质，其融通儒学与中医学，透过临床实践发展出无数宝贵经验的医案与医理，极具参考价值。

儒医群体在思想诠释、材料取舍、价值偏好上有诸多共通之处，其构筑的学术景貌复杂多元，在医儒交汇而成的医史长河之中，二者汇融的全貌尚有诸多议题等待探索。

其一，表现为医者的儒学著作层面。宋代以来，诸多兼备医、儒学养的医者现身历史舞台，除为医学著书立说之外，亦有为儒学留下连篇议论。如明代王肯堂《郁冈斋笔尘》就有诸多议论《大学》《周易》《中庸》《孟子》以及朱子学与阳明学的段落，清代薛雪除《医经原旨》外，尚撰有《周易粹义》一书，而曹禾《医学读书附志》中则有《〈左传〉膏之疾解》《〈礼记〉伤贤干肝焦肺解》诸篇。这些由医者撰作而成的儒学义理说解有何独特之处？与纯粹儒者所述有何异同？其医学知识对其论著影响为何？上述此些皆值得深入细究。

其二，表现为儒者的医方著作层面。中唐以来，医学传习之风日盛，士人颇喜抄撮、编辑方书，以便在缺乏医疗资源的情况下得以"据证检方、即方用药"，救己济人。针对儒家士人编辑方书的动机，医家对此举的评论已有诸多研究。然而，仍可进一步追问：儒者与医者编纂的方书，在用心立意、内容安排、表述方式等面向上有何差异？以儒鉴医或可同时对儒者与医者的医方之学有更为深刻的体认。

其三，表现为儒者的医学考据之作层面。清代考据之风盛行，许多儒者将其考据旁及医学，如沈彤的《释骨》与胡澍的《素问校义》即是其中佳作。现存清儒的医学考据之作以《黄帝内经》为题者数量为多，保存也最为完整，今人可从钱超尘主编的《清儒〈黄帝内经〉小学研究丛书》中见得清儒研究《黄帝内经》的诸多传世成果。在既有的庞多史料面前，后学自当不能轻易忽视，可对相关著作的总体特性、内容概要以及对医学正面贡献与负面影响等相关议题进行逐一详查。

其四，表现为儒者的医论著作层面。儒门自古以来即有博学之训，有谓"一物不知、儒者之耻"的格言，医学作为天地间学问的一端自然也不能脱离儒者"知"的范畴。宋代以来，儒家士人对医学兴趣渐浓，勇于越界论医者为数不少。如明代曾任大里寺左寺左评事的王应遴，因职务原因获知了朝鲜内医院医官来中国交流时提出的问题，遂据个人所读诸书与亲友日常所谈而撰成《答朝鲜医问》一书。又如张俊英任淮徐河防同知之际，因谪居无聊，偶获医者钱雷《脏腑证治图说人镜经》一书，赞赏之余为其增附续录三卷，以补原书挂漏，其中便有诸多别出机杼的独特见解。比如用"心字"的组成部件以说明"心脏"的神妙，思路纯是学者习气，显与医者不同，其中差异的所在即是今人可为研究的着力点。明儒如此，清儒亦不遑多让。如萧云从的《易存》，书中以《易》道推医道，大有因医有《易》之感，从医史文献的研究角度而言，《易存》不啻为极佳的研究素材；又如陈昌图《南屏山房集》便收有《医说》一类，含涉医论 20 条；黄以周的《群经说》亦见以《易》释医的长论。诸儒研医之作有何特性？关注焦点、论述方式、结构安排等与诸医言医之作有何异同？此些都是后续值得探讨的议题。

对于儒者侈谈医学之举，日本医家永富独啸庵曾有论曰："凡医生无师授宪章之事，亲试病者多年，自然善治术者往往有之，较之夫徒守师法，不经事之徒，不可同日而论也。"① 以医者立场而言，儒者所论的医学若不能用于实践确实是毫无价值。然而，若以医、儒汇融的研究立场而言，无论是医者仁心的谈儒之语，抑或儒者精诚的论医之辞，皆是形塑传统医学学术样态与形构儒医文脉的力量因子。无涓滴之流不能成洪流之广，唯有详加致意、深考推求，同中存异、异中思同，才能准确地探赜出学术思潮对中国传统医学的影响，进而更加全面地描绘出医儒共融的文脉轨迹。

---

① 贾春华等：《永富独啸庵学术思想的研究》，《中医药研究》1994 年第 6 期。

# 参考文献

1. 马继兴：《敦煌医药文献辑校》，南京：江苏古籍出版社 1998 年。

2. 龙伯坚、龙式昭：《黄帝内经集解》，天津：天津科学技术出版社 2004 年。

3. 余嘉锡：《古书通例》，上海：上海古籍出版社 1985 年。

4. 李时珍：《本草纲目》，合肥：黄山书社 2005 年。

5. 洪亮吉：《春秋左传诂》，北京：中华书局 1987 年。

6. 孙思邈：《备急千金要方》，北京：人民卫生出版社 1995 年。

7. 沈括、苏轼：《苏沈良方》，上海：上海科学技术出版社 2003 年。

8. 杨伯峻、杨逢彬：《论语译注》，长沙：岳麓书社 2009 年。

9. 陈梦雷：《古今图书集成医部全录》，北京：人民卫生出版社 1988 年。

10. 孙希旦：《礼记集解》，北京：中华书局 1989 年。

11. 王育林：《四库全书总目子部医家类汇考》，北京：学苑出版社 2013 年。

12. 田思胜：《朱丹溪医学全书》，北京：中国中医药出版社 2006 年。

13. 李濂：《医史》，上海：上海古籍出版社 1996 年。

14. 徐元诰：《国语集解》，北京：中华书局 2002 年。

15. 马莳：《黄帝内经素问注证发微》，北京：学苑出版社 2003 年。

16. 张杲：《医说》，上海：上海科技出版社 1984 年。

17. 陆贾：《新语》，上海：上海古籍出版社 1990 年。

18. 李梴：《医学入门》，北京：中国中医药出版社 1995 年。

19. 谢观：《中国医学源流论》，福州：福建科学技术出版社 2003 年。

20. 郭霭春：《黄帝内经素问校注》，北京：人民卫生出版社 1992 年。

21. 龚廷贤：《万病回春》，北京：中国中医药出版社 1998 年。

22. 梁漱溟：《东西文化及其哲学》，北京：商务印书馆，1999 年。

23. 王冰：《重广补注黄帝内经素问》，北京：学苑出版社 2004 年。

24. 薛公忱：《儒道佛与中医药学》，北京：中国书店 2002 年。

25. 叶川、建一：《金元四大医学家名著集成》，北京：中国中医药出版社 1995 年。

26. 章诗同：《荀子简注》，上海：上海人民出版社 1974 年。

27. 王焘：《外台秘要方校注》，北京：学苑出版社 2011 年。

28. 孙一奎：《医旨绪余》，南京：江苏科学技术出版社 1983 年。

29. 孙光宪：《北梦琐言》，上海：上海古籍出版社 1981 年。

30. 方勺：《泊宅编》，北京：中华书局 1983 年。

31. 唐慎微：《证类本草》，北京：华夏出版社 1993 年。

32. 刘禹锡：《传信方集释》，上海：上海科学技术出版社 1959 年。

33. 黄宗羲：《明文海》，北京：中华书局 1987 年。

34. 王应麟：《玉海艺文校证》，南京：江苏凤凰出版社 2013 年。

35. 于立政：《类林研究》，银川：宁夏人民出版社 1993 年。

36. 周守忠：《历代名医蒙求》，济南：齐鲁书社 2013 年。

37. 唐慎微：《重修政和经史证类备用本草》，北京：人民卫生出版社 1982 年。

38. 徐春甫：《古今医统大全》，北京：人民卫生出版社 1991 年。

39. 江瓘：《名医类案》，北京：人民卫生出版社 1957 年。

40. 刘纯：《杂病治例》，北京：中医古籍出版社 2013 年。

41. 朱震亨：《格致余论》，天津：天津科学技术出版社 2000 年。

42. 周敦颐：《太极图说》，上海：上海古籍出版社 1992 年。

43. 万全：《广嗣纪要》，上海：上海科学技术出版社 2000 年。

44. 黄承昊：《折肱漫录》，北京：中国中医药出版社 2016 年。

45. 王纶：《明医杂著》，北京：人民卫生出版社 1995 年。

46. 汪机：《石山医案》，合肥：安徽科学技术出版社 1993 年。

47. 缪希雍：《神农本草经疏》，北京：中医古籍出版社 2003 年。

48. 张介宾：《景岳全书》，北京：人民卫生出版社 2007 年。

49. 薛己：《正体类要》，上海：上海科学技术出版社 1959 年。

50. 汪绮石：《理虚元鉴》，北京：人民卫生出版社 1988 年。

51. 陈自明：《妇人大全良方》，北京：人民卫生出版社 1992 年。

52. 李零：《简帛古书与学术源流》，北京：生活·读书·新知三联书店 2008 年。

53. 丹波元胤：《中国医籍考》，北京：人民卫生出版社 1983 年。

54. 章培恒：《贾谊文选译》，成都：巴蜀书社 1991 年。

55. 程颢、程颐：《二程遗书》，上海：上海古籍出版社 2000 年。

56. 蒋廷锡：《古今图书集成医部全录精华本》，北京：科学出版社 1998 年。

57. 傅滋：《新刊医学集成》，北京：中国中医药出版社 2016 年。

58. 俞慎初：《中国医学简史》，福州：福建科学技术出版社 1983 年。

59. 张履祥：《杨园先生全集》，北京：中华书局 2002 年。

60. 徐銮：《万历扬州府志》，扬州：广陵书社 2019 年。

61. 尹协理：《傅山全书》，太原：山西人民出版社 2016 年。

62. 方传理：《桐城桂林方氏家谱》，芜湖：安徽师范大学出版社 2016 年。

63. 裘锡圭：《古代文史研究新探》，南京：江苏古籍出版社 1992 年。

64. 章学诚：《文史通义新编》，上海：上海古籍出版社 1993 年。

65. 张舜徽：《汉书艺文志通释》，武汉：湖北教育出版社 1990 年。

66. 孙诒让：《周礼正义》，北京：中华书局 2015 年。

67. 钱超尘：《中国医史人物考》，上海：上海科学技术出版社 2016 年。

68. 马伯英：《中国医学文化史》，上海：上海人民出版社 1994 年。

# 后 记

　　儒与医在中国源远流长，儒学是一种"成人、修己"之学，医学是一种"救人、利他"之学，二者融汇形构出的儒医影像在助益健康社会层面留下了世人传诵的印记。每一位以儒医思想研究为职志的人，心中理应有一部儒医文脉史。只是这儒医的文脉历史究竟应该展现出怎样的意涵？又会具有怎样的面貌？其实与自身的学术设定紧密关联。其研究的内容，不应当只是历代儒医著作的介绍，也不该只局限于介绍儒医的生平，理应涉及与儒医相关的多学科知识。儒医文脉史的任务需承载儒医作用于历史的方方面面，而矢志于此面向的研究者，更需要有儒医文脉史是展示中国传统医学文化思想极佳载体的自觉。

　　我们对儒医历史的阐释往往是单向度的，它虽然带来了清楚的叙事，但也疏忽了儒医学术身份的多重性此一事实，由此，个人研究的兴趣会有意识地把对儒医著作的文本阐释转向对某一时期的儒医群体研究。此中旨趣在于通过诸多史料的钩沉来彰显儒医文脉多样性的面貌，以此消除原有方法学上的惯性思维与叙事框架，这样的研究进路有些从思想史描述向医疗社会史转化的味道，究其根本，这其实也是"辨章学术、考镜源流"此一学理的扩大与运用。

　　就为学而言，每本小书的成行都有着一条充满艰辛而又富有乐趣的道路，在其中，或许会痴迷沉醉、或许会忧伤徘徊、或许会欢欣鼓舞。成行的路上也有着诸多老师的关爱，他们严谨的治学态度、做事原则与为人品格，是我不懈追求的方向。感谢老师当初收留了我这个无骐骥之资的学生，先生是位满腹经纶而又虚怀若谷的谦谦君子，在生活、学习上处处为学生着想，在忙碌的学术与行政工作中一直对我照顾有加。于此，我从不怀疑，我是个很幸运的学生。

感谢那些可爱可敬的好友们，你们如若大自然中的景天与佩兰，提振精神、活络思考，而且香气馥郁，尾韵深厚。人民出版社的洪琼主任虽未曾谋面，但始终倾注关心扶助之情，从文本的校核到终稿的成型无一不体现了其学术素养与辛劳付出。大学舍友的关心扶助、中学同学的廿年友谊，都将让我难以忘怀，能与你们在一起切磋琢磨，也是我欢乐与前行的动力之一！

感谢不仅要寻求师长、朋友之间相互取暖的印记，也要去寻觅这个生活世界中与你生命相守的亲情存在。感谢我的父母，他们是我得以进入这个世界的前提，母亲细致入微的关怀与提醒，父亲深切低调的期待与等候，总是为我带来无止境的温暖，为我撑起一方慈爱的天空。一路走来，感谢爱人对我的支持和理解，多年来她在背后默默付出了太多，当我远离居所求学之时，她虽心有不舍，但依旧爱心满满鼓励我追寻自己的理想，今后我能做的，唯有好好珍惜。

学术风格的成形，恐怕有心之花多于无心之柳，这本小书所能做到的，也只能是抛砖引玉，提供一个可以瞭望的基台。最后，愿将此本小书献给我那聪慧明理、活泼可爱的女儿。

甲辰年霜降时节谨志于素山南麓